博士论丛

基础设施投资与城市化进程

蒋时节 著

中国建筑工业出版社
CHINA ARCHITECTURE & BUILDING PRESS

图书在版编目（CIP）数据

基础设施投资与城市化进程/蒋时节著．—北京：中国建筑工业出版社，2010
（博士论丛）
ISBN 978-7-112-12001-7

Ⅰ．基…　Ⅱ．蒋…　Ⅲ．基础设施-投资-关系-城市化-研究-中国　Ⅳ．F299.2

中国版本图书馆 CIP 数据核字（2010）第 062519 号

博士论丛
基础设施投资与城市化进程
蒋时节　著

*

中国建筑工业出版社出版、发行（北京西郊百万庄）
各地新华书店、建筑书店经销
北京嘉泰利德公司制版
北京云浩印刷有限责任公司印刷

*

开本：787×1092 毫米　1/16　印张：11½　字数：276 千字
2010 年 6 月第一版　　2010 年 6 月第一次印刷
定价：**28.00** 元
ISBN 978-7-112-12001-7
（19265）

本书围绕基础设施投资推动城市化发展、城市化进程拉动基础设施投资需求这一主线，对我国基础设施投资与城市化进程的关系进行了全面、深入的理论剖析和实证研究。在分析借鉴前人的研究成果和推论，统计整理了大量基础设施和城市化数据的基础上，建立起基础设施投资对城市化的相关性、城市化进程对基础设施投资的需求量、基础设施各子系统对城市化的相关性三个计量模型，并使用全国和重庆市的相关数据对其进行了实证分析和检验。

* * *

责任编辑：封　毅
责任设计：赵明霞
责任校对：刘　钰　兰曼利

前 言

基础设施是城市赖以生存和发展的物质载体，既是生产条件又是生活条件，同时也是发挥城市辐射作用的重要物质保障。基础设施投资不仅加快了生产要素及产品的流通，促进了人口的流动，而且推动了城市的发展和城市化的进程；同时，城市的发展和城市化进程的加速也刺激了对基础设施的需求，又拉动了基础设施投资的增长，带动了社会经济的发展。

长期以来，我国在投资领域的计划经济体制严重制约了基础设施的投入和发展。基础设施投资规模偏低、结构不合理、管理运营效率低、监控体制不健全等，在一定程度上抑制了城市的发展和社会经济的增长。改革开放后，随着社会经济不断发展，城市化进程也呈现出加速增长的趋势，人口密集、城市规模扩大，城市的聚集效应和中心作用开始显现，对基础设施的质量、效率等的要求也越来越高。因此，研究基础设施投资和城市化进程的关系对我国的城市发展和社会经济增长，以及对基础设施的投融资体制改革和城市化水平的不断提高均具有重要意义。

本书运用经济学、城市学、统计学等基本原理，综合建筑经济学、城市经济学、公共经济学、区域经济学、计量经济学、规制经济学等学科及经济增长、城市发展战略、基础设施投融资等相关理论知识，围绕基础设施投资推动城市化发展、城市化进程拉动基础设施投资需求这一主线，对我国基础设施投资与城市化进程的关系进行了全面、深入的理论剖析和实证研究。在分析借鉴前人的研究成果和推论，统计整理了大量基础设施和城市化数据的基础上，建立起基础设施投资对城市化的相关性、城市化进程对基础设施投资的需求量、基础设施各子系统对城市化的相关性三个计量模型，并使用全国和重庆市的相关数据对其进行了实证分析和检验。

本书共分 7 章。具体内容安排如下：

第 1 章主要介绍了国内外关于基础设施和城市化研究的现状，以及本书研究的目的、结构和方法。

第 2 章对基础设施和城市化的内涵及发展历程进行界定和综述，并介绍了我国基础设施投资的历史、现状和发展趋势以及我国城市化的进程和城市化战略及目标。

第 3 章首先归纳了与基础设施和城市化相关的各种理论，然后探讨了基础设施对城市化的作用和影响，最后对影响城市化的动力机制进行了一定程度的研究。

第 4 章是对基础设施和城市化统计数据的基础分析。本章在分析和阐明基础设施投资数据的来源、统计口径和选取原则的基础上，首先对基础设施投资数据的规模和结构（地区、行业）作了深入的统计分析。针对城市化数据的多种测度方法，本书提出使用单一指标法作为城市化水平测度方法和确定人口指标作为城市化水平的测度指标，并在此基础上对全国及各地区城市化水平的数据选取进行了分析和比较。

第 5 章对研究涉及的基本模型和实证案例进行了分析和归纳，提出了基础设施投资与城市化进程关系研究的计量模型，主要包括 3 个基本模型，分别是基础设施投资与城市化进程相关关系模型、城市化进程对基础设施投资的需求量计算模型和基础设施各子系统对城市化的影响程度计量模型。本章引用全国和重庆市的基础设施投资和城市化数据，对上述 3 个模型进行实证分析和验证。

第 6 章依据规制经济学的理论，结合国外的规制研究对我国基础设施的规制现状进行了剖析，从改革投融资体制、开创多元的融资渠道；加强政府对基础设施投资的规划；协调基础设施投资与城市化进程的关系等方面提出规制及建议，以引导基础设施投资符合城市化进程的需要、促进两者的协调发展。

第 7 章结论，主要总结了本书的主要研究结论和创新观点，并对研究中存在的不足进行了总结和展望。

重庆市发展和改革委员会、重庆市建设委员会、重庆市投资咨询公司、重庆市水务集团、重庆市轨道交通总公司、上海地铁运营有限公司、广州市地下铁道总公司、重庆大学建设管理与房地产学院等单位在调研、资料收集过程中给予的帮助和支持，在此表示感谢！

最后，还要对出版社相关工作人员在该书编辑出版过程中给予的指导以及辛勤劳动表示衷心的感谢！

由于时间仓促，加之作者水平有限，书中如存在不足和错误之处，还希望广大专家和读者给予批评和指正。

Preface

Infrastructure is the material carrier upon which the subsistence and development of cities rely. They are the production and living conditions as well as the important material guarantee in the display of the radiative effects of cities. Therefore, infrastructure investment can not only increase the circulation of essential factors of production and products, and accelerate the migration of population, but also promote the urban development and the urbanization process, which, meanwhile, stimulate the demand for infrastructure construction, increase the investments on infrastructure, and the development of social economy.

For a long time, the planned economy seriously restrained the investment and development of infrastructure in China. The deficient investment scale, unreasonable structure, low efficiency of management, unsound system of supervision checked the development of cities and the social economy to some extent. Since the reform and opening-up of China in 1978, with the continuous development of social economy, the urbanization process tended to accelerate its developing pace. With the densification of population and enlargement of urban scale, the assembling and centralizing function of cities began to emerge. The demand for investment in infrastructure with high quality and efficiency was also increased. Whereas, the research on the relationship between the infrastructure investment and urbanization process will have a great significance on the urban development and social economic growth, the reform of infrastructure investment and financing system, and constant increase of urbanization level.

The essential theories of economics, urbanization, statistics, as well as the relevant theoretical knowledge about the architecture economics, city economics, public economics, regional economics, econometrics, economics of regulation, economic increase, strategies of urban development, infrastructure investment and financing are applied to the research of the dissertation. On the basis of research and sample analysis, the research deduces the conclusion that the research targets are in accordance with practical experience and puts forward regulations and proposals on harmonizing the relationship between infrastructure investment and urbanization process.

The dissertation, developing along the main line of urbanization process propelling the demand for infrastructure investment, conducts all-round and profound theoretical and demonstration analysis on the relationship between the infrastructure investment and urbanization process in China. That is, on the basis of analyzing and referring some previous research fruits and sorting out a large amount of relevant data, the dissertation establishes three metrological models on the pertinent relationship between infrastructure investment and urbanization, urbanization process and infrastructure investment demand as well as the sub-systems of infrastructure and urbanization process. The data from the nation and Chongqing municipality are employed in the sample analysis and examination of research result.

The dissertation has 7 chapters, the contents of each chapter is briefly generalized as followed:

In chapter 1, research review is firstly conducted to introduce the research progress on the infrastructure and urbanization, and then the purpose, structures and methodology in this dissertation is summarized.

In chapter 2, on the basis of defining and summarizing the meaning of infrastructure and urbanization, the author analyzes the history, status and future of infrastructure investment and strategy of urbanization process in china.

In chapter 3, the pertinent theories of infrastructure and urbanization is analyzed and concluded, the functions and influences of infrastructure and impetus mechanism of urbanization is discussed.

In chapter 4 and 5, the dissertation makes a profound statistic analysis on the scale and structure (of different districts and sectors) of the infrastructure investment on the basis of analyzing and elucidating the sources, the statistic caliber and sampling criterion on infrastructure investment and urbanization data. In addition, it conducts the analysis and comparison of the data selection about the national and regional urbanization level on the basis of establishing index system and measuring methods of urbanization.

After the analysis and conclusion of the relevant models and cases, the dissertation puts forward three computation model and demonstration analysis on the relationship between infrastructure investment and urbanization process, including 1) the model of the impact of infrastructure investment on urbanization: owing to the great influence of infrastructure on economic growth and the positive mutuality between urbanization and economic growth; 2) The model on the amount of infrastructure investment demand: on the basis of the analysis on the infrastructure investment demand formation; 3) The model on the degree of the impact of subsystems of infrastructure on urbanization. Finally, this dissertation uses the data on the whole country and Chongqing city to testify the validity and applicability of the three models established.

In chapter 6, the dissertation, according to the theories of the economics of regulation, conducts the analysis on the regulation actuality of Chinese infrastructure with that research of foreign countries. On the basis of analyzing the existing problems in Chinese infrastructure and urbanization development, it applies the research result of the relationship between infrastructure and urbanization process to the reform on investment and financing system and the creation of various financing channels. The research result will reinforce the government's planning for infrastructure investment, and provide suggestions on coordinating the relationship between infrastructure investment and urbanization process so as to guide the infrastructure investment to accord with the demand for urban development and the balanced development.

In chapter 7, the research conclusion and innovation views are summarized and direction and expectation of further study is brought forward.

The author is grateful to a number of governmental agencies, universities's institutes and enterprises for their grant support and contributions to the investigation and data collections in the process of whole research: Chongqing committee of development and reform, Chongqing committee of Construction, Chongqing group of investment and consulting, Chongqing Water corporation, Chongqing Light Railway transportation Group, Shanghai Subway, Guangzhou Subway, and faculty of construction management and real estate, etc..

The author is welcome to any opinions that point out mistakes so that they can be corrected.

目　录

图表目录

1 绪论

1.1 研究背景和意义

1.1.1 研究的背景

当前，我国城市化正处于加速发展的时期，但作为其重要载体之一的基础设施建设却难以适应城市化迅猛发展的需求。因此，研究基础设施投资与城市化进程的关系，对推动城市和社会经济的发展、加快城市化进程、实现基础设施资源的优化配置、提高投资效率，具有重要的理论和实践价值。

1. 是推进我国城市化进程的需要

城市化是社会生产力发展到一定程度，由于工业化导致的产业结构变化而引发的生产要素发生空间流动的一种现象或实践过程。当前我国经济正以前所未有的速度在迅猛发展，在经济发展的同时，产业结构也正发生着深刻的变革。工业化进程不断加速，经济增长、基础设施投资、产业结构的转换与发展、生产要素的流动等分别从不同的层次为城市化提供了动力。

改革开放以来，在我国经济持续、快速增长的同时，我国的城市化进程出现了稳步发展的态势。城市数量由1978年的193个，发展到2004年的661个；城市化率（城镇人口占总人口的比重）由1978年的17.9%提升到2004年底41.8%[1]。尽管我国城市化进程得到了较快的发展，但与经济发展水平相比，城市化水平还明显偏低。其一是城市化滞后于工业化。2004年我国的工业化率（工业增加值占GDP的比重）为52.9%，而城市化率仅为41.8%。城市化水平滞后于工业化水平11.1个百分点[2]。其二是经验数据表明我国的城市化水平比同等经济发展水平的国家要低10多个百分点。从发达国家走过的城市化道路分析，城市化水平在30%～70%之间为城市化加速发展的时期；从国际经验看，工业化中期阶段是城市化水

---

1 刘志峰，《中国城市发展状况》，2005城市可持续发展南宁国际会议，http：//www.cfren.com/Html/CJZH/GNCJ/Article/20051109174525925.shtml，2005.11。

2 王一鸣，《“十一五”时期我国经济社会发展的阶段性特征》，http：//www.zjzw.net，2005.10。

平提高最快的时期。目前，我国的城市化已进入加速发展阶段。据有关统计资料和专家预测，进入“十一五”时期，我国城市人口基数将继续扩大，虽然增速会略有下降，但仍将保持城市化率每年提高1.0～1.3个百分点，到2010年我国城市化率将达到48%～50%，2020年将达到55%～60%左右[1]。

持续稳定地推进城市化进程是我国当前重要的国家发展战略。它不仅是当前我国各级政府工作的重要内容，也影响到了广大人民的日常生活。在城市化的道路上，如何提高城市化进程中各项基础设施投资的效率，科学合理地把握基础设施投资的方向和力度，是一个非常具有现实性、紧迫性和挑战性的课题。

2. 是国家宏观调控背景下调整基础设施投入的需要

宏观调控是各国政府干预经济的重要政策。我国近期宏观调控始于2004年，主要是由于固定资产投资（如房地产、钢铁等行业）增长过快导致了经济过热。2005年，国家已经调整了财政政策和货币政策，将原来实施积极的财政政策和稳健的货币政策转变为实施财政货币双稳健的政策。2008年11月5日，国务院常务会议决定，中国将采取十大措施，在未来2年内投资4万亿元，以刺激经济。按照既定的资金安排，4万亿投资资金中有18000亿元用在了铁路、公路、机场和城乡电网等基础设施上，基础设施建设迎来了新的快速发展的黄金时期。

国家经济政策的调整，对基础设施投资的影响巨大，这是因为：基础设施投资作为固定资产投资的重要流向，关系到国计民生，对社会经济的稳定和可持续发展具有极其重要的作用，其资金主要是来源于各级政府的财政税收或专项资金（如国债等）的投入。当前，在我国城市化进程加速发展的同时，国家为建立和谐稳定的社会、保持经济健康的增长，也加紧了对固定资产投资的宏观调控。如果对基础设施投资不足，将制约我国城市化发展进程，并制约其他产业的发展；而对基础设施投资过度又易造成基础设施闲置和资源的浪费，占用城市或产业发展所需的资金。所以，无论对基础设施的投入是不足还是过度，都会对城市化进程产生相应的影响，因此，基础设施的投入应保持一个适度的比例。在宏观调控背景下，如何控制基础设施投资的规模和比例；如何调整基础设施投资的方向和力度；如何协调基础设施投资与城市化进程的共同发展等问题的提出和解决比以往任何时期都显得更为迫切。

3. 是我国提高基础设施投资效率和投资决策科学性的需要

我国的现代化建设一直受基础设施发展滞后的影响，特别是改革开放的

---

1 王一鸣，《“十一五”时期我国经济社会发展的阶段性特征》，http：//www. zjzw. net，2005. 10。

前十年，基础设施不完善对我国经济的制约作用十分突出，是我国经济发展进程中的瓶颈。20世纪80年代中后期，我国中央和地方政府通过直接投资或动员社会资源投资的方式对基础设施领域进行了大规模的投入，使得相关产品或服务短缺的状况不断改善，并为经济的持续增长提供了重要的基础条件。

20世纪90年代以来，我国对基础设施的投入在三大背景的影响下大幅增加：一是城市化进程需要加强基础设施的投入；二是亚洲金融危机以后，国内存在严重的有效需求不足的问题，政府为解决这个问题，通过加大投资力度拉动经济发展，而这些投资中有很大一部分都投向了基础设施建设；三是政府将基础设施投资作为保持区域之间均衡发展的重要政策措施，近年来我国政府为了推动中西部地区的建设，加大了对该区域的交通、能源等基础设施的投入。

但值得注意的是，由于缺乏科学、全面的规划和考虑，基础设施建设出现了“为投资而投资”、盲目投资、重复投资的倾向；另一方面，一些地区由于得不到必要的基础设施投入，导致城市化进程缓慢，严重破坏了社会的和谐和公平。如何加强基础设施投资的研究，使其对城市化的效用发挥到最佳，是一个亟待解决的重要问题。

图1.1
研究背景

1.1.2 研究的意义

在上述背景下，研究基础设施投资与城市化进程的关系具有重大的理论意义和重要的现实意义，表现在以下几个方面。

1. 理论意义

国内外对基础设施的研究虽有很多，但主要集中于基础设施的概念和理论，而理论研究中又以基础设施对经济增长的作用为主，少量研究基础设施对相关产业的作用。在采用的分析研究方法上主要以规范研究为主，实证分析相对较少。如刘伦武在其博士论文《基础设施投资对经济增长推动作用研究》

中研究了基础设施投资对经济增长作用的大小；娄洪在《中国经济增长中基础设施投资问题研究》中着重对基础设施投资在经济增长中的作用机制进行了研究。

另外，由于研究城市化的学科很多，其理论也较为广泛，研究内容主要涉及城市化的一般理论和城市化的相关问题。其中，城市化的一般理论主要集中在以下几个方面：1）城市化的概念与特征；2）城市化的起源与发展；3）城市化的速度与水平；4）城市化的方针与道路；5）城市化的机制与规律。对城市化相关问题的研究主要有：1）人口流动与城市化；2）非农化与城市化；3）城市化与现代化；4）经济全球化与城市化；5）城市化与经济发展。此外，还有学者对城市化与城乡关系、城市化与城市规划、城市化与城市建设、城市化与城市聚集，城市化与可持续发展及城市化与信息化等进行了探讨。

但是，通过大量的文献检索和资料收集查证，无论从国外还是从国内来看，对基础设施投资与城市化之间关系的研究，尤其是实证分析，目前几乎没有；相关的文献资料也非常少，基本上为概念性描述，偶有理论分析也浅尝辄止。可以说，这是一个崭新的研究领域。本书的研究正好填补了该领域的空白，因此具有重大的理论意义。

2. 现实意义

1978 年至2004 年，中国城市化水平由17. 9% 提高到41. 8%，提高了23. 9 个百分点，年均增长0. 92 个百分点，是前31 年中国城市化速度的3 倍多，是世界同期城市化平均速度的2 倍多。我国城市化发展进入快速增长的时期[1]。在这样的背景下进行基础设施投资与城市化进程的关系研究具有极为重要的现实意义。

首先，基础设施投资与城市化进程研究是解决短期国家宏观调控和长期城市化进程的重要依据。由于当前我国固定资产投资增幅过大，导致经济出现过热的势头，中央果断采取了一系列的措施进行宏观调控，包括减少国债发行量、提高银行贷款利率、控制固定资产投资的规模等。从目前来看，这些措施初步遏制了固定资产投资的增幅，产生了一定的成效。但是，众所周知，城市化是我国的一个战略性目标，坚定不移地推行城市化战略，就要加大城市建设的投入，当然也包括基础设施的投入。基础设施作为固定资产投资的重要组成部分，在国家宏观调控的背景下，如何确保基础设施投入比例的合理性；如何判断基础设施投入对城市化贡献的有效性；如何科学的进行决策；应优先选择发展哪些类型的基础设施，才对城市化的促进较大；以及如何解决或协调两者之间的矛盾；等等，都是值得分析和研究的。因此，本书所做的理论分析和实

1　摘自国务院新闻办和建设部在2004 中国城乡规划与建设情况新闻发布会的报告。

证研究，将对解决上述问题有一定的帮助。

其次，当前我国处于全面建设小康社会的进程中，在经济增长方面强调要协调和统筹发展，其中包含了基础设施和城市化等内容，即基础设施推动经济增长、经济增长促进城市化。由于历史、政治、经济等多方面的原因，我国东部地区与中部地区、西部地区的城市化水平存在较大的差异，基础设施投入的分配也存在明显的差别。如何在推进城市化的前提下更科学合理地确定基础设施投资的规模和结构；如何统筹东部、中部、西部地区的基础设施投资和提高其城市化水平；如何协调基础设施投资和城市化之间的平衡发展等都是非常现实的问题。本书的研究成果及结论将对此作出回答，并指导其实践。

1.2 国内外研究现状概述

早在18世纪中期，西方经济学家的研究中就出现了基础设施的概念雏形——古典政治经济学的奠基人亚当·斯密（Adam Smith）在其著作《国民财富的性质与原因的研究》中提到了公路、桥梁、运河等公共设施的思想和概念。而世界城市化的进程也正随着同一时期英国产业革命的爆发及工业化的兴起和发展而加速。基础设施在经济学中的应用发生在20世纪40年代中后期，随后（20世纪50年代）人类社会也由工业推动时期进入到城市推动时期，城市化成为推动社会经济发展的重要动力。直到20世纪80年代初期，基础设施的概念才被引入我国，与此同时，我国的城市化研究才刚刚起步[1]。因此，在分析发现众多的巧合基础上，本书拟对两者之间的联系和相关性作深入的探讨和研究。

综观国内外，各国学者、专家对基础设施的相关分析主要集中在基础设施的内涵、基础设施与经济发展的关系、基础设施投融资、基础设施运营及管理等方面；而对城市化的相关研究主要集中在城市化的概念特征和起源发展、城市化的各种理论学说、城市化的机制和规律、经济增长与城市化的关系等方面。为此，本书将着重对上述主要内容进行研究和综述。

1.2.1 基础设施与城市化的概念及内涵研究回顾

1. 基础设施概念及内涵研究回顾

1）国外相关研究回顾

随着社会的发展，特别是工业革命和信息技术的发展，人类对基础设施内涵的认识经历了一个层次和范围不断发展的过程。早期重农主义经济学家魁奈（F. Quesnay）在论述农业资本时提出的“原预付”的概念，如仓库、房舍等固定资产，以及亚当·斯密（Adam Smith）在《国民财富的性质和原因的研

1 严正，《中国城市发展问题报告》，中国发展出版社，2004年。

究》中阐述的公路、桥梁、运河等公共设施，实质上就是基础设施。19世纪中期，发展经济学家罗森斯坦－罗丹（Paul. N. Rosenstein-Rodan）在其著作《东欧和东南欧国家的工业化问题》中，在总结早期经济学家论述的基础上提出了社会先行资本的思想，指出社会先行资本包括诸如电力、运输或通信在内的所有那些基础产业，它构成了社会经济的基础设施结构，是作为一个国民经济总体的分摊成本。姆里纳尔·达塔－乔德赫里在评述罗森斯坦－罗丹的“平衡增长大推进”理论思想时，阐述了自己对基础设施概念的理解。他将基础设施定义为狭义和广义两种，狭义的基础设施是指公用事业的“硬件”，包括城市基础设施和农业基础设施。其中城市基础设施包括运输、通信、电力生产和供应、供水排污等；农业基础设施包括农业灌溉系统和管水工程。广义的基础设施除涵盖狭义基础设施的内容外还增加了教育、科学研究、环境保护和公共卫生等内容。美国经济学家赫希曼（A. O. Hirschman）则进一步指出，社会间接资本有广义和狭义之分，“就其广义而言，包括从法律、秩序以及教育、公共卫生到运输通信、动力、供水以及农业间接资本如灌溉、排水系统等所有的公共服务。”美国经济学家舒尔茨（Theodore Schultz）和贝克尔（Gary Becker）认为，基础设施包括两类：一类是核心基础设施，主要是指交通和电力，其作用是增加物质资本和土地的生产力；另一类是人文基础设施，包括卫生保健、教育等，这类基础设施的作用是提高劳动力的生产力。P. H. 库特纳则把基础设施定义为三个方面：首先基础设施是为工业服务的；其次它所提供的这种服务是难以流动的；同时基础设施具有突出的规模经济性和持久的耐用性。

2）国内相关研究回顾

我国学者对基础设施的具体含义和范围的认识也不尽统一。1981年，钱家骏、毛立本发表了《要重视国民经济基础结构的研究和改善》一文，在我国经济理论界首次引入了“基础结构”的概念，并把基础结构定义为“向社会上所有商业生产部门提供基本服务的那些部门，如运输、通信、动力、供水以及教育、科研、卫生等部门”，并指出狭义的基础设施专指具有有形产出的部门，即运输、动力、通信、供水等部门；广义的基础设施则还包括教育、科研和卫生等“无形产出”的部门。1983年，刘景林发表了《论基础结构》一文，就基础设施的概念、特征作了较为全面的研究，并从基础设施的职能角度，把基础设施划分为生产性基础设施、生活性基础设施和社会性基础设施。此外，魏礼群从基础设施的性质和范围两方面对其作了定义，他认为基础设施是国民经济的重要组成部分，主要包括交通运输、通信、水利、能源以及城市供排水、供气、供电等公用设施。他指出基础设施是为社会生产和人民生活提供基础产品和服务的，是一切经济和社会活动的载体。而于光远主编的《中国经济大词典》中对基础设施的解释是：“基础设施是指为生产、流通等部门提供服务的各个部门和设施，包括运输、通信、动力、供水、仓库、文化、教育、科研以及公共服务设施”。

世界银行在《1994 年世界发展报告——为发展提供基础设施》中，将基础设施定义为“永久性的工程构筑、设备、设施和它们所提供的为所有企业生产和居民生活共同需要的服务”，并将经济基础设施概括为三部分：①公共设施：电力、电信、自来水、卫生设备和排污、固体废弃物的收集和处理、管道煤气等。②公共工程：公路、大坝和灌溉及排水渠道等水利设施。③其他交通部门：铁路、市内交通、港口和航道、机场等[1]。

从基础设施所依附的社会生产部门来分，基础设施可以分为城市基础设施和农村基础设施。林森木等也在《城市基础设施管理》一书中（1998），对城市基础设施的经济、行政、政治等管理进行了论述，认为“城市基础设施是国民经济基础设施在城市的具体化和系统化，是既为物质生产又为人民生活提供一般条件的公共设施，是城市赖以生存和发展的基础”，并将城市基础设施概括为六大系统，即能源系统、水资源及给水排水系统、交通系统、邮电系统、环境系统、防灾系统等。这种城市基础设施概念及其系统的划分，体现了城市基础设施系统相对的独立性、完整性和系统性，得到了学术界和城市管理者的广泛认同，并在以后的相关学术论著、城市建设管理、统计等实际工作中广泛采用。

而农村基础设施的定义和分类则较为繁杂。叶兴庆（1997）、杨林等（2005）认为，农村基础设施是为农村经济、社会、文化发展及农民生活提供公共服务的各种要素的总和。彭代彦（2002）将农村基础设施大致分为三类：一是生产服务设施，如水利设施、农业科研和技术推广服务机构等；二是生活服务设施，如医疗、文化设施等；三是生产生活服务设施，如教育、道路和通信设施等。甘琳等（2008）认为，农村基础设施是为了农村经济、社会、文化发展及农民生活的提高而提供公共服务的各种物质要素的总和。这些设施在提供服务时具有一定的消费非排他性或非竞争性，属于准公共产品。此外，袁立（2006）、傅晋华（2008）等也对农村基础设施进行了不同分类。

新的研究则出现了生态基础设施的概念，生态基础设施（EcologicalInfrastructure，EI）本质上讲是城市的可持续发展所依赖的自然系统，是城市及其居民能持续地获得自然服务（natures services）的基础，这些生态服务包括提供新鲜空气、食物、体育、游憩、安全庇护以及审美和教育等。它包括城市绿地系统的概念，更广泛地包含一切能提供上述自然服务的城市绿地系统、林

1 毛晓威，1994 年世界发展报告——为发展提供基础设施，北京：中国财政经济出版社，1994：276－277。

业及农业系统、自然保护地系统，并进一步可以扩展到以自然为背景的文化遗产网络（俞孔坚，李迪华，2002，2003，2004）。生态基础设施将基础设施的概念和内涵拓展的更宽，是崭新的基础设施研究领域，但目前仍处于起步阶段，研究的文献较少。

2. 城市化概念及内涵研究回顾

1）国外相关研究回顾

“城市化”，或称城镇化、都市化，是英文 Urbanization 的不同译法。其词头 urban 意为都市的、市镇的；其词尾 - ization 由 iz（e） + ation 组成，表示行为的过程，意为“化”。“城市化”这一术语最早出现在 1867 年西班牙工程师 A. Serda 的著作《城市化基本原理》中，书中区分了“城市化”和“乡村化”。追溯到近代，马克思提出“中世纪（日耳曼时代）是从乡村这个历史舞台出发的，然后，它的进一步发展是在城市和乡村的对立中进行的；现代的历史是乡村城市化，而不像古代那样，是城市乡村化”。其他学者中，埃尔德里奇认为：人口的集中过程就是城市化的全部含义。克拉克说：“城市化是第一产业人口不断减少，第二、三产业人口不断增加的过程。”

此外，由于城市化研究的多学科性和城市化过程本身的复杂性，各学科从不同的角度给予城市化不同的理解：人口学认为城市化是农村人口转变为城市人口的过程；西方学者西蒙·库兹涅茨将城市化定义为城市和乡村之间的人口分布方式的变化。赫茨勒指出，城市化就是人口从乡村流入大城市以及人口在城市的集中。威尔逊将城市化理解为一种居住在城市地区的人口比重上升的现象。持否定态度的托达罗也是从人口迁移的意义上定义城市化的。

经济学认为城市化是由农村自然经济转化为城市集约大生产的过程。西蒙·库兹涅茨指出：“过去的一个半世纪内的城市化，主要是经济增长的产物，是技术变革的产物，这些技术变革使大规模生产和经济成为可能。一个大规模的工厂含有一个稠密的人口社会的意思，也意味着劳动人口，及其从属人口向城市转移，这种转移又转而意味着经济投入的增长”。沃纳·赫希认为，城市化是指以人口稀疏、空间上均匀遍布、劳动强度很大且个人分散为特征的农村经济，转变成为具有基本对立特征的城市经济的变化过程。

地理学认为城市化是农村地域转变为城市地域的过程；而社会学则认为城市化是由农村生活方式转化为城市生活方式的过程。路易斯·沃斯指出，城市化意味着乡村生活方式向城市生活方式发展、质变的全过程，他认为，城市生活方式不仅有别于农村的日常生活习俗、习惯等，而且城市生活方式还包括制度、规划和方法等结构方面的内容。孟德拉斯认为，当乡下人享有都市的一切物质条件和舒适时就是实现了城市化。

还有一些观点把上述学科的看法综合起来，如美国的《世界城市》认为城市化“一是人口从乡村向城市运动，并在城市从事非农工作；二是乡村生活方式向城市生活方式的转变，这包括价值观、态度和行为等方面。第一方面强调人口的密度和经济职能；第二方面强调社会、心理和行为因素”。[1]弗里德曼将城市化过程区分为城市化Ⅰ和城市化Ⅱ。前者包括人口和非农业活动在不同规模城市环境中的地域集中过程、非城市型景观转化为城市型景观的地域推进过程，即物化了的或实体化的过程；后者包括城市文化、城市生活方式和价值观在农村的地域扩散过程，即抽象的、精神上的过程。

尽管不同学科理解的侧重点不同，但大家一致认为城市化是一个过程，是人类文明由低级向高级不断发展的过程，是社会分工和生产力水平不断提高的结果。

2）国内相关研究回顾

在我国，城市化是“人类生产与生活方式由农村型向城市型转化的历史过程，主要表现为农村人口转化为城市人口及城市不断发展完善的过程”。这种转化的深刻内涵在于，它不是简单的城乡人口结构的转化，更重要的，它是一种产业结构及其空间分布的转化，是传统劳动方式、生活方式向现代化劳动与生活方式的转化。国内学者王放研究认为：城市化即指城镇地区无论从经济发展、社会活动和人口数量方面比重都在不断上升，而乡村地区不断下降的过程[2]。沈立人则论述道：城市化是一个经济发展的过程，不仅是城市人口的增加，更表现为诸多城市要素的集聚，特别是城市规模的形式，有赖于城市产业的支撑，并落实为城市居民生活质量的提高和科教文事业的发展[3]。王延辉、郭熙保，从多要素聚集的角度进行了定义，认为“城市化是乡村分散的人口、劳动力和非农业经济活动不断进行空间上的聚集而逐渐转化为城市的经济要素，城市相应成长为经济发展的主要动力的过程”。高佩义则从城市化的研究层次认为“城市化展开来说可以包括五个方面的层次：第一层次是乡村不断转化为城市并最终为城市所完全同化；第二层次是乡村本身内部的城市化；第三层次是城市自身的发展，即所谓‘城市的城市化’；第四层次是作为各种不同学科领域研究对象的城市化，如人口城市化、地域城市化、景观城市化、工业城市化等；第五个层次是最抽象的城市化，即作为城市化整体运动过程的城市化”。此外，国内还有很多学者，如王虹扬、赵燕青等也提出了不同的见解，本书不再赘述。

1.2.2 基础设施与城市化的理论及关系研究回顾

1. 基础设施与经济发展关系的研究回顾

1 赵伟，《城市经济理论与中国城市发展》，武汉大学出版社，2005年。

2 王放，《中国城市化与可持续发展》，科学出版社，2000年。

3 沈立人，《全面理解和整体推进城市化》，财经问题研究，2001（3）。

基础设施与经济发展关系问题，历来是世界各国、各地区政府制定社会经济发展规划和经济增长战略必须高度重视的基本问题。无论是早期、还是近现代经济学家，都十分重视基础设施与经济发展关系的研究，其研究范围包括基础设施发展模式、基础设施规模与结构、基础设施区域配置等问题。其中，一些研究成果表明基础设施对经济增长作用明显，两者间存在一定的相关性。

1）理论方面

a. 国外相关研究回顾

西方经济学家对基础设施与经济发展关系的研究形成了三个具有代表性的理论：财富论、投资结构论和投资效益论。

财富论主要研究基础设施投资对社会财富增长的影响：第一，财富聚集增长与基础设施是相关联的［科尔培尔（Colbert）、托马斯·孟（Thomas Mann）］；第二，基础设施的改善对提高生产效率有促进作用（魁奈（Quesnay））；第三，基础设施的分布影响生产的布局（李斯特（List））；第四，基础设施影响社会福利水平的提高（庇古（Pigou））；第五，基础设施建设是国家应有的职能（亚当·斯密）。

投资结构论将基础设施看作经济增长的构件：第一，基础设施投资是经济增长的基础（W·W·罗斯托）；第二，发展基础设施是经济持续发展的保障（艾伯特·赫希曼）；第三，加速经济增长必须优先投资基础设施（罗森斯坦-罗丹、罗根纳·纳克斯）。

投资效益论的研究重点集中在基础设施提升经济发展的效益方面：第一，基础设施发展会促进生产效率的增加［伊斯特里（Esterly）和雷波罗（Rebelo）、坎宁（Canning）和费伊（Fay）］；第二，基础设施的好坏会影响生产成本的高低；第三，基础设施的状况影响投资环境竞争力和市场的发展；第四，基础设施的布局会导致地区间的经济增长差异［罗莫（Romer）和卢卡斯］。

b. 国内相关研究回顾

我国学者王延中（1998）、杨军（2000）、刘立峰（2001）等先后就基础设施与制造业的发展关系、与加工工业的投资比例关系、与区域结构以及区域经济一体化的关系等方面进行了研究。而关于城市基础设施与城市经济和社会发展关系的研究相对较少。蔡孝箴在《城市经济学》（1998）中认为，城市基础设施对城市经济增长具有重大的影响：从短期看，城市基础设施的效应在于提高生产效率、促进城市竞争力的提高；从长期看，城市基础设施的发展将增强城市的吸引力和比较优势，吸引更多的劳动力和企业流入城市，扩大城市经济规模，促进城市的产业置换和结构调整，从而实现城市经济的增长。林森木（1987）在《城市基础设施管理》中，认为城市基础设施是城市产生积聚效应的决定因素，城市基础设施的存在，既促进了城市经济高度的专业化分工，又以基础设施为纽带促进了城市地域空间各要素的高度积聚，从而形成城市的整体效益，加速推进城市经济的快速发展。

2）实证方面

a. 国外相关研究回顾

基础设施对经济增长具有促进作用，两者关系的实证研究是伴随着增长经济学、计量经济学的发展建立起来的。其中的哈罗德-多马经济增长模型、索洛的新古典经济增长模型以及库兹涅兹的经济增长因素分析模型都对基础设施与经济增长的实证研究起到了指导作用。此外，阿斯查尔（Aschauer）（1989）还采用了 Cobb-Douglas 生产函数研究公共资本对私人部门商品和劳务的总产出的影响。伊斯特里（Esterly）和雷波罗（Rebelo）（1993）对多个发展中国家的研究数据表明，假设影响经济增长的其他因素不变，则运输和通信投资对经济增长的作用明显，产出弹性是 0.16。而且基础设施是通过增加私人资本投资回报率来促进经济增长的[1]。坎宁（Canning）和费伊（Fay）（1993）证明核心基础设施对经济增长的贡献比非核心基础设施对经济增长的作用要大，通过对 57 个国家的数据进行检验，发现交通设施的产出弹性明显高于电力电信，而且之于发达国家的产出弹性高于发展中国家。世界银行的《1994 世界发展报告》也对此进行了分析研究，结论类似。

b. 国内相关研究回顾

国内关于基础设施的实证研究在近些年才开始。王延中（1998）等人对基础设施与制造业的相互关系进行了定量分析，发现基础设施资本存量的增长速率在各个时期都高于实际国内生产总值的增长率，而且两者表现出相同的趋势；同时，基础设施与工业之间也存在相关性，并且一些基础设施指标与制造业产值和人均制造业产值显著相关[2]。黄聪（2000）通过线性回归分析了香港地区建设投资对经济增长的影响，发现固定资产形成、建设投资、基础设施投资等变量与经济增长变量 GDP 的相关系数都在 0.95 以上。同时作者还分析了每个变量的建设推动力系数（每一单位的建设投资引起 GDP 百分率的增长），结果表明基础设施的作用呈现越来越明显的趋势。学者杨军（2003）通过实证研究总结出基础设施建设的“超前性”、“同步性”和“滞后性”三种发展模式，提出了我国“让部分基础设施优先发展”的思路。

姜轶嵩，朱喜（2004）证明了基础设施的增加或者改善将会对我国的经济增长产生积极的推进作用。郑思齐，刘洪玉（2004）使用我国 1981 ~ 2001 年的数据利用 granger 因果检验方法研究了基础设施投资、其他投资和

---

1 Esterly, W. S. rebelo. Fiscal Policy and economic growth: an empirical investigation. Journal of Monetary Economics, 32, pp. 417 - 460, 1993.

2 王延中，《基础设施与制造业关系研究》，社会科学出版社，1998 年。

GDP 之间的动态因果关系，得出基础设施投资对 GDP 增长的短期影响要大于其他投资，同时指出基础设施投资是短期经济增长波动的一个重要的影响因素。

还有学者对我国不同地区基础设施对经济增长的促进作用进行了研究，但研究的结论却略有不同。范九利，白暴利（2004）在《基础设施投资与中国经济增长的地区差异研究》中，得出东部地区基础设施对经济增长的作用在降低，西部地区则在逐年增加。

刘伦武（2005）通过误差修正模型，发现东部地区基础设施投资对国民经济增长的推动作用最大，中部地区次之，西部地区最小；东中部地区的推动力高于全国整体水平，而西部地区低于全国水平。

柳杰，李治国（2007）在《基础设施投资与经济增长关系实证研究》中发现邮电通信、交通运输、电力建设各项基础设施投资与经济增长之间存在长期稳定的联系。

乔宁宁（2009）通过建立面板数据模型，得到了它们之间的推动作用关系。从推动力系数看，1998 ~ 2007 年期间，全国各个省市地区的基础设施投资对国民经济增长的推动作用都是明显的，相比之下中部地区省份的推动力较大，西部还较低；从推动效率看，中部地区省份如内蒙古、安徽、吉林、河南，东部地区省份如山东、广西、江苏、福建，西部地区省份如四川、重庆、贵州都对国民经济产生了积极的推动作用。

还有一些学者通过研究认为，地区的发展水平不同，基础设施促进经济的效果也不同。相对于较发达和不发达的地区，中等发达的地区基础设施具有最大的投资产出系数。同时，不同的地区基础设施的重要性也不同，例如对中等发达地区，经济处于快速增长阶段，电力能源类和交通运输类基础设施产生的影响较大。

虽然，国内就基础设施投资相关问题的研究涉及的面较为广泛，但基础设施投资与城市化进程之间的关系还没有人进行过系统的研究。

2. 城市化理论研究回顾

1）国外相关研究回顾

自 19 世纪以来，对城市化的理论研究也是层出不穷，具有代表性的主要有以下理论：

a. 区位理论。该理论认为城市是一种社会生产方式，它以社会生产的各种物质要素和物质过程在空间上的集聚为特征。其贡献在于，它分析了城市效益的根源，确定了城市的分布状态和分布形式。

b. 结构理论。是以刘易斯、费景汉和拉尼斯、乔根森、托达罗、舒尔茨、钱纳里·塞尔昆等人为代表，所提出的两部门经济发展模型、“就业结构转换理论”等，对揭示人口从农村向城市的迁移、就业转换、工业化加速等现象具有重要意义。

c. 人口迁移论。泽林斯基认为人口迁移和流动既与社会经济发展条件有关，同时也与人口出生率和死亡率的转变密切相关。配第—克拉克定理指出随着经济发展，劳动力在三产业间的分布将出现从第一产业转移至第二产业，然后再从第二产业向第三产业转移的变化趋势。富拉斯蒂埃认为技术进步是引起劳动力产业分布结构演变的主要原因。

d. 非均衡增长论。由赫希曼提出，着重从现有资源的稀缺性和企业家的缺乏等方面，论述了平衡增长战略的不可行性。并包括：佩鲁的增长极理论、弗里德曼的中心—边缘理论、缪尔达尔的"地理上的二元经济"结构理论以及极化—扩散原理等。

e. 生态学派理论。包括以帕克为代表的芝加哥古典人类生态学论、霍华德的田园城市论、伊利尔·沙里宁的有机疏散论、我国马世骏（1984）、王如松（1988）的生态城市论以及钱学森的山水城市论等。

另外，西方学者还提出了建立在依附理论框架下的关于第三世界的城市化理论。

还有，新兴古典城市化理论（杨小凯等）对城市和城乡差别的出现、城乡地价差别的决定机制、最优城市结构层次及其形成进行了研究。

2）国内相关研究回顾

我国的理论研究也硕果累累。首先是对城市规模的研究。这个在中国常被称作"城市化道路"的问题，在争论中逐步形成了就地转移论、小城镇重点论、中等城市重点论、大城市重点论、大中小并举论、因地制宜论、两头重点论等多种观点。

大城市重点论认为大城市的较快发展，对于带动区域经济的发展，特别是对于农村经济的增长有着举足轻重的作用。

中等城市重点论。认为中等城市已具备了相当的经济基础，正处于规模扩展阶段，具有较强的吸引力和包容度，能够起到缓解大城市压力，推动农村工业和区域经济繁荣的作用。

小城镇重点论。认为发展小城镇是解决我国二元经济结构的矛盾，走乡村城市化的可行之路。小城镇将成为吸纳农村剩余劳动力的主渠道和"蓄水池"。

大中小并举论。我国应形成一个以大城市、特大城市和小城镇并举，功能完善、结构合理的金字塔城镇体系。理由是：大城市、特大城市是国民经济的骨干，具有比中小城市高得多的经济效益。目前我国大城市的效益指标与世界上同等规模的城市相比，存在巨大的发展空间；从对农村富余劳动力的吸纳能力来看，大城市和小城镇将是我国具有最大潜力的区域。

两头重点论。认为中国城市化所面临的主要障碍是过多的农村剩余劳动力与城市吸纳能力不足的矛盾。要实现农村城市化的目标，应该采取符合国情的对策。不同的区域条件也不一样，其城市化的方式、动力和战略也应有所差异。主张重点发展大城市和小城镇[1]。

其次，我国关于城市化的学术著作多达数百部，代表性的有《论小城镇及其他》（费孝通）、《中国城市化道路初探》（叶维钧）等；学术论文（集）、文章数千篇，如《中外城市化：实证分析与对策研究》（陈甬军、陈爱民）、《中外城市化比较》（高佩义）等。

此外，辜胜阻的博士论文《非农化与城镇化研究》（2000）系统地论证了非农化与城镇化的关系及对城镇化的作用，他还在《人口流动与农村城镇化战略管理》中从考察城乡人口迁移与城镇化的关系入手，深入地研究了新中国成立50年来城乡人口流动与城镇化的政策、实践及相关的制度安排与创新，并在此基础上探讨了面向21世纪的城乡人口转移流动与农村城镇化的发展战略及其对策。

林国蛟的博士论文《中国城市化的动力机制研究》（2005）则指出，产业结构的转换与城市化存在密切的关系，而城市化的发生与发展会受到三大力量的推动与吸引，即农业发展、工业化和第三产业崛起，其中，农业发展给城市化提供了基础动力；工业化是城市化的核心动力；第三产业发展则给城市化提供了后续动力。

林玲的《城市化与经济发展》综合比较研究了北美三国的城市化问题，提出了主导产业转移力和城市引力场理论，探讨了城市化的基本构成要素，并主张中国城市化道路应采取“经济推动型”的城市化发展战略。

还有学者对城市化与城乡关系、城市化与城市规划、城市化与城市建设、城市化与城市聚集、城市化与可持续发展及城市化与信息化等进行了探讨。政府也从整个国家的角度，编写了《中国和外国城市统计资料》（1985～2000年）、《中国城市统计年鉴》（1984～2000年）和《中国城市四十年》等，2001年由国家计委宏观经济研究院、浙江省计委联合主办的《中国城市化网站》正式开通。这些资料的编辑出版与网站的正式开通，为城市化理论研究者提供了不少有价值的资料。

3. 城市化的其他相关研究回顾

1）城市化动力机制研究回顾

a. 国外相关研究回顾

在城市化的不同时期有着不同的动力机制。世界经历了漫长的城市化发展阶段，动力机制也从初期的原始驱动演变到了工业化和全球化背景下的多种驱动。如在工业化背景下的世界城市化过程中发达国家的城市化动力机制就表现

---

1 戴为民，国内外城市化研究综述，特区经济，2007年第5期。

为逐步的人口转移与经济结构变化相适应。这就是金斯利·戴维斯（Kingsley Davis）的经典城市化曲线理论（Cycle of urbanization）。而从对世界城市化的研究来看，20 世纪 80 年代以来主要注重信息化和全球化对世界城市化进程影响的研究（Castells，1989；1994）。研究认为：世界城市化的迅速发展与两个主要的全球过程交叉相关（Chase－Dunn，1984；1989），第一个过程是经济全球化（Daniels，1991）；第二个过程是产业结构中服务业的快速增长（Batten，1995）。

b. 国内相关研究回顾

近年来，我国的城市化动力机制研究成果颇多，并涉及社会经济的多个方面，如经济增长、产业结构转变、基础设施投资、生产要素流动、政府管理与制度创新等。例如，陈柳钦的《论城市化发展的动力机制——从产业结构转移与发展的视角来研究》（2005）、林国蛟的《中国城市化的动力机制研究》（2005）、任军号等的《城市化动力机制及其作用机理研究》（2004）、陈先枢的《试论中国城市发展的动力与机制》（2002）、许庆明的《加快城市化进程的动力结构分析》（2001）、宁登的《21 世纪中国城市化机制研究》、张爱珠的《中国城市现代化动力分析》（1997）、袁海的《包含制度因素的我国城市化动力机制的实证分析》（2004）、高云虹的《中国城市化动力机制分析》（2003）、王小侠和刘杰的《中国城市化的动力机制初探》（2005）、段杰和李江的《中国城市化进程的特点、动力机制及发展前景》（1999）、孙中和的《中国城市化基本内涵与动力机制研究》（2001）、李随成等的《城市发展动力评价指标体系设计》（2003）等。因本书将在城市化动力机制研究部分对其进行阐述，此处不再赘述。

2）城市化指标体系和城市化水平测度研究回顾

城市化指标体系的构建由于侧重点不同区分为农村城市化（秦润新著《农村城市化的理论与实践》，中国经济出版社，2000.1）和城市现代化（中国科学院可持续发展战略研究组，2002）两个主要方面；城市化水平的测度则包括人口（城镇、非农）指标和土地利用指标等常规方法。这两项研究有助于定量研究基础设施投资与城市化之间的内在关系，有助于城市化水平指标的测度和计量模型的建立。本书将在城市化指标和城市化水平的分析中对其作详尽的论述和研究，此处不再赘述。

3）经济增长与城市化的关系研究回顾

由于城市化进程是农业人口转化为非农人口的过程，而经济的发展速度及水平对人口就业又有极大的影响，因此，已有的研究多是用经济增长或经济水平的指标与城市化水平的指标进行实证分析。其中，李文博、陈永杰（“中国城市化：水平与结构偏差”《中国城市化：实证分析与对策研究》论文集，2002）以城市人均 GNP 作为城市化率的解释变量，选取了有一定人口规模的国家作为样本进行分析，发现随着经济水平的提高，人口的城市化率增速减缓。另外，李文博通过回归计算，得出人口城市化率与人均第三产业产值之间存在着较显著的相关关系，随着第三产业的发展，城市化的水平有相应的提高。陈其林等研究了城市化水平与乡镇企业指标的相关性（“中国城市化道路选择的实证分析”《中国城市化：实证分析与对策研究》论文集，2002）。此外，张宏霖等学者也对此作了较为详尽和深入的研究，绝大部分的结论都认同城市化和经济增长之间呈现出显著的相关关系（《中国城市化与经济发展》，《中国城市化：实证分析与对策研究》论文集，2002）。周一星（“城市化与国民生产总值关系的规律性探讨”，《人口与经济》，1982）、徐雪梅（“城市化对推动经济增长的经济学分析”，《城镇化》，2004）、吴云龙（“中国人口城市化与经济增长的相关分析”，吉林大学硕士论文，2005 年）、杨慧（“北京城市化与经济增长研究”，《经济与管理》，2004）。

上述关于基础设施和城市化的各项研究回顾旨在为基础设施投资与城市化进程关系的理论研究和实证分析奠定良好的基础。但从综述中也可以看出，目前国内外关于基础设施投资与城市化进程关系的理论研究和实证分析还几乎是一片空白，这也是本书研究的难度和创新所在。

1.2.3 基础设施与城市化的规制研究回顾

1. 国外相关研究回顾

1）规制理论研究。施蒂格勒（George Stigler）的《经济规制论》（The Theory of Economic Regulation）（1971）首次尝试用经济学的基本范畴和方法分析规制的产生。规制经济学的理论主要包括：公共利益论——政府规制是对社会的公正和效率需求所作的无代价、有效的反应；自然垄断论——传统经济理论认为，从全社会的利益出发，政府必须对自然垄断进行规制，但由于规模经济的存在，过度自由竞争可能造成效率降低，因而某种程度的政府干预是必要的；市场失灵论——由于市场在资源配置上的低效率等局限性使其不可能实现帕累托最优，因而政府的规制和干预也是必要的；规制需求论——施蒂格勒在《经济规制论》中认为经济规制是行业中的部分厂商利用政府权力为自己谋取利益的一种努力。此外，规制与寻租有许多内在的联系，其产生的根源、过程、结果、范围等都有类似之处。

2）基础设施规制研究。亚当·斯密（Adam Smith）等早期经济学家主张基础设施建设是政府和国家的职能。凯恩斯（John Maynard Keynes）则强调政府投资基础设施不仅是政治的需要，也是发展经济的手段。而近代多数发展经济学家如罗森斯坦－罗丹（Paul. N. Rosenstein－Rodan）、罗斯托（Walt Rostow）等则认为政府应在基础设施建设中起主导作用。但当代公共经济学的发展改变了政府在一些领域的职能和作用。由于政府提供基础设施等公共产品和服务的低效率为公私合作、投资多元化提供了可能；基础设施投资逐步引入竞争机制，呈现出市场化和民营化趋势，世界银行的专家在《1994 年世界发展报告》中指出，“基础设施以往对经济增长提供服务业绩不佳的基本原因是体制性激励机制不健全”，提出“应通过商业化管理、竞争和使用者参与”等方式来“改变激励机制”。

2. 国内相关研究回顾

近年来，由于我国基础设施投资与城市化进程不相适应的矛盾愈来愈突出，政府在其中所起的作用至关重要。政府一方面要大力推进城市化进程、促进社会经济和城市的发展；另一方面要控制基础设施投资的规模和结构，引导基础设施的民营化、私有化，放松政府规制，并在垄断行业中引入竞争等。如何协调两者共同发展、相互促进，我国的许多学者和研究机构对此做了一些有益的尝试，对基础设施和城市化的政策、改革、规制等相关问题进行了研究，如《中国基础设施的公共政策》（邓淑莲）、《城市化进程中的基础设施融资模式问题》（全桂华）、《加快城市基础设施建设全面推进城市可持续发展》（鸥朝）、《我国渐进式改革及其寻租问题》（卢现祥）、《中国城市基础设施投融资改革研究报告》（城市基础设施投融资体制改革课题组）、《城市化进程中基础设施投资效率分析》（卢再鸣）等。

1.2.4 研究现状的不足

从国内外研究现状来看，受经济发展水平和社会制度的限制，有关基础设施和城市化及其相关领域的研究成果，具有一定的局限性。

1. 基础设施和城市化的基础理论研究不足

基础设施的特征和属性是进行基础设施投资研究的基础，由于基础设施种类较多、属性各异，基础设施的投资主体、渠道、融资模式、经营管理体制等方面的差别也较大，已有的研究对基础设施的认识不全面，而定量研究则缺乏准确、合理的数据统计，这些不足造成基础设施对社会经济和城市发展的影响和贡献的衡量不准确，缺乏数据验证。而城市化的动力机制受城市发展阶段和社会经济发展水平的影响具有较大的不确定性，基础设施对城市化的推动或制约作用缺乏理论分析和实证数据检验。

2. 基础设施和城市化的系统性研究不足

传统基础设施研究一般以基础设施投资和产业政策为重点，缺乏对基础设施的供给过程、经营管理体制及发展规制的研究，系统性不够。而城市化由于多学科原因，研究理论、方法较为多样，相关研究层出不穷，但却缺乏系统性和完备性，也存在许多空白和不足，尤其是对城市化的动力机制、评价指标体系及城市化率的测度等研究不够系统和深入。

3. 基础设施和城市化的相互关系研究不足

至今尚未有针对基础设施投资与城市化进程关系的专门研究。传统研究只对基础设施与经济增长、经济增长与城市化、产业结构调整与城市化、基础设施投融资效率等进行了定性和定量分析，对基础设施投资推动城市化发展、城市化进程拉动基础设施投资需求的相互作用和相互联系也仅限于定性描述，针对性的定量分析、实证研究几乎没有。

4. 基础设施和城市化的相关研究需进一步深入

城市化进程的加速发展，特别是城市化对基础设施的需求，客观上要求基础设施的理论与应用研究必须与时俱进。目前我国基础设施正处于高速发展的时期，基础设施建设不但是国际金融危机背景下刺激经济、拉动内需的救世良方，也应该作为完善基础设施服务，推动城市化持续发展的长久之计，具有显著的时代特色，其投资体制等正面临重大变革。在继承传统研究成果的基础上，进行研究思路和研究方法的创新，是保证基础设施投资和城市化进程关系研究先进性和前瞻性的必然选择。

1.3 研究的目的、主要内容和方法

1.3.1 研究的目的和主要内容

本书旨在认识我国基础设施投资和城市化进程的基本特征和内在规律的基础上，对基础设施投资与城市化进程的关系进行深入的研究。并通过定性的理论研究和定量化的数据分析，深入剖析基础设施投资和城市化进程的内在联系及基础设施投资的规模和结构对城市化进程的影响，为协调基础设施投资与城市化进程之间平衡发展的各种实践提供理论指导。

具体来说，本书包含以下的主要研究内容：

1. 在界定和回顾基础设施和城市化的内涵和发展历程的基础上，深入阐述了基础设施和城市化的相关理论，并对基础设施与城市化之间作用和机制进行了一定的分析，为研究基础设施投资与城市化进程的关系寻求理论上的支撑；

2. 重点研究基础设施投资与城市化率之间的关系，即依据已有计量模型并提出合理假设，在基础设施与经济增长之间、经济增长与城市化之间关系的研究成果和实证分析基础上，建立了基础设施投资对城市化进程的线性相关模型，并对全国及东、中、西部地区的基础设施投资与其城市化率的线性相关性进行了验证，用多组数据检验了假设模型的合理性和适用性；

3. 研究城市化进程中城市新增人口对基础设施投资的需求，即在研究相关理论的基础上，按照一定的假设条件，建立相应的计量模型，从定量化的角度测算单位人口城市化所需要的基础设施投资强度，为基础设施投资的长期规划提供依据；

4. 研究不同种类的基础设施投资对城市化进程的影响程度，即在基础设施投资对城市化进程的相关性得到验证的基础上，将基础设施各子系统对城市化的重要性进行了分析测算，并从城市化的角度对基础设施投资的结构合理性

提出建议；

5. 在前述研究结论的基础上，从协调基础设施投资和城市化进程的角度，提出相应的规制及建议。

1.3.2 研究的方法和思路

1. 研究方法

研究性质决定了研究路径的设计与研究方法的选择。基础设施投资与城市化进程关系的研究包含了定性和定量两方面的内容。因此，在进行此项研究时，本书主要采用三种研究方法：比较研究方法、定性与定量相结合的方法、实证研究的方法。

1）比较研究方法

关于基础设施投资与城市化进程问题，世界各国都有许多可以借鉴的经验和理论。西方发达国家与发展中国家在该问题上的相关研究对本书目标的实现提供了大量有益的参考。本书通过大量的文献检索，广泛借鉴了国内外著名学者和研究机构的研究结果，结合我国的实际情况，通过对比研究，发现问题和差异，并提出了解决问题的对策和建议。

2）定性和定量相结合的方法

定性分析对城市化与基础设施的理论具有较强的概括性，可以深入地分析和认识相关理论及其发展过程；定量分析对于从量化的角度分析基础设施投资与城市化进程的关系，对于量化单位人口城市化所需要的基础设施投资强度，对于分析合理的基础设施投资结构有十分重要的作用。

3）实证研究的方法

本书通过深入的理论分析对基础设施投资与城市化进程的关系进行了综合性的论述，得出了一些定性的结论。之后，通过对已有的各种模型函数进行演绎和抽象，构建起基础设施投资与城市化进程的关系模型。并通过对全国和各地区基础设施投资、城市化水平等历史统计数据的分析和计算，实证性的推导和验证了本书研究所预期的量化结论。最后用重庆的数据作为案例进行了分析验证。

2. 研究的技术线路如图 1.2 所示。

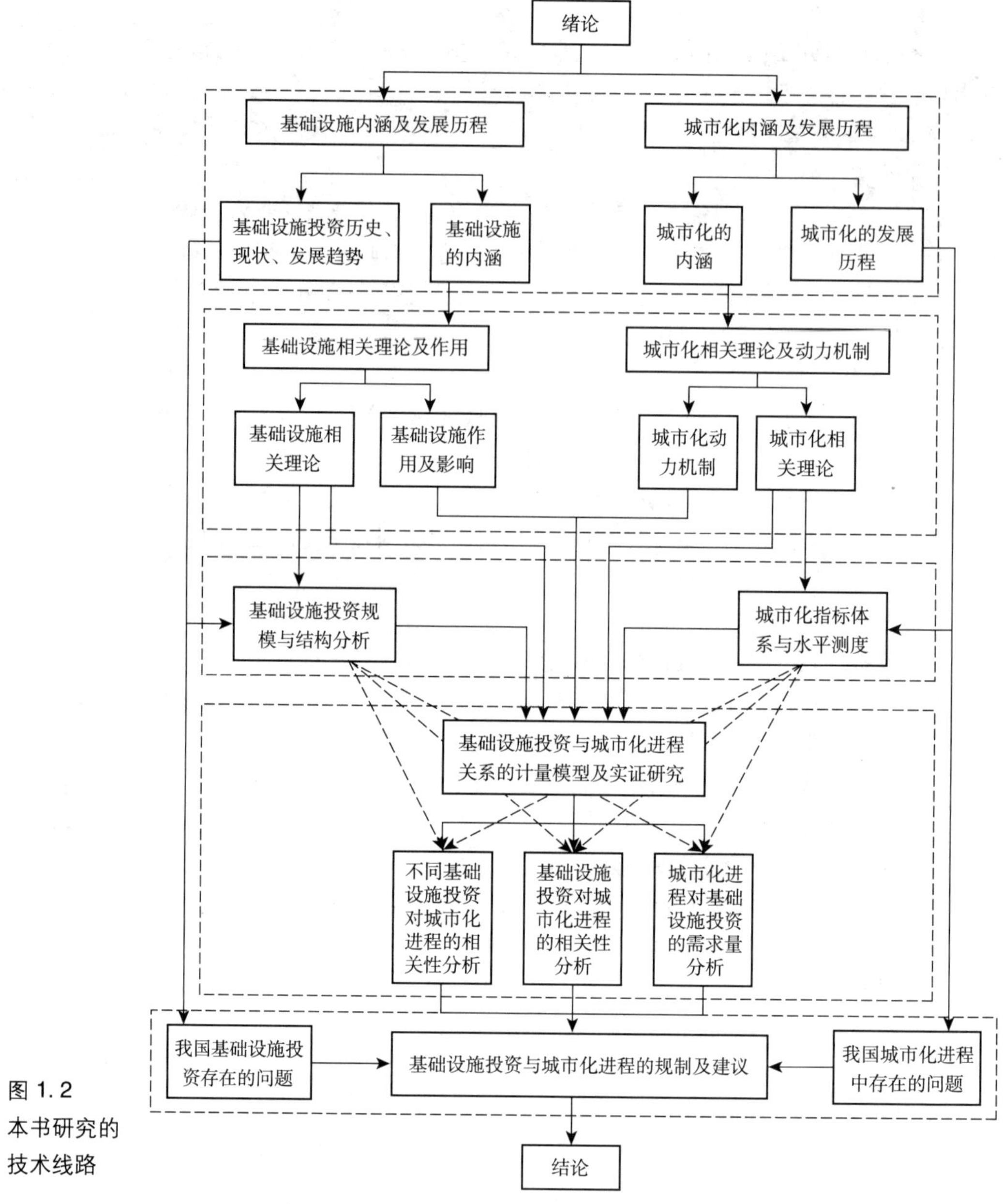

图 1.2
本书研究的
技术线路

2　基础设施与城市化的内涵及发展历程

进入21世纪，我国正处在城市化进程中的关键阶段。诺贝尔经济学奖获得者斯蒂格利茨曾说过："中国的城市化与美国的高科技发展将是深刻影响21世纪人类发展的两大主题。"可见，中国的城市化进程不仅对我国的发展具有深远影响，也将对全球的发展产生重大影响。

研究基础设施投资与城市化进程的关系，就要深入了解基础设施和城市化的内涵及其发展历程。本章通过对基础设施、城市化等概念的阐述和理解，研究基础设施的分类和特点，回顾和剖析我国基础设施和城市化发展的历史、现状及前景，准确地把握两者的内涵和发展脉络。

2.1　基础设施的内涵及发展历程

2.1.1　基础设施的内涵

对基础设施的研究始于20世纪40年代中后期，尽管现在基础设施是一个高频率使用的经济学概念，但人们对其使用还缺乏一个明确、统一的认识。全面深刻地了解和把握基础设施的概念、分类及特点，将有助于把握基础设施的内涵，加深对基础设施的理解。

1. 基础设施的概念

"基础设施"是英文"infrastructure"翻译而来的，是指在国民经济各行业中，为了满足生产、生活的需要而必须具备的一般条件的基础结构和公共设施。基础设施的建设是进行其他社会生产、生活等活动的基础，因此，在整个社会中具有极其重要的地位。冯兰瑞教授认为基础设施有广义和狭义之分。狭义的基础设施主要包括供电、供水、供气、交通运输和邮电通信等；广义的基础设施除上述外，还包括文化、教育、科学、卫生等设施和部门。

2. 基础设施的分类

基础设施从不同的角度可以划分为不同的类型：

1）从基础设施构成与供给的角度可划分为经济基础设施和社会基础设施。

经济基础设施包括公共事业、公共工程和其他交通设施三个部分。其中公共事业是指电力、通信、电信、供水、环境卫生设施与排污、固体废物的收集与处理、管道煤气；公共工程包括公路、铁路、大坝、灌溉及排水用的渠道工程；其他交通设施是指城市交通、海港、水运和航空等。

社会基础设施包括文化、教育、医疗、保险等人力开发设施。

2）从基础设施功能的角度可划分为生产性基础设施和生活性基础设施。

生产性基础设施是可以为多个生产者提供服务的公共事业及公共工程，主要包括生产用的交通运输设施、能源供给设施、物质供应设施、邮电通信设施等。

生活性基础设施是指为居民生活提供的公共事业和公共设施，主要包括供水、供电、城市道路、卫生设施与排污等。

3）从空间分布和收益范围的角度可划分为全国性基础设施、区域性基础设施和局部性生产单位基础设施。

全国性基础设施是指关系到国民经济整体利益和长远利益，服务于全国性的生产生活等活动的大型基础设施项目，如：三峡工程、南水北调工程和西气东输工程。

区域性基础设施是指对影响区域经济，并服务于区域生产生活的大中型基础设施项目，如：秦山核电站工程。

局部性生产单位基础设施是指服务于特定生产单位的中小型基础设施项目。

4）从基础设施所依附的社会生产部门的角度可划分为城市基础设施和农村基础设施。

城市基础设施是指为城市社会经济发展和人民生活提供基本的生产和发展条件的生产性和服务性公共设施，主要包括城市能源、交通运输、邮电通信、水资源开发和给排水、城市生态和城市防灾等六大系统。

农业基础设施主要包括农业水利灌溉系统和管水工程等等。

5）从产出的角度来看，基础设施的建设和经营形成特殊的生产经营活动并生产出产品，根据产品的形态分为：

产品型：其产品形态同其他产品类似，生产的是一种有形产品，消费者购买到的是一种商品，例如：自来水、电、煤气等。

服务型：基础设施并不提供有形产品而是提供一种服务，满足消费者的某种需要，例如：公园、邮政、电信等。

共享型：基础设施提供的是一种公共服务或一种公共的消费，产品或服务是不能分割的，相当于美国的公共设施（美国定义公共设施为政府所有，以公共财政建造，供公众享用的固定设施或装备，如道路、港口、广场等）[1]。

---

1 李梦白，《城市建设经济学》，中国城建经济出版社，1997 年。

6）从是否收费的角度可划分为公益性基础设施和经营性基础设施。

经营性基础设施按收费水平与建设成本间关系又可划分为盈利性基础设施和半盈利性基础设施。包括通信设施、给排水设施、垃圾污水处理等等。

公益性基础设施是无偿使用的，不产生收益，其建设和维护资金一般来源于财政拨款，包括城市道路、桥梁、绿地等。

3. 基础设施的特点

基础设施作为一个城市、一个社会的正常运行和发展的基础性物质条件，是社会物质财富和生产要素的重要组成。同时，基础设施作为一个系统，具有自身的特点。

1）基础性

基础设施最大的特点就在于基础性。基础设施部门属于间接性的生产部门，是整个国民经济发展的基础，它为整个社会生产、消费提供"共同生产条件"和"共同流通条件"。基础设施产业提供的产品和服务也是其他生产部门进行生产的基础性条件。例如：房地产行业就需要一定的基础设施，如交通、运输、电力等设施。同时基础设施产业所提供的产品和服务，又是其他生产部门（也包括本部门）生产和再生产时所必需的投入品，如电力、水的供应等。就价格构成来看，基础设施产业所提供的产品和服务的价格，构成了其他部门产品和服务的成本[1]。所以，基础性是基础设施产业最基本的特征，由此也确立了其在国民经济中的先行地位。

2）功能的同一性和公共性

基础设施各个组成部分都有一个共同的职能就是服务职能。无论是什么样的基础设施，它们都是服务于城市的社会生产和发展及城市居民的生活。基础设施的公共性则体现在：首先，任何一个基础设施都不是特定为某一个部门、企业、单位、居民服务的，而是为整个城市、社会提供社会化的服务；其次，基础设施提供服务的对象既有社会生产部门又有居民生活，两者是相互联系难以分割的。

3）系统性和协调性

基础设施不同于其他的产品或是生产性机构，基础设施是一个内部紧密联系的有机整体。基础设施作为城市这个大系统中的子系统，首先，必须与城市经济发展水平、政治环境等因素协调一致；其次，基础设施内部各分类设施系统之间地联系也非常紧密而协调。基础设施要与城市水网、电网、通信网络等各分类设施紧密联系，形成一个有机的整体，并且同内部以及外界环境之间均需协调一致，才能正常良好地运转。基础设施必须与城市国民经济、人口规

1　王辰，《基础产业融资论》，中国人民大学出版社，1998 年。

模、居民生活水平、城市规划建设等保持协调发展的关系。

4）非竞争性

基础设施的相当一部分是为全市所有企业、单位和居民服务的，而且一般是依靠政府的财政投资建设的。而政府的财政收入主要是纳税人的各种税收，所以政府提供的这部分基础设施带有福利性质，即不论居民、企业和单位纳税的多少，只要是城市的居民、企业和单位，在享受和使用基础设施方面就是平等的[1]。

5）先导性

基础设施是城市存在和发展的基本物质需求，所以基础设施应该在建设上要有前瞻性。一是要提前建设以满足未来城市发展的需求，因此对基础设施建设要有长期规划；二是要超前建设，基础设施建设工程一般建设工期较长，投资巨大，建成后再推倒重建的损失巨大，所以基础设施的供给量和技术水平不仅要满足当前的需要，还必须考虑城市的发展，特别是近期的发展，并满足未来的需要。当然超前量不能太大，否则会造成浪费。

6）效益的社会性和间接性

基础设施建设的着眼点不在获得经济效益，而在于推动整个城市，乃至区域经济、文化等方面的发展。基础设施效益的衡量标准也应表现在城市整体效益的提高和功能的发挥上。例如投资8.2亿元的上海南浦大桥，建成之后极大推进了浦东地区经济发展，改善了浦东地区乃至上海的投资环境，促进了和各地区的交流合作，这就是基础设施带来的社会效益。总之，基础设施的投资额大，使用周期长，短期内可能看不到有很显著的效益，甚至在运营初期会出现亏损的状况，但是用长远的目光来看，基础设施的社会效益、环境效益都是巨大的。

7）社会公共性

社会物品根据竞争性和排他性可以分为私人物品、公共资源、准公共物品和纯公共物品四类。基础设施是满足社会生产、生活等活动的物质基础，具有公共性、公益型和社会性等特征，这是其内涵本身决定的。一般认为，多数基础设施都有一定的排他性，属于准公共物品的范畴，只有少数基础设施属于纯公共产品。因此基础设施建设不一定非得由政府投资，对于收益性较好的，属于准公共产品范畴的基础设施，政府应该积极吸纳广泛的民间资金参与。

4. 本书对基础设施内涵的理解

本书研究的核心内容是基础设施投资与城市化进程的相互关系，其中将运用定量分析的方法分析不同类型的基础设施对城市化率的贡献程度。因此，对

---

1 摘自硕士论文《我国城市基础设施建设融资方式研究》。

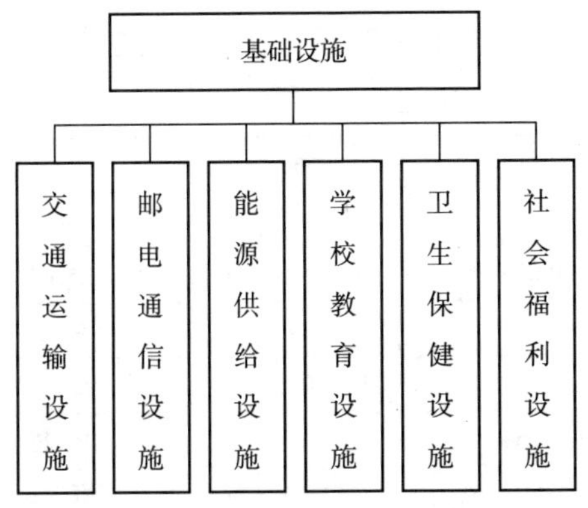

图 2.1 基础设施的内涵

基础设施内涵的把握是统计基础设施投资额和进行数据分析的基础。统计范围不同的基础设施投资额会有比较大的差别，也会对实证分析的结果造成影响。本书中对基础设施内涵地理解应该从其类型进行划分。

从广义基础设施的角度来看，各种不同类型的基础设施对城市化都有一定的影响和作用，本书在分析借鉴了国内外对基础设施理解的基础上，认为基础设施的内涵应包括以下部分：

a. 交通运输设施，包括城市对内交通运输的道路、桥梁、公共交通场站等设施；城市对外交通运输的航空、水运、公路、铁路等设施。

b. 邮电通信设施，包括邮政、电信、电缆、光缆等设施。

c. 能源供给设施，包括城市电力生产与输变电设施，煤制气、天然气、液化石油气的生产、供应设施，城市热能生产与集中供热设施等，水资源的开发、利用设施，自来水的生产、供应设施，雨水排放、处理设施等。

d. 学校教育设施，包括各级大学、中学、小学及其配套设施。

e. 卫生保健设施，包括医院、医疗站、保健站及其配套设施。

f. 社会福利设施，包括老年公寓、敬老院、孤儿院、疗养院、老年活动中心等社会保障和福利设施。

2.1.2 基础设施投资的历史、现状及发展趋势

1. 我国基础设施投资历史回顾

新中国成立以来，我国的城市化经历了一段十分缓慢的发展历程，尤其是在基础设施建设上走过很长的一段弯路，教训是深刻的。纵观我国基础设施建设的发展历程，大概可以分为以下几个阶段：

1）建国之初至改革开放初期（1952～1980 年）

这一时期我国基础设施建设投资数据见表 2.1。

我国基础设施投资统计（1952～1980） 表 2.1

年 代	全国基本建设投资额（亿元）	基础设施投资额（亿元）	比重（%）
1952	43.56	1.64	3.76
“一五”时期（1953～1957）	588.47	14.28	2.42
“二五”时期（1958～1962）	1206.09	25.62	2.12
调整时期（1963～1965）	421.89	9.02	2.14
“三五”时期（1966～1970）	976.03	13.17	1.35
“四五”时期（1971～1975）	1763.95	19.26	1.09
“五五”时期（1976～1980）	2342.15	51.25	2.19

资料来源：新中国五十年统计资料汇编，国家统计局，1999

注：比重是指基础设施投资占全国基本建设投资的百分比。

由于统计年鉴的缺失，1952～1980 年的数据来自于《新中国五十年统计资料汇编》，故而此部分的基础设施的统计结果和按照本书定义统计出来的数据有较大的差别。此外，由于没有 1952～1980 年间每一年度的准确数据，故只对该部分数据作定性的分析。

从表中我们可以看出，新中国成立后的 20 多年时间里，我国基础设施投资的水平一直较低，部分时期甚至出现了明显的下降趋势，其在全国基本建设投资中的比重也仅为 2% 左右。这一阶段的主要问题是：

a. 建国之初，国家的经济发展计划偏重于工业，忽视了城市发展，在“先生产，后生活”的方针指导下，先建工厂，后建生活设施，最后才建基础设施，致使基础设施严重滞后于城市的经济发展，城市化进程极其缓慢。

b. 受计划经济体制地束缚，基础设施投资主要靠政府投入，资金来源十分有限，严重制约了基础设施的建设和发展。

c. 各级主管部门以行政手段管理基础设施，缺乏效率和公平。

d. 此外，社会需求与基础设施之间未建立起直接的引导机制；缺少基础设施投资、建设及管理的相关法规；基础设施企事业单位缺少自我发展的机制和活力[1]。

2）“六五”至“七五”计划阶段（1981～1990 年）

从 1978 年我国实行改革开放政策开始，各级政府和全社会逐渐认识到了基础设施的重要性，国民经济和社会发展计划及基建投资开始向基础设施倾斜。在此期间，基础设施投资、建设及管理体制开始了一系列的改革，其固定资产总额由 1980 年的 14.4 亿元增加到 1985 年的 63.99 亿元，到 1990 年达到

1 严正主编，《中国城市发展问题报告》，中国发展出版社，2004.2。

121.21 亿元。10 年间基础设施投资总额为 640.17 亿元，是建国前 25 年的 5 倍，占固定资产投资总额的比例也由 3.0% 上升到 4.09%。其间基础设施虽然开始步出低谷，但其长期以来的短缺带给城市经济发展和社会生活的制约及影响仍继续存在。主要包括以下几方面。

a. 水资源方面

一方面，城市供水能力的增长跟不上用水量的增长，相当一部分城市供水短缺的局面在延续和扩大。据“七五”期间对全国 600 多个城市地统计，有近 450 个城市缺水，其中 100 多个城市严重缺水；在沿海 14 个开放城市中，有 12 个城市严重缺水。另一方面，城市污水处理率较低，未经任何处理就排入河流、湖泊的污水在不断增加，许多建成区没有完善的排水系统，污水处理设施也较为缺乏。据不完全统计，“七五”期间全国约有 85% 的城市污水排入江河或渗入地下，造成全国水域的 80%、城市地下水源的 45% 受到不同程度污染。

b. 城市交通方面

城市道路和交通的发展严重滞后于城市车辆和流动人口的增加，交通堵塞问题日益严重。全国道路面积率约为 3.8%，仅及发达国家的五分之一，发展中国家平均水平的一半。城市机动车平均时速由 20 世纪 60 年代的 25 公里下降到了 15 公里。

c. 环境方面

城市垃圾处理设施少且发展极为缓慢，无害化处理率不到 10%。

d. 能源供应方面

在城市燃气和集中供热方面，60% 以上的居民仍在烧煤和其他固体燃料，比烧气多耗能源 30%。另外，由于集中供热普及率低，每年多耗煤 1200 万吨[1]。

3）20 世纪 90 年代至本世纪初

在此期间，我国基础设施建设取得了显著的成绩，各项基础设施都有了一定的发展。政府在逐步加大投资力度的同时，开始改革单一的财政投资方式，在经历了财政投资与行政收费并行阶段和财政投资为主、实物投资为辅阶段的发展过程后，开始尝试政府、企业及个人多元化、多层次、多模式的投资方式（包括财政投资、民间资本、项目融资、证券融资、引进外资等），由此加快了基础设施建设的步伐，使城市投资环境得到了较大改善。这一时期的统计数据见表 2.2。

1　摘自《我国城市基础设施建设融资方式研究》。

我国基础设施平均水平（1990～2000）[1]　　　　表 2.2

项目	单位	年份						
		1990	1995	1996	1997	1998	1999	2000
人均生活用水量	吨/人	67.9	71.3	75.9	90.2	91.1	94.1	95.5
万人均下水道长度	公里/万人	3.9	6.0	6.0	6.1	6.3	6.7	6.8
万人均道路面积	平方米/万人	6.0	7.3	7.6	7.8	8.3	8.8	9.1
万人均公交汽电车	辆/万人	4.8	7.3	7.3	8.6	8.6	9.4	10.8
燃气普及率	%	42.2	70.2	73.2	75.7	78.8	81.74	84.15
清运垃圾	万吨	6767	10748	10825	10982	11302	11415	11819

4）2003 年以来

该阶段基础设施建设处于稳固发展阶段，能源和基础原材料工业投资增长加快，国家资金继续向中西部地区倾斜，资金来源渠道也呈现多样化。

党的十六大以来，国家一方面采取积极措施加大政府对基础产业和基础设施建设的投入；另一方面，鼓励外资和民营资本对基础产业和基础设施项目投资，使我国基础产业和基础设施水平又有了大幅提高，人民生活环境和城乡面貌得到明显改善。2003～2007 年的 5 年间，基础产业和基础设施建设投资总额 182703 亿元，是 1978～2002 年基础产业和基础设施基本建设投资的 1.6 倍。5 年年均增长 24.9%，比同期国民经济年均增长速度高 9.2 个百分点。2007 年，基础产业和基础设施施工投资项目 143971 个，比 2002 年增加 45973 个；施工项目计划总投资 171450 亿元，比 2002 年增长 1.6 倍。[2]

2. 我国基础设施现状及存在的问题

1）我国基础设施现状

a. 电力和能源供应

电力和能源供应一直是困扰我国社会和经济发展的主要问题。改革开放以后，我国开始重点发展电力行业。1978 年，全国发电量仅为 2566 亿千瓦时，但在 1978～2001 年间新增的发电机组容量 25858 千瓦时，年平均增加 1077 万千瓦时，到 2004 年，中国的发电量已经达到了 21870 亿千瓦时，年均增长 8.59%。

此外，我国的其他各种能源供应也在不断增长，结构日趋合理，洁净能源如液化气、管道煤气、太阳能等正逐步取代煤炭等污染较大的能源。据公布的统计数据，2002 年，城市居民燃气普及率达到 67.2%，用气人口达 2 亿多人；全国城市集中供热面积达到 15.6 亿平方米。

1　数据来源：中国统计年鉴 1996～2002 年。

2　国家统计局，改革开放 30 年报告之四：基础产业和基础设施建设成绩斐然，2008 年 10 月。

b. 城市道路和交通

道路是城市的骨架和网络，交通是城市的血脉，对城市的社会经济发展关系较大，是基础设施建设的重点之一。在交通基础设施方面，我国铁路通车里程由1978年的5.17万公里增至2003年的7.30万公里，增加了42%；公路里程由1978年的89.02万公里增至2003年的180.98万公里，25年间增加了1倍多；民航里程在25年间由最初的14.89万公里增至174.95万公里，增加了10.75倍。此外，城市交通状况也有所改善，交通工具及设施的数量也都增幅明显。截至2001年底，我国高速公路的建成长度已经跃居世界第二位[1]。2002年全国实有铺装道路长度19.1万公里，铺装道路面积27.7亿平方米，人均拥有铺装道路面积为7.9平方米，与1985年相比提高了2.6倍。

c. 通信事业

这是我国近年来发展最快的公用事业。2001年末，我国通信光缆线路长度达158万公里，长途业务电路达近800万路，移动电话交换机容量达2.4亿户。到2002年年底，中国通信网络规模容量已跃居世界第一位。其中，长途自动交换机容量由1978年的1863路端增加到2003年的8693998路端，增加了4666倍；移动电话交换机容量到2003年已经增至33698.4万户，是1989年的9108倍；长途光缆到2003年增加至594303万公里，是1988年的1205倍。此外，1997年我国的电信网络规模跃居世界第二位；2001年的电话普及率为14.51%；2003年底中国的互联网用户突破8000万；2004年5月底固定电话城市用户1.9亿户。这些基础设施数据与其对应的建设期限相比，增速无疑是惊人的。

d. 电力基础设施

在电力基础设施方面，1978年全国装机容量为5712万千瓦，到2003年增加到近4亿千瓦，增加了近6倍，目前中国电力装机容量已居世界第二位。全国发电量也由1989年的5847亿千瓦时，增加至2003年的18910亿千瓦时，增加了2.23倍，总发电量也跃居世界第二位。[2]

e. 供水与排水

2001年，我国供水管道长度约29万公里，全年城市供水总量达到466.5亿立方米。自来水综合生产能力达每天2.29亿吨，用水人口约2.58亿人，人均生活用水量达219升。上海、北京、广州、天津等不少城市的自来水普及率已达到100%。城市下水管道总长度15.8万公里，全年污水处理量近100亿立方米，日处理能力6215万吨，污水处理率达29.53%[2]。

---

1 数据来源于《中国统计年鉴》(2003)。

2 王任飞，王进杰，我国基础设施发展现状评析，经济研究参考，2006年第38期。

中国城市主要基础设施平均水平与国外一些城市比较 表2.3

项目	单位	中国平均水平		国外城市（1991年前后数据）								
		1985	1998	墨西哥	汉城	布达佩斯	华沙	莫斯科	东京	伦敦	巴黎	纽约
人均道路面积	m^2/人	3.05	8.26		8.4	9.5	8.2	7.2	9.68	26.3	9.3	28
万人均公交汽电车	辆/万人	3.43	8.60	9.14	—	15.31	14.6	13.53	—	30.7	—	—
人均生活用水量	升/（人/天）	151	214	206	265	320	245	440～600	340～500	290～300	320	—
污水处理率	%	2.42	29.56	—	—	39	—	95	90	95	93	—
燃气普及率	%	23.2	78.78	—	—	71.5	—	98	—	85～100	—	—
人均公共绿地率	m^2/人	2.8	6.06	—	13	7.74	25.3	18.8	1.6	30.4	12.21	19.2
垃圾处理率	%	1.69	58.41	—	—	—	—	—	100	—	—	100

资料来源：冯长春等，《中国大陆城市基础设施建设与发展》，《重庆建筑大学学报》，2001年增刊。

综上所述，我国现有基础设施的承载能力已大幅提高，较大地改善了城市居民的生活条件。同时，其服务功能正逐步强化，为社会经济和城市的持续、快速、健康发展奠定了良好的基础。

2）我国基础设施存在的问题

虽然我国基础设施取得了较大成就，但由于基础设施建设与城市的快速发展、城市化进程的迅速推进、城市居民日益增长的需要相比，仍然滞后和匮乏。大部分类型的基础设施按人均指标计算远低于发达国家的水平，甚至低于世界平均水平。比如，在交通门类基础设施中，中国与美国国土面积大体相当，人口还远大于美国，但是中国高速公路密度在2000年时还不足美国的1/5；在通信门类基础设施中，中国每千人互联网用户不到美国的1/10，即便与世界平均水平相比，也仅为1/3左右；电力门类基础设施对比更为悬殊，中国人均装机容量仅为美国的1/12，人均发电量和用电量为美国的1/11。如表2.3、表2.4所示。

世界主要国家和地区基础设施比较[1] 表2.4

国家	人均电力产量（kW）1995	每平方公里有路面里程（km）1993	每平方公里铁路营业里程（km）1995	每千人拥有电话线（km）1995
阿尔及利亚	210.48	28.17	1.7	41.22
埃及	256.76	—	4.74	43.55
纳米比亚	—	2.89	2.89	50.84
南非	878.45	48.36	18.01	95.91
加拿大	3826.59	—	8.71	589.39
墨西哥	474.23	45.12	13.4	94.31
美国	2907.84	406（1995年）	20	625.85
巴西	361.93	—	3.55	74.07
中国香港	1624.16	1556.51	113.03	527.38
印度	100.46	289（1985年）	19	12.83
印度尼西亚	99.75	78.02	3.12	16.17
日本	1812.34	—	53.66	487.94
韩国	785.36	467（1995年）	31.26	413.17
马来西亚	540.41	133.31	5.35	169.89

1 Canning. “A Database of Word Stocks of Infrastructure, 1950 - 1995”. The World Bank Economic Review, Vol. 12, No. 3, 1998, 529 - 547.

续表

国家	人均电力产量（kW）1995	每平方公里有路面里程（km）1993	每平方公里铁路营业里程（km）1995	每千人拥有电话线（km）1995
蒙古	367. 16	—	1. 22	31. 68
菲律宾	105. 98	88. 56	1. 26	19. 35
新加坡	1356. 97	4965. 81	—	429. 67
中国台湾	301. 23	86. 57	7. 51	59. 79
澳大利亚	964. 64	—	75. 66	207. 37
法国	1850. 59	—	61. 48	557. 19
意大利	1156. 61	—	27. 66	365. 53
波兰	763. 54	—	12. 43	703. 37
瑞士	2320. 63	270. 64	24. 56	681. 15
英国	1200. 7	63. 59	10. 69	2105. 3
俄罗斯	—	1489. 67	67. 72	502. 91
中国	831. 4	108. 7（1995 年）	5. 59	33. 61

此外，随着我国社会经济的不断发展和城市化进程的进一步加快，能源、电力及供水紧张、交通堵塞、环境污染、邮电通信设施不完善等仍是当前城市发展面临的主要难题，如以下几方面。

a. 城市交通问题

城市交通是城市赖以生存与发展的必要条件。城市越大，经济越发达，居民的出行距离就越长；生产率越高，交通量也就越大。虽然 20 世纪 90 年代以来，城市道路面积持续以年均 10% ~13% 的速度高速增长，但目前我国城市人均道路面积和道路网密度与世界发达国家相比仍处于低水平的状态。我国城市人均拥有道路面积只有 7. 9 平方米，路网密度为 5 ~7 公里/平方公里，与国外发达国家的城市人均拥有道路面积 15 ~25 平方米，路网密度为 12 ~20 公里/平方公里相比差距还很大。

此外，缓解大城市尤其是百万人口以上特大城市日趋严重的交通紧张状况，已成为迫切需要解决的问题。目前，大城市的快速路、轨道交通系统的建设还处于起步阶段，因未能从根本上解决资金投入，以及国产化技术攻关等问题，进展十分缓慢；城市公共交通优先的原则也普遍没能落实，公交车辆和运营线路虽不断增加，但客运总量的增加却不明显。

b. 城市能源、电力、供水问题

众所周知，我国目前主要的经济发展“瓶颈”就是能源和电力问题，其给城市发展带来的影响也有目共睹。鉴于对这两者的分析研究已较为广泛深入，本书就不再赘述。如前所述，我国不仅缺水和水污染问题十分严重，而且供水管网的跑冒滴漏现象也较为突出，据有关专家估计，失水率高达15%左右，很多城市的供水管网亟待改造和维修。水的问题不仅正成为我国经济发展的“瓶颈”之一，还将成为制约城市化进程的重要因素。

c. 城市环境问题

环境污染不仅对城市的持续发展有重大影响，而且对社会经济的增长有较大的阻碍。目前，我国污水处理能力和排水设施明显不足，在全国668个城市中，建成区有一半左右没有排水设施，且配套程度差，尤其是老城区大量存在有道路无上下水或者有上水无下水的状况，排水管网普及率也只有60%左右。城市垃圾的处理和无害化率低，已造成全国水体及土地的严重污染[1]。

d. 邮电通信问题

虽然我国的电信网络规模位居世界第二位，但我国电信业还处于低效率、粗放型的数量扩张阶段，存在业务品种单一、服务费高质低、缺乏核心技术、通信能力利用差等不足。

3. 我国基础设施的发展趋势

从上述分析可知，我国过去和现在的基础设施建设主要集中于狭义的基础设施如供电、供水、供气、交通运输和邮电通信等范畴。但从国内外的研究和国外的先进经验来看，我国基础设施将具有如下的发展趋势。

1）向广义的基础设施拓展

随着城市的经济结构向经营型、服务型发展，社会生活向现代化、社会化发展，以及城市的生产和生活对劳务服务和信息服务要求的增加，基础设施服务必然朝多功能、综合化方向发展。基础设施与部分第三产业的界线已发生变化。一些社会性基础设施，如商业性服务、文化、体育、医疗、卫生、教育等设施正在成为基础设施的重要组成部分。目前，现代化大城市的基础设施建设既要对旧设施更新改造又要增加新设施的承载能力，其主要内容已包括高速下道和停车场的建设，防止异常灾害设施的建设，清洁、可再生能源的开发，以及建筑物的更新和地下空间的利用等。城市的躯体将在空间上呈现出多维发展的状态。

2）加大基础性、公共性基础设施的投资力度

目前，我国基础性、公共性较强的基础设施仍然短缺，这些基础设施与改善城市居民生活质量息息相关，诸如自来水供应、污水处理、防洪除涝、集中

---

1 摘自国家计委投资司在全国工作会议计划上的报告。

供热、城市道路、地铁、城市绿地以及垃圾处理等设施。城市对这些基础设施的现实需求和潜在需求依然很大，但目前的供给能力仍显不足。所以，城市要持续不断的发展，加大对基础设施的投资力度是必然趋势。

3）投资体制创新，投资主体、渠道多元化

据住房和城乡建设部城市建设司透露，“十五”期间，全国城市基础设施建设就大约需要投资1万亿元，中央和地方两级政府投资约占2000~3000亿元，另有7000~8000亿元需通过国内私人投资和利用外资筹资解决，政府资金满足率低于30%。稳定、多渠道的资金供给，是基础设施建设的根本保障。然而，单纯依靠政府财政投入是远远不够的，必须引进多元投资主体如民间资本、外来投资等，运用和创新各种投融资模式，进一步拓展基础设施的投融资渠道。

4）强化管理，实现基础设施建设运营的高效

基础设施建设完成后，还存在着管理不善，效率低下，浪费巨大，价格扭曲等弊端。据国家计委调查，我国“八五”期间投资的450个全国重点建设项目中，近1/4的项目在投产之后发生明显的亏损，严重亏损的达1/5。财政部1998年在调查了总额68亿元的21个在建项目后发现，项目超概算平均为85%，最多的达282%；项目超工期平均23个月，最多的10年。而政府作为单一基础设施建设和运营主体，缺乏竞争，的确是效率低下的原因之一。[1]

政府应承担基础设施的未来需求预测和总体布局规划，并制订基础设施建设的中长期计划，这是保证基础设施投资效率的基础条件。在引入市场机制供给基础设施的条件下，制定并严格实施建设规划更是很有必要。我国目前基础设施供给尽管总体不足，但在某些领域和地区又出现了重复投资和局部过剩，利用率低下。究其原因，首先是缺乏中长期的全局规划，而其背后更有条块分割、地方主义等违背经济规律的个人意志作祟。发达国家资金雄厚，但在投资基础设施时仍以效率为准则，厉行节约。[2]

2.2 城市化的内涵及发展历程

2.2.1 本书对城市化内涵的理解

1. 城市化的概念

“城市化”、“城镇化”、“都市化”是英文单词Urbanization的不同译法。《牛津高阶英汉双解词典》对其定义为：the course of changing some place (esp. a rural place) into a town - like area，意为“将某地（尤指农村地区）变为城镇地区的过程”；《美国世纪词典》的解释为：the course of making urban,

---

1 财政部财政科学研究所课题组，提高自然垄断行业国民经济运行效率的研究，经济参考研究，2001年第8期。

2 卢林，中国基础设施投资供给研究，吉林财税高等专科学校学报，2005年第3期。

esp. by destroying the rural quality of，意为“使……都市化的过程，尤其是通过消除其农村物质”；比较而言，《朗文现代英汉双解词典》给出的英文解释则较为全面：the course of causing to have or belong to towns or cities and their ways of living and behavior，esp. when originally of or from the country，即“使……变为集镇或城市的过程，同时人们的生活和行为方式（特别是那些源于农村的）也随之向城市转化”。

随着18世纪中叶英国产业革命的爆发以及工业化的兴起和发展，世界城市化的进程迅速加快。但是，由于城市化研究的多学科性和城市化过程本身的复杂性，对城市化概念的界定一直是众说纷纭。不同学科从各自的角度出发对城市化的理解也不尽相同。人口学认为城市化是农村人口转变为城市人口的过程[1]；地理学认为城市化是农村地域转变为城市地域的过程；社会学家认为，城市化是由农村生活方式转化为城市生活方式的过程；经济学家认为，城市化是由农村自然经济转化为城市集约大生产的过程。尽管不同学科理解的侧重点不同，但大家一致认为城市化是一个过程，是人类文明由低级向高级不断发展的过程，是社会分工和生产力水平不断提高的结果。

不同的学者对城市化有不同的定义和理解：

1）马克思：中世纪（日耳曼时代）是从乡村这个历史舞台出发的，然后，它的进一步发展是在城市和乡村的对立中进行的；现代的历史是乡村城市化，而不像古代那样，是城市乡村化。[2]

2）克拉克：城市化是第一产业人口不断减少，第二、三产业人口不断增加的过程。

3）日本社会学家矶村英一：城市化可分为动态的城市化、社会结构的城市化和思想感情的城市化。

4）沃思：城市化是指从农村生活方式向城市生活方式发生质变的过程。

5）王放：城市化即指城镇地区无论从经济发展、社会活动和人口数量方面比重都在不断上升而乡村地区不断下降的过程[3]。

6）范春永：城市化最本质的含义是第二、第三产业向城市集中，农村人口向城市转移，从而使城镇数量增加，城市规模扩大，城镇产业结构逐步升级的过程，同时还伴随着城市物质文明、生产方式、生活方式向农村扩散的过程[4]。

7）沈立人：城市化是一个经济发展的过程，不仅是城市人口的增加，更表现为诸多城市要素的集聚，特别是城市规模的形式，有赖于城市产业的支

---

1 马光，《环境与可持续发展导论》，科学出版社，2000年。

2 摘自《经济学手稿》。

3 王放，《中国城市化与可持续发展》，科学出版社，2000年。

4 范春永，《我国城市化进程和对策》，城乡建设，1997（9）。

撑，并落实为城市居民生活质量的提高和科教文事业的发展[1]。

此外，美国新版的《世界城市》里认为，“城市化是一个过程，包括两个方面的变化。一是人口从乡村向城市运动，并在都市中从事非农业工作；二是乡村生活方式向城市生活方式的转变，这包括价值观、态度和行为等方面。第一方面强调人口的密度和经济职能，第二方面强调社会、心理和行为因素。实质上这两方面是互动的”。

而《中华人民共和国国家标准城市规划术语》中，城市化是“人类生产与生活方式由农村型向城市型转化的历史过程，主要表现为农村人口转化为城市人口及城市不断发展完善的过程。”这种转化的深刻内涵在于，它不是简单的城乡人口结构的转化，更重要的，它是一种产业结构及其空间分布结构的转化，是传统劳动方式、生活方式向现代化劳动与生活方式的转化，等等。

2. 本书对城市化内涵的理解

城市化是当今社会学、经济学及城市学研究的热门话题。如上所举，城市化的定义虽然很多，但由于大家所处的背景不同，对城市化内涵的理解也存在着很大的差别。本书以研究基础设施投资与城市化进程的关系为出发点，通过对国内外大量文献的研究和借鉴，认为城市化至少包含三个层次：人口城市化、城市现代化、城市意识现代化。其演进过程如图 2. 2 所示。

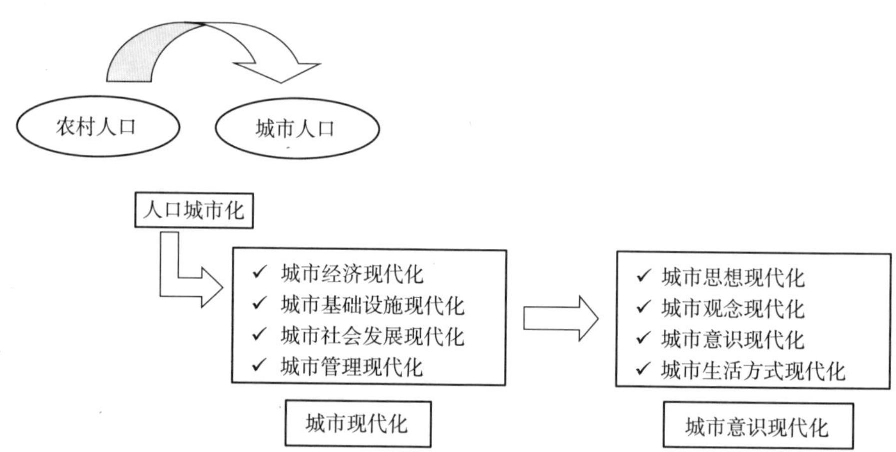

图 2. 2 城市化概念的演进[2]

1）人口的城市化

人口的城市化即农村人口向城市转移以及城市人口自身增长的过程。全世界测度城市化水平高低的重要指标就是人口城市化，即城市化水平的高低，以及城市化率，它们都是以城市人口占总人口的比重来定义的。所以，城市化不

---

1 沈立人，《全面理解和整体推进城市化》，财经问题研究，2001（3）。

2 兰喜阳、郭红霞，《城市化概念讨论综述》，中国城市化，2003 年 8 月。

仅是一个农村人口逐步减少，城市人口逐步增加的过程，而且是城市人口占总人口比重不断提高的过程。农村人口向城市的转移，核心是劳动力从农业领域向集中在城市及其周围的二、三产业领域的转移，而不是非劳动力或失业人口向城市盲目集中。城市的发展、城市化的推进与三大产业的现代化进程往往是结伴而行的。城市化的基础是农业劳动生产率的不断提高，农业劳动力有可能也有必要转移出去；城市化的条件，是城市二、三产业的不断发展，即从第一产业逐步转化为第二、第三产业和第二、第三产业不断上升的过程。此外，农村人口转化为城市人口的第一步，就是转为非农业人口，从事非农产业，然后才转化为城市人口。第二、第三产业的充分发展可以为从农业转移出来的劳动者提供就业机会。城市化离开了农村经济和城市经济两个方面的推动力，离开了劳动生产率这个原动力是不可能进行下去的。因此，城市化进程中，不能采取违反经济和城市发展规律的措施，“超常规”地增加城市人口，盲目追求城市人口数量上的“升级”。

2）城市现代化

城市现代化是城市建设和城市发展在内涵、质量上朝着现代化方向不断提升的过程。如果说农业人口向城市转移属于城市化的初级阶段，那么，已经形成的城市在其自身的演进过程中，追求物质文明、硬件设施水平的提高，就属于城市化的中级阶段。城市现代化的目标包括以下几方面。

a. 城市经济现代化，即在形成基础产业并不断壮大支柱产业的前提下，实现二、三产业水平的提升和结构的调整，使城市经济持续增长、居民收入达到中等发达国家水平。

b. 基础设施现代化，即在城市建设科学规划、合理布局的基础上，使各项基础设施功能完备而先进，居民生活所必需的能源供应、道路交通、环保通信、物流集运等物质基础条件和卫生、教育、文化、体育等服务设施水平不断完善和提高；同时，使居民生活的外部环境不断的改善。

c. 城市社会发展现代化，即在市民具有较高文明素质的基础上，使科技真正成为第一生产力；城市文化特色鲜明、内涵深刻；对先进的社会生产力具有很强的包容能力和创新能力。

d. 城市管理现代化，即做到政府决策科学化，形成法制化、高效率的城市管理系统和发达的社区服务体系，有完善的社会保障和社会福利体系。

其中，基础设施现代化是城市现代化评价指标体系中的重要判定标准，也是我国现阶段城市化的主要动力源泉。

3）观念意识的现代化

有形的城市化过程，或者叫做物质的城市化是城市化的初级阶段；意识的、无形的城市化是城市化的更高阶段。观念意识的现代化就是指城市的思想、城市的观念、城市的意识、城市的生活方式扩散的过程，或者说是转换的过程。

城市化包括三方面过程的统一：由于专业化分工协作和规模经济的需要，导致工业向城市的集聚；由于工业集聚引起人口集聚，并同时伴随服务业即第三产业的发展；由于接受现代城市文明熏陶而导致的人口素质提高。因此，城市化不仅仅是一个城市本身的建设发展问题，城市化还涉及体制的大转换、产业的大调整、社会的大进步、素质的大提高。城市化的本质是由传统落后的乡村社会转变为现代先进的城市社会的历史过程；城市化的核心问题是人口的城市化，也就是农村人口的城市化。而实现城市化发展的最高阶段是城乡一体化，即在大力发展生产力的过程中，促进农村人口城市化，逐步缩小城乡差别，实现城乡经济、社会、环境的和谐发展，使城乡共享现代文明。

2.2.2 城市化的发展历程

1. 世界城市化历程

城市化在世界范围内已经进行了一百多年的时间。研究世界城市化的历程有利于发现城市化进程的特点和规律，从而指导我国的城市化进程。从不同的角度出发，根据不同的划分标准，世界城市化主要经历了如下的历程。

1）从社会分工的角度看世界城市化历程

人类社会的发展经历了三次大的分工：第一次是畜牧业脱离农业而独立出来；第二次是手工业脱离农业，产生了专门为了交换商品而存在的手工业；第三次是农业和工业、商业的分工。从这个角度来讲，人类社会的发展是靠产业推动的。但是，不同的产业作为城市化发展的推动力，在不同的历史时期并不相同。

20 世纪 50 年代以来，现代产业的兴起，成为推动社会发展的重要因素，城市的发展越来越依赖第二、第三产业的发展，城市化成为推动经济社会发展的重要动力。自此，人类社会由农业推动时期、工业推动时期进入到城市推动时期。

通常城市推动时期可以理解为城市化时代。1950 年开始的世界经济大发展时期正是大规模城市化的开始，即以城市为中心来组织社会生产生活。此时的城市主要功能是组织社会生产，城市水平的高低关键是看其组织生产、生活的能力大小。因此，城市化时代就是按照城市的方式来组织和运转社会的生产、生活，建立起城市运行机制的时代。

2）从科学技术发展的角度看世界城市化历程

18 世纪以来，世界经济发生了四次大变革，实现了四次大发展。且每一次都与科学技术的革命密切相关，最后又都体现在城市化上。

第一次大变革是蒸汽机的发明和应用。这次变革成就了英国城市化的先锋地位，成为城市化水平第一个超过 50% 的国家。

第二次大变革是电的发明和应用。美国正是利用这次机会在 1920 年就基本完成了城市化的进程，当时城市化水平达到了51.4%。

第三次大变革是电子工业的发展。电子计算机的应用，电子工业的发展，使得近代工业进入到了现代工业时期，促进了信息产业的发展，创造了各种城市化模式，并迅速扩散到全世界。特别是日本，现代工业的发展大大地带动了其城市化的发展，到20世纪60年代，其城市化率已经超过了英国和美国。

第四次大变革是网络技术的发展。20世纪90年代以来，以互联网为代表的网络技术的发展，形成了全球“信息高速公路”，极大地改变了社会生产生活方式。信息化开始改变传统的城市化模式，改变城市组合的空间形态，促进城市网络化和区域一体化，甚至逐步成为人类社会进步的新动力，推动工业社会向信息社会、知识社会转变，使城市化进入了新的发展阶段。

3）从城市化类型的角度看世界城市化历程

第一种类型是同步城市化，即职业与空间的转移是同步完成的。西方发达国家的城市化过程基本是这种类型。

第二种类型是超前城市化，即空间转移在前，职业转移在后。过度城市化现象在发展中国家比较明显，印度在这方面是典型。

第三种类型是滞后城市化，即职业转移在前，空间转移在后。我国沿海发达地区这种现象较为典型。

4）从城市化阶段看世界城市化历程

第一个阶段是集中城市化阶段。集中城市化阶段主要在工业革命至20世纪50年代这段时期，其具体的形式就是人口、产业资本（主要是制造业）等生产要素向城市中心区集中，城市为单一中心，城市中心区出现了像交通堵塞、环境污染等城市病问题。这是典型的资本主义国家城市化的过程。

第二个阶段是城市郊区化阶段。这一过程大规模开始于20世纪50年代到70年代，由于汽车的普及和城乡道路的快速建设，白领阶层、中产阶级以上人群为了改善生活条件，生活在郊外，工作在城市，郊区已经成为独立于城市、和城市有明显分工的区域。城市郊区化主要出现在发达国家。

第三阶段是逆城市化阶段。进入20世纪70年代以后，西方国家进入逆城市化阶段。由于高技术产业代替了传统的劳动密集型行业，对土地、交通、水的要求不高，但对环境要求较高；与此同时，信息化、数字化的发展使很多工作不需要在特定的办公场所完成，多种功能的满足使得城市呈现出多中心的格局，而且各个中心不是简单的重复，而是有一定的分工。

第四阶段是再城市化阶段。发生在20世纪80年代的中后期。其中最主要的原因是，郊区城市化、逆城市化使得城市中心空虚、衰落，城市维护难以维系，于是政府对城市中心复兴改造、改善环境，吸引人口重新进城。

5）从城市在空间表现形式上看世界城市化历程

城市在空间上随着城市化历程的不同阶段具有不同的表现形式，因而出现不同的城市化类型。其中，集中型城市化和分散型城市化是城市化的两种基本形式。

a. 集中型城市化是城市中的各种服务设施和社会经济活动向城市中心集聚的过程，又称为向心型城市化（如图 2. 3. *a* 所示）。这是城市化初期的基本形式。

b. 分散型城市化是城市的生产和生活方式向外扩散的一种过程，又称离心型城市化（如图 2. 3. *b* 所示），在城市空间上表现为城市地域范围的扩大。按扩散方式不同，分散型城市化又可分为外延型城市化和飞地型城市化。

c. 外延型城市化是指城市的建成区连续渐次地向外推进和延伸的扩散形式，形成了成片发展和多个中心区域并存的局面，是单一中心城市向多中心大城市转变的主要类型（如图 2. 3. *c* 所示）。我国许多大中城市的扩展几乎都是这种方式，如北京地区的城市化是郊区的城镇化和大城市郊区化的合流，在这个过程中形成了多个区域的中心。

d. 飞地型城市化是指在城市扩展过程中，出现了在空间上与建成区断开，但职能上与中心城保持密切联系的一种扩散方式（如图 2. 3. *d* 所示）。一些大城市周围的卫星城就是这种方式的结果。

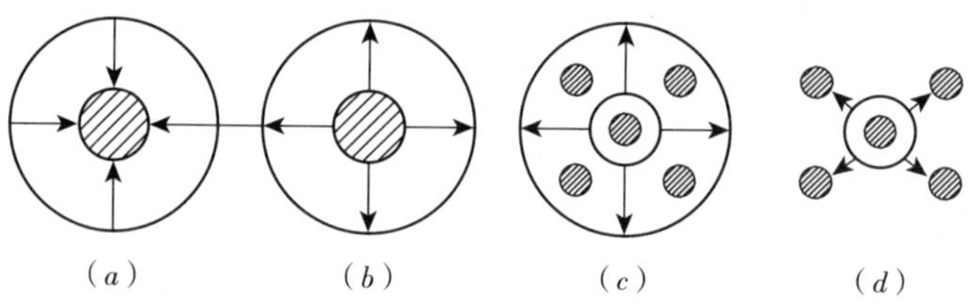

图 2. 3 城市化类型
(*a*) 集中型城市化；(*b*) 分散型城市化；(*c*) 外延型城市化；(*d*) 飞地型城市化

6）从不同时期发展速度看世界城市化历程

美国地理学家诺瑟姆（1975）通过对各个国家城市人口占总人口比重的变化研究发现，城市化进程具有阶段性规律，全过程呈一条 S 形曲线。第一阶段是城市化的初期，城市人口增长缓慢，当城市人口超过 10% 以后，城市化进程逐渐加快，当城市化水平超过 30% 时进入第二阶段，城市化进程出现加快趋势，这种趋势一直要持续到城市化超过 70% 以后，才会趋缓，此后为城市化进程的第三阶段，城市化进程停滞或略有下降趋势。当然并不是任何国家的城市化水平在时间轴上都表现为一条光滑的倒 S 曲线，但大部分国家的数据基本上支持了这一结论。

用数学模型表述为：

$$dY/dT = K(t)\ Y(1-Y) \tag{2.1}$$

其中 Y 为城市化水平，$K(t)$ 为 t 时刻的城乡人口增长率差。上述模型表明，城市化的速度主要由三个因素决定：单纯来自现有城镇的拉力（Y）、单纯的农村推力（$1-Y$）和 $K(t)$。

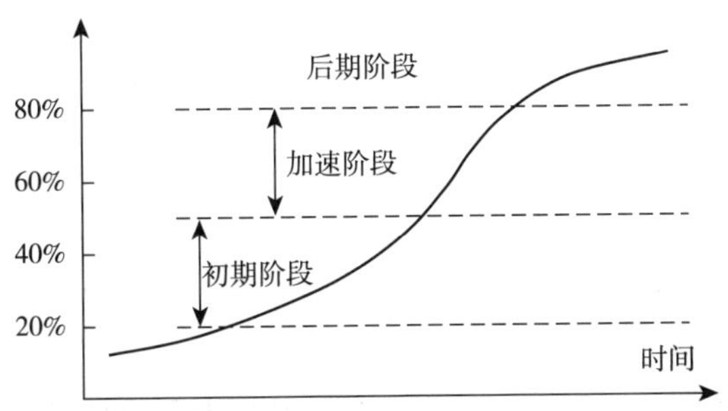

图2.4
城市化过程的“S”形曲线

2. 我国城市化的进程和发展目标

1）我国城市化的进程

我国城市化经过了一个漫长而曲折的过程。新中国成立以来，我国的城市化进程主要经历了剧烈震荡期和平稳发展期，共分为六个阶段。

a. 剧烈震荡期（1951～1978年）

1951～1978年，在赶超战略和计划经济的体制下，政府通过强制的户口迁移制度、粮油供应制度、劳动用工制度、社会福利制度、教育制度等，人为造成城乡人口的隔绝，造成城乡二元结构。一旦城市经济出了问题，经常会采取清退农民工的方法缓解城市压力。这些现象制约了我国城市化发展的进程。在此期间，虽然工业化水平从不足17%上升到44%，增加了27个百分点，但城市化水平仅从11%增长到18%，增加了7个百分点。

第一阶段：1951～1958年，随着第一个五年计划的推进，资金集中在直接生产部门，以追求短期增长，并尽量减少“非生产性”的基础设施投入。国家建委在1955年9月给中央的报告中首次提出“今后新建的城市原则上以中小城镇及工人镇为主，并在可能的条件下建设少数中等城市，没有特殊原因，不建设大城市”。“新建的重要工厂应分散布置，不宜集中”。这可以被视作中国城市政策的最早版本。控制大城市和分散布局，逐渐演化成中国城市建设的基本政策。这段时期城市化的发展速度相当快，城镇人口平均每年递增7.1%，远高于乡村人口的递增速度1.5%，城市化率从1949年的10.64%上升到1958年底的16.2%。

第二阶段：1959～1966年，中国的城市化经历了剧烈的跳跃和跌落。1959～1960年是超越客观条件的城市膨胀，仅两年时间城镇人口就增加了2352万人口，增长了22%，城市化水平提高了3.5个百分点。之后，由于政策失误和三年自然灾害，国民经济全面萎缩，减少城市人口被作为解决难题的政策。据1963年6月统计，城镇人口两年减少2600万人。这种做法开了此后40年城市经济一旦出现问题便清退农民工以缓解城市压力的先河。“恐城病”

和反城市化成为当时比较有影响的思潮。这段时期城市化的特点是大起大落，城镇人口的年增长速度最高达15.4%，最低为-8.2%，在1966年底城市化率上升到17.9%。

第三阶段：1967~1978年，在国际环境变化和政治运动的背景下，反城市化的观点终于压倒发展城市的观点，城乡一体化发展成为城市发展的主导思想。大规模的三线建设，2000多万城镇知识青年和干部下放农村，出现了“逆城市化”。这段时间城市化的特点是异常低速，城镇人口年均增长2.1%，低于乡村人口年均增长2.3%，1997年底城市化率降到17.6%。

b. 稳定发展期（1979年至今）

从1979年开始，中国的城市化进入一个稳定发展的时期。城市化的推动主体已经由一元向多元转变，市场经济体制成为中国城市化的主要影响因素。由于户籍制度的放松，大量的农民进入城市寻找就业机会；乡镇企业的崛起也为城市化的推进提供了动力，中国各个区域的城市化呈现出区域特色明显的特征。

第四阶段：1979~1986年，中国开始实行改革开放，梯度理论逐渐取代了生产力均衡布局理论。在20世纪80年代，流通领域的放开搞活打开了农贸市场；企业改革放松了企业用工市场；多种所有制并存扩展了商品市场，松动了生产要素市场，这些都增加了农民的就业机会，但是改革力度还远远不够。这段时间城市化的特点是明显的加速度发展，这一阶段城镇人口平均每年递增5.2%，远高于乡村人口每年递增0.4%的速度，城市化率从1977年底的17.6%上升到1986年底的24.5%。

第五阶段：1987~1995年，这段时期城市化的速度平稳，这一阶段城镇人口平均每年递增3.3%，高于乡村人口的0.6%，城市化率上升到1995年的29.0%。

第六阶段：1996年至今，城市化稳定高速发展，我国的城市化进程驶入“快车道”。到2002年，城镇人口平均每年递增5.3%，乡村人口的绝对数量连续下降，6年减少6384万人，平均递减1.3%，城市化率上升到37.7%。

2）我国城市化发展的战略目标

在新世纪的前半叶，我国将实现达到中等发达国家水平的战略目标。这个伟大历史进程的“第三步”已经开始，改革开放以来，我国经济“持续、快速、健康”的增长，综合国力日益增强，人民生活水平不断提高，科技实力长足进步，这都为我国在新世纪的城市化战略实施奠定了坚实的基础。

根据《2001~2002年中国城市发展报告》，我国城市化的基本战略性目标框架为：

a. 在全面提升我国综合国力和国际竞争力的前提下，迎接中国城市化大力发展的新形势，为中国社会财富的新一轮积累和综合国力的进一步提高奠定基础，在国家经济运行的网络中，真正成为物质流、能量流、信息流，货币流、人才流的“五流”节点；

b. 在知识经济和信息时代的背景下，进一步提高城市的规划水平、管理水平、经营水平和学习水平，大力培育城市财富生成的自组织能力、自学习能力和自适应能力，成功地走出一条在人均资源相对贫乏和生态环境相对脆弱条件下的城市可持续发展的道路；

c. 努力实现现代文明城市的六大平衡：人与自然的平衡、环境与发展的平衡、开发（创新）与保护（继承）的平衡、吸纳包容与传统文化的平衡、物质提高与精神富足的平衡、外在形象与内涵特质的平衡；

d. 扩大城市生态环境的总容量（Ecological Carrying Capacity），增强城市生态环境的总质量（Keeping Ecological Quality），达到城市向自然的索取同城市对自然的回馈相平衡，真正实现绿色 GDP 意义上的“循环经济”；

e. 充分发挥社会主义制度的优越性，确保城市安全（食物安全、信息安全、金融安全、经济安全、环境安全、社会安全、就业安全和抵御自然灾害的安全），保持社会稳定，创造一个祥和、安定、繁荣、高质量的生产环境和生活环境；

f. 建立终身学习的城市教育体系，依靠科技进步，全面提升城市居民的科技素质和文化素质，将沉重的人口压力转化为巨大的人力资源；

g. 增强城市物质财富和精神财富的有效积累，形成积极向上的社区文化，不断满足全体城市居民对生活质量不断提高的“理性需求”。

在上述城市化战略的目标框架下，为了支撑中国未来实现现代化的总体进程，根据《2001～2002 中国城市发展报告》，从现在起到本世纪中叶，我国城市化的战略目标被设计为表 2.5 中的 11 项。

我国城市化战略目标 表 2.5

序号	内　容
1	用 50 年左右的时间，全面达到世界中等发达国家的城市水平，中国城市体系的总能力（综合实力）进入世界前 3 名的国家行列，同时实现城市可持续发展的良性循环。
2	用 50 年左右的时间，中国的城市化率提高到 75% 以上，具有容纳 11～12 亿人口的城市容量，形成结构合理、功能互补、整体效益最大化的大、中、小“城市体系”。
3	用 50 年左右的时间，中国的城市化要先后突破制约其质量内涵的三大倒 U 形曲线的走向，即推进城市化的“动力”倒 U 形曲线（从现在的左侧通过临界顶点向右侧）的转移，实现城市化的“公平”倒 U 形曲线（从现在的左侧通过临界顶点向右侧）的转移；促使城市化的“质量”倒 U 形曲线（从现在的左侧通过临界顶点向右侧）的转移。
4	用 50 年左右的时间，中国的城市化要率先走过三个“零增长”的台阶，即依次在 2020 年左右实现城市人口自然增长率的“零增长”；2030 年左右实现城市资源和能源消耗速率的“零增长”；2040 年左右实现城市生态环境退化率的“零增长”。

续表

序号	内　容
5	用50年左右的时间，中国城市化进程中的土地占用面积不超过国土总面积的2%，但其辐射带动的地理空间应不小于自身面积的50倍。
6	用50年左右的时间，中国城市的单位能量消耗和资源消耗所创造的价值在2000年基础上提高15~20倍，提早实现联合国提出的“四倍跃进”的目标。
7	用50年左右的时间，使得判定中国城市宏观质量的“四大系数”，即中国城市的恩格尔系数不超过0.15；中国城市的基尼系数保持在0.25~0.30的水平；中国城市的人文发展指数不低于0.95的水平；中国城乡的二元结构指数限制在1.50以下的水平。
8	用50年左右的时间，中国城市的人均预期寿命达到85岁；中国城市的人均受教育年限超过15年；中国城市的科技创新能力指数平均达到40（科技创新能力指数最佳值为50）；中国城市在整个国民经济中的贡献率达到95%以上。
9	用50年左右的时间，中国城市将有效地克服人口、粮食、能源、资源、生态环境等制约可持续发展的瓶颈；中国城市将有效地满足基础设施能力、公共服务能力、社区建设能力和城市管理能力。
10	用50年左右的时间，中国城市将能有效地抵御自然灾害风险、经济运行风险、信息管理风险和就业机会风险；将确保城市的食物安全、健康安全、环境安全、交通安全和社会安全。
11	用50年左右的时间，中国城市将会形成积极向上、精神富足、心理健康，自助互助和共建共享的社区文化；将会走上生产发展、生活富裕和生态良好的文明发展之路，整体纳入可持续的城市循环经济体系之中。

2.3　本章小结

本章从了解基本概念，认清发展历程的角度，分别论述了基础设施和城市化的基本概念的发展的历程。

第一节首先论述了基础设施的内涵，提出了本书对基础设施的理解；然后回顾了我国基础设施投资的历史，指出了目前基础设施投资现状及存在的问题，描述了基础设施投资的发展趋势。

第二节首先论述了城市化的内涵，提出了本书对城市化的理解；然后回顾了我国城市化的进程，并阐述了城市化发展的战略目标。

3 基础设施与城市化的相关理论及作用机制

3.1 基础设施的相关理论

人们对基础设施概念的认识和理解，由于时代背景、所处角度的不同而不同。事实上，早在18世纪中期，在经济学家的研究中就已经出现了基础设施相关概念的雏形。例如西方古典政治经济学的奠基人亚当·斯密（Adam Smith）在其著作《国民财富的性质与原因的研究》中提到了公路、桥梁、运河等公共设施的思想和概念，实质上就相当于现在基础设施的概念。到了20世纪40年代的中后期，发展经济学家开始将基础设施的概念引入到经济学研究的领域中，提出了很多具有重要价值的理论，大大推动了对基础设施相关领域的研究。总体上来说，世界各国学者、专家对基础设施的相关研究主要集中在基础设施的内涵、基础设施与经济发展关系的研究、基础设施投融资、基础设施运营及管理等方面。不同于前文的是，本章主要介绍基础设施与经济发展关系的理论研究现状，为后文分析基础设施投资与城市化之间的关系奠定理论基础。

经济增长的原因、经济增长的内在机制以及经济增长的实现途径历来都是经济学家研究的重点。长期以来，港口、道路、供水等基础设施一直被认为是推动经济发展的重要因素。因此，对基础设施与经济发展关系的研究，历来受到国际各界的关注，也产生了很多有创见的理论。这些理论都有一个普遍认同的结论，即认为基础设施对经济增长具有巨大的促进作用，基础设施对经济增长的贡献比其他类生产要素的投入要大。

本书在广泛查阅国内外参考文献和研究成果的基础上，根据理论所处的不同历史背景和角度的差异，将各种关于基础设施的理论分为三类：财富论、投资结构论和投资效益论。

3.1.1 财富论

基础设施的财富论主要研究基础设施投资对社会财富增长的影响，他们认为：

第一，财富地聚集及增长、对外贸易、商业发展与航海、运输、港口等基础设施投资是相关联的。例如：法国的重商主义者科尔培尔（Colbert）主张积极发展航运业和海军力量。托马斯·孟（Thomas Mann）认为“货币产生贸易、贸易产生货币”，同时特别指出发展航运业对发展贸易的重要性[1]。

第二，基础设施的改善对提高生产效率有促进作用。例如：重农学派代表魁奈（Quesnay），把投入农业的资本分为“原预付”和“年预付”两个组成部分。原预付是指在开办时或是其后几年支付一次，并且每年根据消耗程度从生产物价值中取得补偿的资本，如仓库，房舍等[2]。他认为应该把基础设施（如仓库）和固定资产同等对待，作为生产资本。基础设施的改善对生产成本减低有重要的作用。

第三，基础设施建设是国家应有的职能。最初是经济学家亚当·斯密把基础设施建设看作国家的一项职能。他在《国富论》中提到的“建设并维持某些公共事业和公共工程”说的就是国家应有的三项职能中的第三项职能。

第四，基础设施影响社会福利水平的提高。福利经济学的创立者庇古（Pigou）以收入等社会增加社会福利的理论为依据提出向穷人转移收入的两类方法：直接转移和间接转移法。实际上这两种方法都是通过修建一些基础服务设施，来满足人们的需求。经济学家凯恩斯在他的理论中也曾主张通过建设公共工程来解决社会失业问题，并提出公共工程的投入在缓和失业、恢复经济增长方面发挥着重要的作用。

第五，基础设施的分布影响生产的布局。例如：经济学家李斯特（List）把邮政、交通工具等看作生产力的丰富源泉。德国历史学派认为“国民经济是建立在城市、省和国家统一的经济设施这个基础上的。”

3.1.2　投资结构论

从20世纪40年代开始，发展经济学家通过研究开始认识到基础设施和生产性投资是促进经济增长的两个有机构成部分，两者关系协调与否将影响经济增长的速度。他们将基础设施看作经济增长的构件。

第一，基础设施投资是经济增长的基础。W·W·罗斯托在《经济成长阶段》中对基础设施的重要意义做了特别的强调，他提出基础设施是社会变革、生产力发展、经济成长的前提条件；其次，政府在建设基础设施的过程中应担负重大的责任；最后，基础设施部门是其他部门发展的基础。

第二，发展基础设施是经济持续发展的保障。例如：美国经济学家艾伯特·赫希曼在著作《经济发展与战略》中提出“不平衡增长理论”，认为在保障最低基础设施的供给前提下，应集中资本投资直接生产，以尽快获得收益，即直接生产部门的生产产生效益之后，再将部分的投资用于基础设施。总之，从他的观点出发，基础设施投资是经济持续发展的保障。

1　杨军，《基础设施投资论》，中国经济出版社，2003年。

2　魁奈，《魁奈经济著作选集》，商务印书馆，1979年版。

第三，加速经济增长必须优先投资基础设施。例如：美国经济学家罗森斯坦－罗丹就提出，在国民经济发展初期，必须集中精力，一次性投入大量的资金建设基础设施。同时，基础设施可以为其他产业创造出投资机会，形成国民经济的基础，成为国民经济的分摊成本。经济学家罗根纳·纳克斯在其贫困恶性循环理论中也提出，解决贫困恶性循环的方法是全面、大规模地在国民经济的各个部门进行投资实行平衡增长。这些大规模投资包括基础设施部门的投入。同时，基础设施建设是政府的责任，强调基础设施建设要有计划性，有长远的眼光。

3.1.3 投资效益论

进入20世纪80年代末期后，关于基础设施投资与经济增长关系，经济学家进行了大量的研究，重点集中在基础设施提升经济发展的效益方面。该理论的主要内容有以下几点

第一，基础设施发展促进生产效率的增加。例如：伊斯特里（Esterly）和雷波罗（Rebelo）1993年的研究表明，假设影响经济增长的其他因素不变的条件下，运输和通讯投资对经济增长的作用明显。而且基础设施是通过增加私人资本的投资回报率来促进经济增长的。美国学者坎宁（Canning）和费伊（Fay）利用基础设施存量的物质估计方法解释104个国家的经济增长，总的研究结论就是基础设施只是经济增长的条件，不能作为经济增长的一个生产要素，其主要作用是促进全要素生产率的提高。

第二，基础设施好坏会影响生产成本高低。基础设施服务，如运输、供水、电力、信息等，是生产的中间投入，具有规模经济效应，投入使用后，在一定的产出范围内，会减轻基础设施使用者的成本。这种服务成本投入的减少意味着使用者利润的增加，从而带来总产出、收入和就业的增长。世界银行对尼日利亚、印度尼西亚和泰国三个发展中国家的一项研究报告说明，在基础设施的规模经济效应得以发挥的情况下，基础设施的服务成本明显降低。就尼日利亚企业而言，由每千瓦小时8.19美元下降到8美分，而印度尼西亚则由每千瓦小时4.05美元下降到8美分，这种成本非常接近于国际竞争水平——每千瓦小时7美分。[1]

第三，基础设施状况影响投资环境竞争力和市场的发展。据估计，世界资本市场中90%的投资直接流向发达国家，只有9%的直接投资流向发展中国家。之所以会这样，经济学家分析说，国际资本投资目的是攫取最大利润，在决定投资场所的时候不单纯看投资所在国的劳动力廉价和税收制度的优惠，而更看重投资场所的整体竞争力，其中就包括金融服务体系是否完善，通信是否畅通等等。据对欧美173家电子公司的调查，选择境外投资地点的五个最重要

---

1 张从丽，基础设施与经济发展关系探析，经济与管理，2008年第6期。

的因素依次是：劳动力因素（77%）、电信设备（76%）、接近主要市场条件（70%）、总体经济环境（70%）、运输设备（68%）。这些因素都排在投资地点税率和劳动力工资之前。

第四，基础设施的布局会导致地区间的经济增长差异。例如：罗莫（Romer）和卢卡斯的研究表明，基础设施建设较好，尤其是生产性基础设施较好的地区，能够使投资者节省资金、缩短工期、降低成本、获得较好的投资收益。具体而言，基础设施可视为一种能够降低中间投入品固定生产成本的技术，随着分工和中间投入品的数量的拓展，经济获得内生增长动力。

在我国进入20世纪80年代后，由于基础设施的滞后造成对经济发展的“瓶颈”制约日趋严重，中国的经济学界也开始对基础设施与经济增长两者之间的关系进行了大量的研究。樊纲在《论基础“瓶颈”》一文中详细论述了基础设施的“瓶颈”制约和危害。学者杨军（2003）通过实证研究总结出基础设施建设的“超前性”、“同步性”、“滞后性”三种发展模式，提出我国“让部分基础设施优先发展”的思路[1]。在基础设施产业与其他产业的关系研究中，研究成果也较多。刘立峰在《基础产业与加工工业投资比例关系研究》中对各基础产业的投资与产业结构和经济增长之间的关系进行了分析研究，提出了在不同历史时期下投资结构合理性的判断方法。王延中（1998）等作了关于基础设施与制造业的发展关系的研究。刘德顺等在《中国基础设施水平与经济增长的区域比较分析》中分析了基础设施水平的区域差异化与区域经济发展的关系，并从中揭示出基础设施水平和经济发展之间的关系。最终研究表明基础设施水平与经济增长之间确实存在正相关关系，而且基础设施水平的区域差异状况与地区人均国民收入的差异状况存在很大程度上的吻合[2]。

3.2 城市化的相关理论

为了研究基础设施投资与城市化进程之间的关系，必须深入系统地把握城市化发展的各种理论和一般规律。

3.2.1 区位选择理论

1826年，德国经济学家冯·杜能（Von Thunen）在发表的《孤立国对于农业及国民经济之关系》中，对农业区位论做出了开创性的贡献。1909年，德国经济学家韦伯（Weber）的工业区位论，系统地阐述了工业区位选择和合理布局，认为聚集可以带来内部经济和外部经济，是现代区域经济学的基础。1933年，德国地理学家克里斯塔勒（Christaller）在发表的《南部德国的中心地原理》中论述了城市区位论，核心是城市服务功能地域（空间）网络体系

---

1 杨军，《基础设施投资论》，中国经济出版社，2003。

2 刘德顺，我国基础设施水平与经济增长的区域比较分析，开发研究，1994年第5期。

规律，说明了一定区域内城市等级及空间分布特征。1939年，德国著名经济学家勒什（Losch）在发表的《经济空间秩序》中，通过分析比较农业区位论和工业区位论之后，进一步分析了城市区位的产生与选择，指出城市是非农企业区位的点状集聚。20世纪50年代，沃尔特·艾萨德（Walter Christaller）努力把空间纳入经济学理论的核心，他的《区位和空间经济学》把杜能、韦伯、克里斯托勒、勒什等人的理论放入一个框架中，开创性地把区位问题重新表述为一个标准的替代问题。他认为可以把厂商看作是在权衡运输成本和生产成本，就像他们做出任何成本最小化或利润最大化决策一样。

区位理论认为城市是一种社会生产方式，它以社会生产的各种物质要素和物质过程在空间上的集聚为特征。社会经济系统由不同的城镇个体及子系统组成，城镇之间及系统之间存在着相互作用，城市的集聚性会创造出大于分散系统的社会经济效益，这就是城市化的动力源泉。区位理论的贡献在于，它分析了城市效益的根源，确定了城市的分布状态和分布形式。

3.2.2 产业结构理论

1953年，美国经济学家刘易斯（Lewis）创立了两部门经济发展模型理论，奠定了无限剩余劳动力供给的二元经济结构理论的基础，成为发展经济学第一阶段的核心理论。1961年，费景汉（Fei）和拉尼斯（Ranis）对刘易斯的二元结构模型作了重要的补充和修正，形成了“刘易斯-拉尼斯-费景汉”模型（Lewis-Ranis-Fei model）。同年，乔根森（Jorgenson）提出了具有古典经济学色彩的二元经济模型，以新的假定和新的角度考察了城乡人口迁移，对刘易斯二元结构模型的各种假设作了深刻反思，指出农业剩余是劳动力从农业部门转移到工业部门的充分必要条件。托达罗认为人口从农村向城市的迁移，不仅取决于城市与农村实际收入的差异，同时还取决于城市就业率的高低和由此而做出的城乡预期收入差异，农民向城市流动是在市场经济条件下既注意现实又含有预期的理性行为。预期收入模型表明，只要城镇里还存在较高预期收入，农业人口向城市迁移的过程就不会停止。

从20世纪60年代开始，芝加哥学派新古典主义代表人物舒尔茨（schulz）就对刘易斯的体现着古典主义和结构主义思路的无限剩余劳动供给模式及其相关的二元结构理论提出批评，同时，他认为刘易斯的关于存在边际生产率为零的假设是不能成立的，刘易斯模式显然隐含着对农业的偏见。舒尔茨充分肯定了农民优化资源配置的能力和很强的学习能力，进而扩大到人力资本的形成以及教育和知识的作用。对发展中国家来说，必须注重并依靠自身努力去改善本国人力资本状况。

钱纳里·塞尔昆的“就业结构转换理论”认为，在发达国家地工业化演进过程中，农业产值和劳动力就业向工业的转换基本规律是同步的。但在发展中国家，产值结构转换普遍先于就业结构转换。各国的实践都表明，非农产业产值结构转换中点在人均200美元，就业转换中点在人均400美元，平均中点在300美元。也就是说，当结构转换过程经过“刘易斯转折点”达到平均中点即完成一半时，经济便向第二阶段过渡，这时二元结构虽然消失，但经济转换结束，工业化加速开始，这对分析发展中国家就业转换具有重要意义。

3.2.3 人口迁移理论

1. 人口迁移转变假说

泽林斯基（Zielinski）从经济社会发展阶段出发，提出了著名的“人口迁移转变假说”，认为人口迁移和流动既与社会经济发展条件有关，同时也与人口出生率和死亡率的转变密切相关。他将社会发展划分为5个阶段：在现代化以前的传统社会阶段里，人口再生产类型是“高出生率－高死亡率－低增长率”模式，人口很少发生迁移流动；在工业革命早期社会转变阶段，人口再生产类型向“高出生率－低死亡率－高增长率”模式转变，人口迅速增加，出现大规模从农村向城镇的人口迁移；在工业革命晚期社会转变阶段，人口再生产类型向“低出生率－低死亡率－低增长率”模式改变，人口自然增长受到抑制，各种形式的人口迁移包括城乡人口迁移势头减缓；在发达社会阶段，人口自然增长率由于生育率和死亡率的进一步下降而到很低水平，由乡村到城市的人口迁移和迁往未开发地区，国内人口迁移及国际人口迁移的重要性都在下降，取而代之的是城市之间的城市内部的迁移，人口流动得到进一步强化；在未来超发达阶段，从总的方面来看，人口迁移数量会有所下降，但城市之间和城市内部的人口迁移仍将保持一定的增长。

2. 配第—克拉克定理

该定理指出了一国随经济发展，劳动力在三个产业间分布将发生从第一产业转移至第二产业，然后再从第二产业向第三产业转移的变化趋势。继克拉克之后，许多经济学家从理论上进一步补充和论证了这一定理。美国经济学家库兹涅茨运用丰富的统计资料证明了克拉克所提出的理论。法国经济学家富拉斯蒂埃认为，技术进步是引起劳动力产业分布结构演变的主要原因。农业劳动力转移到第二产业和第三产业并不是惟一的，与此同时，第二产业的劳动力也向第三产业转移，更进一步说，在第三产业内部，劳动力也不断从一些行业转向另一些行业。

3.2.4 非均衡增长理论

1. 增长极理论

增长极理论是由法国经济学家佩鲁于1955年首先提出来的。他认为“增长极”是由主导部门和有创新能力的企业在某些地区或大城市的聚集发展而形成的经济活动中心，能够产生吸引或辐射作用，促进自身并推动其他部门和地区的经济增长。经济活动在空间上集中于少数几个城市，能比分散状态更快、更有效。区域经济的发展都是由“增长极”来启动的。

2. 中心—边缘理论

美国著名经济学家弗里德曼（Friedman）发表了《区域发展政策——委内瑞拉案例研究》（1961 年）和《极化发展的一般理论》（1967 年）等著作，提出了中心—边缘理论，该理论拓展了佩鲁的增长极理论的视角，把增长极模式与各种空间系统发展相融合，认为在经济活动的空间组织中，通常具有强烈的极化效应与扩散效应，中心区和边缘区相互依存机制的形成，是通过中心区自身经济的不断强化，而形成对边缘区的支配态势。核心—边缘结构模式可分解为四个部分：核心增长区，向上转移地带，向下转移地带，资源边际区。

3. 循环累积论

1957 年，缪尔达尔（Myrdal）提出了“地理上的二元经济”结构理论，又称“循环累积论”。根据二元空间结构理论，缪尔达尔提出了经济发展的优先次序，在经济发展过程中，当某些先起步的地区已经积累起发展的优势时，政府应当采取不平衡发展战略，通过发展计划和重点投资，优先发展这些有较强增长势头的地区，以求得较好的投资效率和较快的增长速度，并通过这些地区的发展及其扩散效应带动其他地区的发展。极化—扩散原理，运用于城市经济分析，解释了城市的等级扩散现象，即由中心大城市向外扩散总是以不同等级城市体系的“蛙跳”规律进行。

4. 非均衡增长理论

1958 年，著名经济学家赫希曼（Hirschman）出版《经济发展战略》一书，着重从现有资源的稀缺性和企业家的缺乏等方面，论述了平衡增长战略的不可行性，并提出了“非均衡增长”理论。他认为，经济进步不可能在任何地方同时出现，某些强有力的因素必然使经济增长集中在起点附近发生；增长在国际或区际间的不平衡是增长的伴生物和前提条件。一个国家或地区在选择投资发展项目时，应该利用“关联效应”，优先发展那些能产生最大引致投资的产业，即选择那些具有显著的前向联系和后向联系效应的产业；通过这种产业的优先增长来带动国民经济其他产业部门的发展。

3.2.5 生态学派理论

1. 芝加哥古典人类生态学论

1916 年，美国芝加哥大学以帕克为代表的学者发表了题为《城市：关于城市环境中人类行为研究的几点意见》的论文，他们运用生态学的理论，研究芝加哥城市的人口空间分布的社会原因与非社会原因，分析了城市土地利用模式，并对城市环境进行了调查研究，人们称之为芝加哥古典人类生态学派。该学派的主要理论认为城市土地价值变化与植物对空间的竞争相似，土地的利用价值反映了人们最愿意竞争有价值的地点，这种竞争作用导致了经济上的分离，从而按土地价值的支付能力分化出不同的阶层。该学派还应用植物优势种的概念解释城市有形群体的发展形式，认为土地价值决定了市民各种活动水平和形式。芝加哥古典人类生态学派的典型理论主要有同心圆论、扇形模式论、多中心论等。

2. 田园城市论

19世纪末，英国社会活动家霍华德提出关于城市规划与建设的设想，他认为应该建设一种兼有城市和乡村优点的理想城市，他称之为“田园城市”。霍华德还设想，若干个田园城市围绕中心城市，构成城市组群，为“无贫民窟无烟尘的城市群”，他称之“社会城市”。田园城市理论对现代城市规划思想起到了重要的启蒙作用。

3. 有机疏散论

美国建筑学家伊利尔·沙里宁在研究大城市由于过分集中而产生城市病的基础上提出的关于城市发展及其布局结构的理论。写于1942年的《城市：它的生长、衰退和将来》一书中对有机疏散论作了系统的阐述，提出了有机疏散的城市结构的观点。他认为这种结构既要符合人类聚居的天性，便于人们过共同的社会生活，而又不脱离自然。有机疏散的城市发展方式能使人们居住在一个兼具城乡优点的环境中。沙里宁认为城市是一个有机体，其内部秩序实际上是和有生命的机体内部秩序一致的。有机疏散的两个基本原则是：把人们日常生活和工作（即沙里宁称为“日常活动”）的区域，作集中的布置；不经常的“偶然活动”的场所，不必拘泥于一定的位置，则作分散的布置。

4. 生态城市论

我国生态学家马世骏（1984）、王如松（1988）认为，城市生态系统可分为社会、经济、自然三个亚系统，各个亚系统又可分为不同层次的子系统，彼此互为环境。社会生态亚系统以人口为中心，包括基本人口、服务人口、抚养人口、流动人口等。自然亚系统是基础，经济亚系统是命脉，社会亚系统是主导，各生态要素在系统一定的时空范围内相互联系、相互影响、相互作用，导致了城市这个复合体复杂的矛盾运动。

5. 山水城市论

著名科学家钱学森最早提出“山水城市”的概念。所谓“山水城市”是借用了传统说法来寄托一种全新的城市观，是中国人从传统文化观念追求21世纪城市发展的模式。创造山水城市是一项巨大的自然与人相结合、生态措施与工程措施相结合的系统工程。它是把城市作为一个巨大的现代园林来建设。从美学意义上看，它是追求城市中有人工的艺术创造，又有大自然的艺术创造，正如中国传统风水理论中所描述的山水城市的特征：人工艺术与自然景观“共生、共荣、共存、共乐、共雅”。山水广而言之泛指自然环境，城市广而言之泛指人工环境。因此，山水城市是人工环境与自然环境协调发展的，其最终目的在于建立人工环境（以城市为代表）与自然环境相融合的人类聚居环境。

3.2.6 新兴古典理论

20世纪80年代以来，以澳大利亚华人经济学家杨小凯为代表的一批经济学家用非线性规划（即所谓的超边际分析法）和其他非古典数学规划方法将古典经济学中关于分工和专业化的高深经济思想形式化，发展出新兴古典经济学，使经济学的研究对象由给定经济组织结构下的最优资源配置问题转向技术与经济组织的互动关系及其演进过程的研究。作为新兴古典经济学组成部分之一的城市化理论很好地解释了城市的出现和分工之间的内在关系，其层级结构模型成功揭示了城市规模和分工水平之间的联系，与以往的城市化理论相比，新兴古典城市化理论能够更好地解释与城市化进程相伴而生的各种现象。新兴古典城市化理论认为：

1. 城乡差别是从自给自足演进到完全分工过程中的必然会出现的一种状态

由于城市居民集中居住的交易费用系数比农村居民低得多，城市的分工水平也就由于交易效率的改善而大大提高，城市和乡村之间的生产力和商业化等方面就会出现差距，城里人的专业化水平总是增加得比乡下人快。新兴古典城市化理论还认为，只要允许城乡自由迁居，自由择业等，城乡之间的真实收入就会均等化。也就是说，随着分工的深化，市场本身可以消除城乡差别。

2. 集中交易可以改进交易效率

新兴古典城市化理论假设每个人的居住地点不变，每一对贸易伙伴都到他们之间的中点进行交易，那么当分工水平提高而要求交易的网络扩大时，总的交易旅行距离和相关的费用就会成超比例地扩大；而如果所有人都将交易集中到一个中心地点，则会大大缩减总的交易旅行距离，从而极大地降低交易费用，提高了交易效率。

3. 是否节约交易费用，同分工水平的高低有关

在分工水平不高时，比如每个人只买卖两种产品，则在完全对称的模型中，每个人的交易费用为1元；如果集中交易，每个人的交易费用会上升为2元。可见分工水平不高时，在市场上集中交易反而增加交易成本。

4. 城乡地价差别的决定机制

城市出现后，在均衡中出现二元城乡结构时，居住在城里的居民的交易效率大于居住在乡下的居民。如果允许城乡自由迁居，那么很多人都愿意居住在城里，则城市土地价格会上升，城市人均消费土地面积将减少。

5. 市场会自发地形成最优的分层城市结构

在分工很发达时，城乡之间的分层结构就会存在选多少个层次的问题。若一个社区只有一个超级城市，则此社区所有的交易都在这个城市进行。但是，如果分工水平很高，贸易品极大地增加，则对有些贸易品而言，人们同邻居进行直接交易反而会比都到大城市更加便利，交易费用也更低。如果无论什么交

易都要到很远的大城市进行，反而会造成不必要的交易费用。把所有交易集中在大城市进行的好处是人们可以利用更多交易中的专业化经济，使交易效率改进。这种集中交易的好处与坏处折中的结果是，人们不会把所有交易只集中在一个大城市，也不会把所有的交易分散进行。若城市能够划分为几个层次，最大的城市在上层，中等城市在中层，小城镇在底层，则在分工很发达时，可与临近的贸易伙伴在附近的小镇进行交易；与邻省的贸易伙伴在中等城市贸易；而与邻国的贸易伙伴在大城市进行贸易。这种金字塔式的城市分层结构是集中交易两难冲突折中的最优结果，即是市场选择的最优结果。

3.2.7 城市规模理论

城市规模问题一直是学术界和政策界争论的焦点。在城市化发展过程中，是以大城市为主，还是以中小城市为主，或者重点发展小城镇，实现农民的就地转移，这个问题在中国经常被称作“城市化道路问题”。在争论中，逐步形成就地转移论、小城镇重点论、中等城市重点论、大城市重点论、大中小并举论、因地制宜论、两头重点论等多种观点。其中，大城市重点论和小城镇重点论是两种重要的、对立的观点。

1. 大城市重点论

大城市重点论认为，中国的城市化应走以大中城市扩容为主的道路，因为城市、特别是大城市，会产生明显的聚集效应，从而带来更高的规模收益、更多的就业机会、更强的科技进步动力和更大的经济扩散效应。原因如下：

1）大城市的外部成本确实较高，但规模合理的大城市有良好的聚集效应，由此带来的规模收益明显超过外部成本，经济效益远远高于中小城市和小城镇；

2）大城市比小城镇更能节省土地；

3）大城市具有良好的经济效益，只要建立和完善合理的资金回流机制，用于大城市建设的巨额投资就会得到充分的回报；

4）城市化在形成大量新的就业机会的同时，也会部分地把过去的隐性失业变成显性失业，把城乡收入差距变成城市内部不同人群之间的收入差距，但从更长期的眼光来看，加速城市化和发展大城市将创造更多的就业机会，导致收入水平的更快提高，缩小城乡差别，有利于社会稳定。不赞成以“农村病”为代价来避免“城市病”。

反对大城市论的人认为：

1）发展大城市意味着大量农村人口流向城市，形成城市贫民窟，并带来高失业、高犯罪等社会不稳定因素；

2）发展大城市需要巨额的基础设施投资，会给政府财政带来沉重的负担；

3）中国现有的城市在城市管理体制和管理方式、基础设施的建设、社会保障和公用事业的供给等方面还存在着许多缺陷，在这种条件下扩张现有的城市，将造成城市生存环境的恶化；

4）我国一批大城市的人口数量已达到相当规模，大城市的人口密度是世界上最高的，它们接纳新增人口的设施和能力已经严重短缺，难以在短期内消化大量的农村人口。

2. 小城镇重点论

小城镇重点论认为，发展小城镇是走中国特色的城市化道路的必然选择。原因如下：

1）农村小城镇是解决中国城市化短缺的根本出路。农村城镇化曾是世界各国城市化起步阶段的共同选择；以农村小城镇为主加快城市化适合中国的国情，它可以使大量的农民迅速非农化，较快地进入低水平的城市化阶段；小城镇的发展是培育和开拓农村市场、扩大国内市场需求的根本措施，也是消化城市化过程中大量农村剩余劳动力的重要场所。

2）在城市化道路的选择中，小城镇具有很大的发展优势。近年来小城镇数量扩张明显，在小城镇的建设方面积累了许多经验和教训，因势利导发展小城镇有一定的基础；由于地缘关系紧密，农民进入小城镇比进入大中城市付出的心理成本要低一些；小城镇的发展可以把城乡两个市场较好、较快地连接起来，迅速促进农村第二、第三产业的发展，由此大量吸纳农村剩余劳动力，同时又可以缓解大中城市人口膨胀的压力。

3）发展小城镇符合我国建设资金短缺的国情。在小城镇安排一个劳动力就业需要的投资不足大城市的一半，从资金投入的角度看小城镇在吸收农业劳动力上比大城市更有优势。

反对小城镇论的人认为，将我国城市化的主要途径定为发展小城镇有许多困难难以克服。小城镇绝大多数仍然处在交通不便、信息不畅、文化落后、技术水平低、投资分散且效益低下的状态，片面强调发展小城镇，必然造成乱占乱用土地、重复建设严重、浪费资源、污染环境等严重问题；在小城镇，农民的生产生活方式难以得到根本改变。小城镇缺乏足够的产业聚集效应，对投资的吸引力有限，而且资源利用效率低，不应对它在城市化中的作用寄予过高的期望。小城镇的确有自身的一些优势，但小城镇也基于自身的局限而存在着"小城镇病"，即集聚能力低，集聚效益差，与大中城市相比，小城镇的综合经济效益是很差的，从市场经济和社会现代化的要求来看，小城镇不应该是我国农村城市化的理想目标。

3. 中等城市重点论

中等城市作为一个地区的社会经济、政治、文化中心，在我国城市化体系中处在关键的中间环节。面对发展大城市引发的不同程度的"现代社会病"和来自传统农业社会结构的各种阻力及自然条件的限制，主张大力发展以中等城市为中心的城乡网络结构，解决我国现阶段城市化问题，成为一些研究者寻求城市发展模式的选择。持这种点的人认为，中等城市是一定区域内的经济中心，数量多，分布均衡，是联系广大农村和大小城市的桥梁，起着承上启下的纽带作用，可塑性大，社会问题少，因此发展中等城市在我国具有重要现实意义（《经济学动态》编辑部，1986）。持这种观点的人还有宋书伟等人，这种观点既反对小城镇的发展模式，又反对大城市的发展模式，在我国城镇化模式选择的讨论中，独树一帜。甚至一批学者在进行了较充分的调查之后，选择了以发展20万~50万人的中等城市为主体的城镇化发展模式，提出“新型科技中等城市中心论”的观点。即在一部分新型或改造旧的中等城市中，以新型科技为主导，发展一批工业企业，缓解大城市负担，吸收农村剩余劳力。

4. 大中小并举论

随着我国城镇化水平的不断提高，越来越多的人认识到探讨我国的城镇化发展模式，没有必要局限在“大小”之争上。大中小城市和小城镇并举以及它们的协调发展，将是我国城镇化发展的客观要求。在激烈争论的同时，周一星跳出了城市规模单一取向的框框，提出了多元化的城镇发展模式。周一星认为，不存在统一的能被普遍接受的最佳城市规模，城镇体系永远是由大中小各级城镇组成的，企图以规模来调控城市的发展与建设，没有抓住问题的关键。城市发展方针应以发展生产力、提高效益为中心目标。任何城镇不论大小，只要它的投入能够得到补偿并取得效益，它就存在着发展的可能性和合理性。我国的城镇化发展模式应根据我国的实际情况，采用大中小城市协调发展的模式。[1]

周一星的观点受到了越来越多的学者的认同。朱铁臻认为，单纯强调发展“大”或“小”都不太切合实际，中国巨大的农村人口，实现城市化的目标，需要大中小城市和小城镇共同分流，那种人为地控制某一类城市的发展是不可取的。[2]蔡宇平认为，在社会主义市场经济条件下，我国的大中小城市都应放开，政府没有必要也没有理由人为地限制某一类城市的发展，而鼓励另一类城市的发展。我国的城市化应是大中小城市共同发展、共同前进的过程。于江平认为，我国城市化道路的选择，不管是立足于大城市还是小城镇，都应该考虑到八个字：实事求是、因地制宜。东、西部城市化发展应将重点放在大城市上，而中部地区相对来说应更多地考虑小城镇对农村人口的吸纳能力。魏杰认为，我国应把体系化战略作为城市化发展的新选择，即通过大中小城市和小城镇的协调发展来有效实现城市化。他认为体系化城市发展战略非常有利于吸纳更多的非城市人口；体系化城市发展战略有利于消除“大城市病”和单纯发展小城镇所带来的弊端；体系化城市发展战略有利于人本主义的实现。

---

1 周一星，论中国城市发展的规模政策，管理世界，1992，(6)。

2 朱铁臻，城市化是新世纪中国经济高增长的强大动力，经济观察，2000，(1)。

然而，随着我国城市化的逐步发展，越来越多的人认识到，中国城市化的道路可能是更加多元化和具有区域特色的，城市化的路径、城市的规模选择将更多取决于中国经济和社会的总体走势、区域版图在整个经济中的地位以及地方各自特色的结合。因此规模的大小并没有统一的指导意义，要从实际出发，因地制宜，走多元化的城镇化发展模式。

3.3 基础设施对城市化的作用及影响

根据“基础设施”的公共性、公益性和社会性等特征，有专家认为基础设施是确保城市正常运转的能源流、信息流、净水流、雨水流、污水流、人流、货流的载体，这些载体的存在和发展为城市聚集所带来的人口集中、环境污染、交通混乱等城市顽症进行了疏导和根治，促使城市进入良性循环，由此产生的城市中心的辐射效应又为城市的开发与物质财富的再积累创造了合宜的客观环境[1]。

基础设施是城市赖以生存和发展的物质载体，它既是生产条件又是生活条件，同时又是投资环境。城市向其周边地方辐射文化、技术、产品，还要靠基础设施提供物质保障。有了这个载体，城市才能发展。所以，基础设施建设要有“超前性”，还应具有一个合理的时序布局。其合理的超前建设直接能够推动生产发展和人们生活水平的提高，加快城市经济建设的步伐[2]。

3.3.1 基础设施对城市化的作用

1. 基础设施是城市发挥集聚效应的物质保障

基础设施现代化水平的提高，可使城市经济取得最佳集聚效益。现代经济的发展离不开各种生产要素诸如资金、技术、劳动力的集聚与有效配置。现代城市尤其是大城市的发展历史一般较长，具有发育相对成熟的市场、完善的经济结构和雄厚的技术力量，如果各种生产要素和经济资源能够有效组合与配置，将会产生巨大的集聚效益。这一点可以从上海、北京、深圳等城市得到充分印证。如北京中关村，通过整合周边高等院校的教育资源，完善通信、IT等行业所需的配套设施，形成了中国的硅谷。因此，基础设施环境的迅速改善是城市经济发展速度迅速提高、经济效益迅速改善的重要条件。

2. 基础设施是城市发挥中心作用的物质保障

城市中心作用的是否能够有效地发挥以及城市经济辐射和吸引力的大小，是由城市生产实力、经济效益和功能结构共同决定的，而城市的实力、效益、功能又是与基础设施的发展状况紧密相关的。无论是组织社会生产还是吸引外资，都需要有良好的投资环境和健全的城市功能。搞好基础设施建设，发挥城

---

1 严正，《21世纪中国城市发展问题报告》，中国发展出版社，2004年。

2 卢其源，试论加强城市基础设施建设的必要性，长江建设，1994年03期。

市特别是大城市在社会主义现代化建设中的主导作用和中心作用，促进国民经济、社会文化的良性发展已是我国改革和跨世纪发展、实现中华民族伟大复兴的中心工作之一。

3. 基础设施是城市现代化水平的标志

人口、产业、水资源是构成城市的三要素，而城市化的标志就是产业非农业化、人口和生产要素的集聚以及基础设施的完善化。具体表现就是城市的人口规模扩大，农村人口先向第二产业集聚，再逐渐转向第三产业。由此人们的生活、生产由分散的农村向城市集中，基础设施不断完善，人类的生活方式、生产方式、社会活动方式不断变化和现代化。

一个现代的城市首先必须具有现代化的基础设施，只有现代化的基础设施才能保障城市的协调运转；通过提供多功能的服务才能保证整个社会经济效益、环境效益的有机统一，才会有经济繁荣、技术先进、交通便捷、环境优美、生产生活布局合理的现代化城市。城市化是现代工业革命和各种现代产业发展的综合产物。在城市化发展的过程中，人口急剧集聚，城市规模迅速扩大，要求基础设施建设必须能够满足各方面的需要，如果出现供水不足、电力短缺、交通堵塞、信息传递缓慢、环境状况恶化等情况，则会使城市集聚而产生的高效率不能得以有效的发挥，而且会出现城市集聚效应的逆转。因此，在城市人口增加，城市生产、商业和居住设施扩大的同时，必须充分重视基础设施的同步建设。城市经济越发达，居民生活水平越高，对基础设施的服务水平要求也就越高。基础设施的普及率和人均水平的高低，成为国际上衡量一个国家的城市现代化水平与文明程度的重要指标之一[1]。

4. 基础设施发挥着保障城市安全、改善环境质量的作用

城市的防洪、排水等设施虽然不能直接创造产值和产生经济效益，但却担负着保障城市安全的重要责任。过去许多城市因缺乏防洪设施或防洪设施落后，抗洪能力低而经常受到洪水的袭击，使城市人民生命财产遭受了重大损失。基础设施的重要作用还表现在它能够带来显著的环境效益。在本世纪初以前，因城市供水缺乏过滤处理，许多城市发展较快的国家多次发生瘟疫，致使千百万人丧生。所以城市供水事业对保护人民健康和保证环境质量的重要作用是不言而喻的。此外，在城市大力推广使用燃气和发展集中供热，既能节省能源，方便人民群众生活，又可以大大改善城市空气质量和环境面貌[2]。

3.3.2 基础设施对城市化的影响

1. 基础设施对城市化的影响

基础设施是推进城市化进程必不可少的物质保证。

---

1 摘自《重庆市城市基础设施的现状及发展对策》。

2 摘自《积极推动我国城市基础设施国内资本市场融资》。

1）基础设施投资能够扩大劳动就业

基础设施中既有劳动密集型产业，又有资本密集型产业，可以创造大量的就业机会。根据抽样调查显示，1998 年公路建设市场平均每月吸纳劳动力 253 万人，其中交通业以外的劳动力 157 万人，占62%，有效地提供较多的就业机会，增加劳动者的收入[1]。有学者在研究山东城市化与基础设施建设关系时对基础设施建设可以创造就业机会进行了一项估算，就山东省来说，如果不考虑城市人口增加，仅将现有 3450 万城市人口享有的基础设施进一步完善，大、中、小城市和建制镇的基础设施水平达到基础设施比较完善的省份目前的水平，约需要增加投资额 900 亿元，将会新创造 20 万个就业机会，可增加城市人口 30 万人，可促进城市化水平提高 0. 33 个百分点。若按城市化水平达到 50% 计算，需转移 1100 万农村剩余劳动力，为这些人建设基础设施约需投资 2200 亿元人民币，基础设施本身将会创造近 50 万个就业机会，增加城市人口约 75 万人，可使全省城市化水平再向前推进 0. 83 个百分点。

2）基础设施建设是固定资产投资中重要的组成部分。

由于增加基础设施投资，加快发展城市市政公用事业，具有投资和消费双重拉动作用。此外，由于我国基础设施始终处于短缺和供给不足状态，如果进一步加大基础设施投资，提高其占固定资产的比重，对于推进城市化进程，是十分有益的。特别是在消费不旺，通货紧缩，经济疲软，增长乏力时期，投资建设基础设施，对于拉动经济增长，推动城市化进程，是一项非常有效的措施。

2007 年 4 月美国全面爆发次级按揭贷款危机（简称次贷危机），这场危机后来演化成为全球金融危机，并以惊人的速度蔓延，对全球金融市场造成巨大的冲击。金融危机的全球蔓延降低了我国经济增长的外部需求，对出口企业产生了巨大影响。同时，金融危机还导致全球股市震荡，中国股市也出现了巨幅震荡和急剧下滑，这些都对我国经济发展产生诸多不利的影响。在如此动荡的国际金融环境下，2008 年 11 月，国务院提出了在 2010 年底之前投资 4 万亿元刺激经济的 10 项措施。在当前这种出口需求紧缩的情况下，大力发展基础设施建设，将有利于刺激内需，对于现阶段应对金融危机，拉动国内经济的增长具有重要、现实、深远的意义。

3）基础设施是吸引农民进城生活的重要手段

建设好基础设施是吸引富裕起来的农民进城生活定居的重要手段。建设好基础设施，特别是乡镇的基础设施，对于改善小城镇的居住环境，引导农民走向城市文明，在城市安居乐业，实现城市化，从而拉动投资和消费，也具有很现实的意义。

1　数据来源于《中国投资报告》（1999 年），中国计划出版社。

2. 基础设施对城市经济增长的影响

基础设施对城市的经济增长有重大的贡献，主要表现为以下三种效应：

1）向前诱发效应

基础设施投资过程中需要相关部门提供必要的原材料、资金、技术、服务等，从而可以带动相关部门产出的增加，促进上游部门的发展。如公路铁路投资带动了建筑业和原材料工业的发展；电力、通讯基础设施投资带动钢铁冶炼、设备制造、电气自动化、机械传动等多个行业的发展。

2）伴随效应

基础设施投资增加的同时促进了基础设施部门生产能力的增加和服务水平的提高，从而带动本部门产值增加。如基础设施部门创造的国内生产总值，基础设施部门由于投资增加而引起的职工消费、劳动力就业的增加等。

3）后续波及效应

完善的基础设施系统会为投资者创造良好的投资环境，基础设施尤其是生产性基础设施建设比较好的地区，能够使投资者节省资金、缩短工期、降低成本、获得较好的投资效益。如道路的贯通、管线的铺设、环境的改善等为社会生产和人民生活所提供的种种便利和服务而创造的间接效应，产业经济学对于这种效应与本身投资的比值称为投资乘数，如果针对的是整体经济，则称为产出弹性。此部分的研究多以定量分析为主。

3.4 城市化的动力机制探讨

3.4.1 城市化动力机制研究成果综述

截至目前，关于城市化动力机制的研究成果已非常多。

陈柳钦的《论城市化发展的动力机制——从产业结构转移与发展的视角来研究》(2005）和林国蛟的《中国城市化的动力机制研究》(2005）均指出，产业结构转换与城市化存在密切的关系，城市化的发生与发展受到三大力量的推动与吸引，即农业发展、工业化和第三产业崛起，其中，农业发展给城市化提供基础动力；工业化是城市化的核心动力；第三产业发展给城市化以后续动力。

任军号等的《城市化动力机制及其作用机理研究》(2004)，以中国城市化的发展实践为背景，从宏观层面上总结、分析了中国城市化发展的动力机制；从经济学的角度，对改革开放以来市场经济动力机制的作用机理进行了系统的分析和研究，并提出了城市化市场经济机制作用机理的演化模型。此外，他还与陈先枢在《试论中国城市发展的动力与机制》(2002）中一同分析得出了新中国成立以来中国城市化发展的动力机制主要包括两个方面：一是政府主导的城市化（超经济的政治动力)；二是市场经济机制作用下的城市化。

许庆明的《加快城市化进程的动力结构分析》(2001）也指出，城市化在动力结构上表现为由农村因素而产生的推力和由城市因素而产生的吸引力，再加上在城乡的推力、引力作用过程中所产生的阻力。这种由“推力—引力—阻力”形成的城市化动力结构决定了一个国家或地区的城市化状态。但在现实中，城市化动力结构在不同的制度安排下具有较大差异。我国当前城市化滞后表面上看是城市化动力不足，而背后更深一层次的原因就在于城市化方面的制度安排上存在缺陷。因此，从这一角度看，制度创新是影响我国当前城市化动力结构的核心因素。从我国城市化现状来看，影响城市化动力结构的制度创新主要体现为以下几个方面：第一，在推进农业发展和促进乡镇企业集聚方面的制度创新，可以增强城市化的推力；第二，在工业等非农产业发展上和推进城镇基础设施建设上的制度创新，可以促进国民经济的非农化和城镇基础设施的完善，从而增强吸引农业剩余劳动力的引力；第三，在提高要素流动性方面的制度创新，可以减少要素流动的阻力，从而促使农村要素流出的推力和城市部门要素流入的引力形成合力，实现要素在产业间和城乡间的有效流动和配置。

张爱珠的《中国城市现代化动力分析》（1997）则全面深刻地分析了推动我国城市现代化的基本动力，指出工业化仍然是我国城市现代化的基本动力；市场化是我国新时期城市现代化的新动力；而信息化是我国城市现代化的重要推动力。

袁海的《包含制度因素的我国城市化动力机制的实证分析》（2004）认为，我国城市化的动力机制主要包括产业结构转换力与制度和政策调控力。按照产业推动城市化的逻辑顺序，可以将产业结构转换力分为第一产业发展形成的推动城市化的初始动力；工业化推动形成的二级动力；以及第三产业发展形成的后续动力。它们与制度和政策调控力一起，成为推动我国城市化的主要动力因素。该文还通过对各动力因素进行指标体系的构建，从定量研究的角度，分析了各动力因素对我国城市人口增长的影响。

此外，还有大量的研究也涉及城市化动力机制的影响因素分析。

高云虹的《中国城市化动力机制分析》（2003）和王小侠、刘杰的《中国城市化的动力机制初探》（2005）均指出，中国城市化的影响因素可以概括为经济因素、人口因素和制度因素等，这些因素相互作用、相互制约，共同促进城市化进程。经济因素是城市化演进的持续推动力，它通过工业化、比较利益、资本等驱动城市化进程；人口因素是影响城市化最能动的因素，它通过城市的“拉力”和农村的“推力”引导人口城市化；制度是推动和阻碍城市化的关键因素，它通过相应的制度安排和制度框架推动或阻碍城市化进程。

段杰、李江的《中国城市化进程的特点、动力机制及发展前景》（1999）和孙中和的《中国城市化基本内涵与动力机制研究》（2001）分别研究了产业结构转换力、科技进步推动力、国家政策调控力、城乡间相互作用力和农村工业化推进、比较利益驱动、农业剩余贡献、制度变迁促进等城市化动力因素。

李随成等的《城市发展动力评价指标体系设计》(2003)不但分析了影响城市发展的动力因素，而且在此基础上设计了一套全面反映城市发展动力强弱的指标体系，并提出了相应的使用方法。其研究认为城市发展动力是指在城市系统中，由一系列动力因素有机组成的，为了达到城市的发展而按照一定的发展规律在不同时期共同作用的机制，它是城市社会、经济、环境、科技等综合发展能力的集中体现。动力因素是那些对于城市经济、社会等方面发展作出贡献的因素，比如说，一个城市的劳动力、资本、科学技术、产业结构、基础设施、政府政策、开放程度等。在城市发展的不同阶段，促进城市发展的动力机制是不同的，即对城市发展起主导作用的动力是不同的。此外，城市发展动力是可以通过选择一定的评价指标体系进行测度的，即通过选择有代表性的指标体系，定量地表现城市发展动力的各个方面，进而比较和分析城市发展动力的变化情况。城市发展动力是城市素质的综合反映，它体现在城市发展水平的方方面面，选择衡量城市发展动力的指标既不能过于简单，又不能过于复杂。一个城市的发展动力，是由城市产业、资本、人力资源、基础设施等不同方面有机综合而产生。各个方面自成系统又互成系统，形成了城市发展动力的整体。该文根据整体和局部的关系，以文中所述的影响城市发展的 10 个动力因素为依据，按层次划分共创建了 43 个原始指标或生成统计指标，组成了城市发展动力评级指标体系。

另外，一些学者也从不同层面、不同角度对城市化的动力机制及相关问题进行了有益的研究和尝试。

孙宏霞、韩同欣的《中国城市化动力机制演变的对策研究》(2003)指出，改革开放以来，中国城市化的发展动力也发生了变化，表现为资本推动、优惠政策促动、城市基础设施推动、农民进城的社会推动、户籍改革的制度推动、经济全球化的外部影响六方面。

张永丽、柳建平的《试论我国西部地区城市化的动力机制》(2004)认为，特殊的工业化道路和城市化模式造成我国西部地区特殊的社会经济发展状况，决定了其城市化有着很强的路径依赖，很难遵循国际城市化的一般规律；国家区域经济政策转移、体制转换滞后和产业非均衡发展等多方面原因造成西部地区城市化动力演变的非连续性和断层，决定了现阶段外部力量的拉动力、区域市场环境建设形成的内聚力、经济结构调整与非农产业发展的吸引力、农村内部扩张的推动力以及各种力量的整合是西部地区城市化动力支持系统的主要内容。

王明浩等的《城市可持续发展的动力与保障》(2004)则认为，城市的发展必须建立在可持续发展的基础上；发展城市经济是城市实现可持续发展的动力，合理的产业结构是城市经济发展的重要环节；资源、环境、基础设施、社会文化和区域间的协调发展是城市可持续发展的关键。

综上所述，鉴于诸多学者分别从宏观到微观、从产业结构到动力结构、从因素分析到评价指标体系设计等多个层次和方面对城市化的动力机制及其影响因素进行了较为详尽的研究和论述，本书将不再赘述，而是着重从城市化动力机制的演变及其系统框架的建立和构成要素的影响来进行分析。

3.4.2 城市化动力机制演变

1. 初期城市化动力机制

城市化的动力机制并不是一成不变的，在不同地区、不同时期的城市化进程中，占据主导地位的动力因素会有所不同。因此，有必要研究城市化动力机制的演变过程。

城市革命紧随新石器时代的革命，大约发生在公元前十世纪至公元前八世纪的中东地区。在第一个城市诞生后的整个世纪中，事实上城市化进展缓慢，城市的区域很小，对周围的影响也不大，几乎没有现代城市的集聚和辐射效用。在城市革命以后，中东和欧洲的城市化历史就变得极其复杂。城市的第一次扩散发生在古希腊时代的公元1～3世纪（*Pounds* 1969）。随着古罗马帝国的兴起，城市生活方式很快在欧洲风靡，在当时有很大的影响，但很少扩展到穆斯林世界。其后，城市生活随着古罗马帝国在公元5世纪的衰落而渐渐衰落。

直到公元10～11世纪，城市发展在世界人类社会舞台上才变得重要起来。在公元12～13世纪，由于贸易的大力发展，中世纪的城市开始兴起。到中世纪结束时，今天我们看到的欧洲的大多数城市都已经形成和发展起来。

初期城市化的动力主要表现在以下几个方面。

1）在当时的情况下，受到具体的社会条件限制，人们出于生存考虑，在抵御外敌入侵和自然灾害的过程中形成了最初的城市，完全是一座物理的城市，是迫于生存需要而建设的。

2）手工业和畜牧业从农业中分离出来，形成了专门为了交换而生产的行业。当时的交换是在无权力约束的情形下展开的，城市的分布和发展主要是以人口基础所决定。

3）随着生产力的提高，剩余产品出现越来越多后，最早的平等主义社会结构被人类社会的等级体系结构所取代，这就是所谓的城市等级再分布时期，并产生了政治和国家，其特征是军事和宗教功能在城市中出现。

4）为了鼓励经济增长，贸易变得更加重要。第三次社会分工使工业诞生，以钱为中心的交换系统在城市中发展起来，城市的贸易功能开始出现。

5）接着就出现了全球城市化的第四、第五时期，即重商主义和资本主义的发展。城市和经济为了进一步发展，需要大量的土地资源，与之相对应，殖民主义时期应运而生。

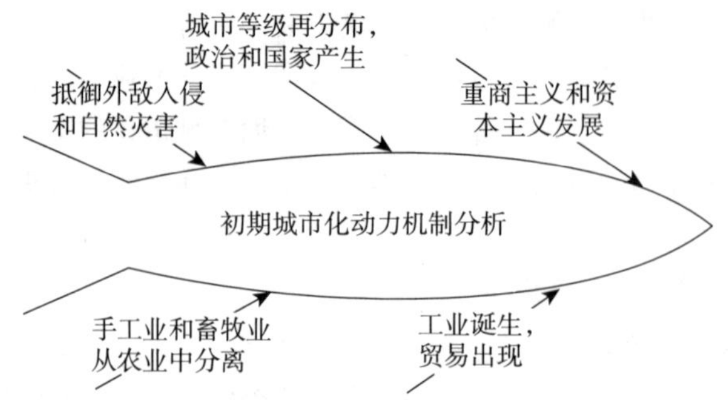

图 3.1
初期城市化
动力机制

纵观历史发展的过程，初期的城市化经历了漫长而又曲折的历程。但整个过程却始终贯彻着城市化的动力因子：劳动分工、集聚、生产要素流动……，这些原始驱动力一直没有改变。

2. 工业化背景下的城市化动力机制

18 世纪世界城市化水平仅仅为 3% 左右。而欧洲 18 世纪和 19 世纪早期的工业革命造就了现代世界城市化格局。工业化带来大规模的生产，提高了社会生产效率，改善了农业机械和种植技术、食品保鲜技术、交通和通信技术，使人们有可能集聚在城市生活。

1）发达国家城市化过程与发展机制

在发达国家，18 世纪晚期至 19 世纪早期的快速城市化过程与逐步的工业化和经济变化是交织在一起的，具体表现为自工业革命以后的城市化与工业化相伴而生的现象。在这一时期，由于城市发展的需要，城镇对劳动力、资金的需求一直保持着持续稳定的增长，农业技术进步也允许农村的劳动力逐步转移到城市；另一方面，产业结构也产生深刻的变化，工业逐渐发展成为经济的主导。在这一时期存在着从农村到城市的稳定的移民流，逐步的人口转移与经济结构变化也相互适应[1]。

2）发展中国家城市化过程与发展机制

二战以后，继发达国家城市化以后，世界城市化的主流正在向发展中国家转移，特别是南美、亚洲、非洲的城市化进程尤为迅速。发展中国家自 1945 年以后出现了快速的城市化，且其整个城市化过程与经典的城市化曲线不相符。主要在于发展中国家人口自然增长率高，总人口增长迅速，但在其快速的城市化过程中普遍表现出工业化滞后于城市化，就业机会增长与人口转型不相适应。

在发展中国家，尽管城市化对工业化也有很大的影响，但是，总体而言，制造业在这些国家所占的国民生产总值比重并不高。在 20 世纪 60 年代，发展中国家工业占 GDP 的比重大约在 15.6%；到 20 世纪 80 年代，发展中国家工

1　金期利·戴维斯（*Kingsley Davis*），《*Cycle of urbanization*》。

业占 GDP 的比重也仅仅增长到 17.5%；即使到西方国家进入反工业化时期，发展中国家工业占 GDP 的比重也只接近 36%。而大部分发展中国家的城市化水平都已经超过了 40%，甚至达到 70% 左右。这些统计数据显示，发展中国家的城市化水平高于工业化率，这种差距经常用“*urban inflation*”或者“*hyper urbanization*”来表述。

发展中国家城市化与工业化过程相脱离，由许多原因所造成，主要有“推”和“拉”两方面的因素。“推”的因素是发展中国家经济基础差，缺乏资本、技术和市场，劳动力向城市地区的流动加快，但与就业岗位增加和劳动力素质提高不相适应，使城市聚集了大量失业人口和低收入人口，贫民窟的范围不断扩大；“拉”的因素主要是城市可提供良好的医疗服务、教育、市政等基础设施，集中了大量的优势资源，成为人们追求更高生活品质的首要选择。从历史上看，市场和基础设施都在城市集聚，因此也就导致了工业和商业的就业机会主要集中在大城市地区，这就进一步加剧了发展中国家特大城市的迅速膨胀，城市住房、交通、犯罪和生态环境条件的恶化，一系列城市问题和城市病相继出现。最终的结果是发展中国家的城市化与贫困和人口爆炸相伴而生。

3. 全球化背景下的城市化动力机制

20 世纪 80 年代以来，经济全球化、国际化进程地加快，加速了生产要素在全球范围内的自由流动和优化配置。一个全球统一的大市场正在形成。伴随着这一进程，各国、各地区之间的经济联系越来越紧密，国际分工和一体化程度也越来越高。同时，国际竞争也由单一的竞争演化为既有竞争又有合作。并且这种更高层次的竞争越来越集中于城市，例如具有国际影响力的大城市之间的竞争。

1）全球化及其特征

全球化（*globalization*）是指由于生产国际化、资本国际化，世界上所有国家和地区都要参与全球范围内的资源流动，得到本国或本地区发展经济的动力和好处，从而形成的一种相互融合、相互促进，并最终形成一个全球性的统一的自由流通的商品、资本和劳务等市场的过程。

全球化概括起来主要有五个方面的特征：

a. 全球性资本扩充快速增长；

b. 不同国家的文化产品随处可见；

c. 国家不再是惟一影响人们政治生活和思想的实体；

d. 所有经济活动、文化、信息的跨界连接；

e. 通讯媒介产生交流和流动。

2）全球化对城市化的影响

全球化给世界城市化带来了新的机遇，同时也提出了挑战。一方面，全球化程度高的地区经济成长迅速，新领域得到发展，新网络获得延伸，城市得到重振（如柏林、维也纳等）；另一方面，远离全球化的地区、国家、城市和个人的边缘化倾向明显，经济两极分化，其最终结果是全球化导致区域变迁。全球制造业生产依赖于全球资源，全球性转包合同成为主流，例如IBM微机在美国设计，在台湾组装，元器件则在太仓生产。发达国家的去工业化（*deindustrialization*）使得服务业经济和高技术产业发展迅速；伴随着去规则化和私有化（*National Deregulation and Privatization*）的过程，福利国家逐步转向市场扩大和资产管理。与此同时，技术的进步促进时空关系压缩，这使得跨国公司通过技术联盟实施跨国发展。国际金融由固定汇率（以美元为基础）转向弹性汇率，股汇市场发展产生对冲基金，形成全球资本。这种资本的流动性、不确定性、全球性以及竞争性促进了流动空间的形成。

全球化正在导致城市与区域的空间重构。全球产业网络（地方组织、地方机构和商会）与孵化器（半官方）、面对面交流（社会诚信、信息交换互惠）共同交织在一起，重造当地文化。学习—互动—创新、数据—信息—知识—个性化、信息密集区的群聚效应、产业链的瓦解、全球化的不平衡发展和经济社会的极化效应，共同推动了全球经济对城市区——网络城市和全球区的营造。

正因为如此，世界城市化趋势表现为不仅城市数量和城市人口显著增加，而且大城市的规模也急剧扩大。1800 年左右，世界上人口达到 100 万的城市只有一个；20 世纪 20 年代，世界上人口百万以上的城市 24 个；到 1980 年，人口百万以上的城市增长到 198 个；到 1990 年，人口达到 200 万的城市就达到 94 个，差不多每 20 年就翻一番。

到 2000 年，世界城市化水平已达到 48%，其中发展中国家集中了世界城市人口的 60%，而且发展中国家有一半的城市人口居住在百万以上的特大城市。发达国家城市发展模式与发展速度也发生了巨大变化。一方面，城市工业和科学技术高速发展，使人口、资本、技术以最快的速度向大城市和大城市周围地区集聚；另一方面，城市高收入阶层从中心区外迁，随之工业、服务业也出现郊区化倾向，城市由长期的向心集聚向相对分散的郊区化发展，大城市边缘新城镇大量涌现。

3.4.3 城市化动力机制系统框架

所谓机制，一般被理解为物理学和机械工程学中的机械装置或机械构造，“机制”（mechanism）[1]一词来源于新拉丁语的 mēchanism（us）和晚期拉丁语的 mēchanism（a），它是由古希腊语的 mechan（é）（意为机器） + ismus 或 is-

---

1 根据《剑桥国际英语词典》（英文授权版，上海外语教育出版社 1997 年出版）中的定义，mechanism（机制）is a way of doing something esp. one which is planned or part of a system. 即指做某事的一种方式，特别是作为计划或者作为某一体系中的一部分的事物。

ma（=ism）（意为结构或装置）[1]而构成，过去主要是用来描述产生自然现象等方面的物理过程或物理学中的机械运动[2]，后来被应用到生理学、心理学、哲学和经济学等多门学科之中，比如生理学中的生理机制和机理[3]、心理学中的心理机制、哲学中的机械论和经济学中的运行机制等专门术语都是来源于同一词汇。

关于城市化动力机制，国内学者汪冬梅认为其是推动城市化发生乃至发展所必需的动力的产生机理，以及维持和改善这种作用机理的各种经济关系、组织制度等所构成的综合系统的总和[4]。本书在其研究成果基础上，结合前述分析认为，基础设施作为城市化重要动力之一，对城市化进程的推动和影响是十分显著的，并明确指出在城市化动力机制中两者间的关系如系统框架图 3.2 所示。

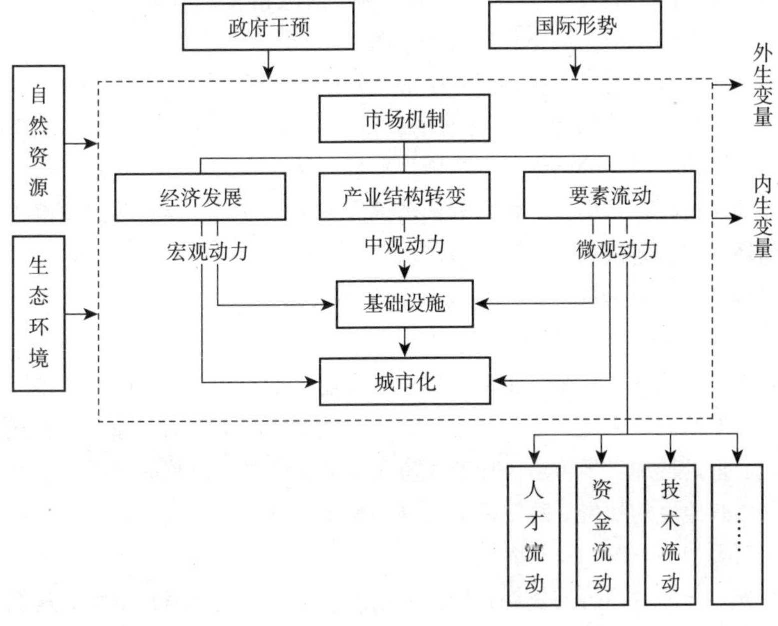

图 3.2 城市化动力机制系统框架

1 《蓝登书屋韦氏英汉大学词典》（中文版），商务印书馆、美国蓝登书屋，1997 年出版。

2 在机械构造上，指传递与改变一部机器或任何机械部件总体的运动的组合件。其主要特征为所有构件皆具约束运动，即仅能循一定方式相互间作相对运动。这些相对运动的性质取决于构件数及其连接方式，无论一部机器的机构多么复杂，它总能被视为许多简单的基本机构的组合，各个简单的基本机构包含若干机构或连杆，后者将运动由一运动连杆传递给另一个，其运动的自由度或类型可改变或不改变。一般以 3 种方式运动：利用链或带等缠绕连接；利用凸轮或齿轮直接接触；利用铰接连杆带动。参见《不列颠百科全书》（国际中文版，共 32 卷，中国大百科全书出版社 1999 年）第 11 卷 51 页。

3 指物体之间或物体的一部分和另一部分之间相对位置随时间发生变化的过程，是最基本、最普遍的运动形式。力学中所讨论的现象都属于机械运动，在各种复杂运动（如化学运动、生命现象）中也包含着位置的变化，但不能把它们归结为机械运动（参见《实用科学技术名词术语词典》华夏出版社 1990 年）。

4 汪冬梅，《中国城市化问题研究》，万方数据库。

从图3.2中可以看出，城市化是社会生产力（经济增长）发展到一定程度，由产业结构的非农化（更确切地说是工业化）而引发的生产要素发生空间流动的一种现象或实践过程。因此，在城市化进程中，经济增长、产业结构转变与发展、生产要素的流动分别从不同层面为城市化提供了动力，经济增长是城市化的宏观动力；产业转换与发展是城市化的传递性中观动力；要素流动是城市化的现实性微观动力。在城市化进程中，政府干预和市场调节对经济增长、产业结构转变和发展、生产要素流动具有重要作用。同时，在城市化进程中，除内部动力的作用外，还受政府干预、国际宏观形势的影响，它们属于外生变量。

基础设施作为一种非生产资本的投入，促进了生产要素的有机的融合，提高了生产要素的产出效率（TFP），也促进了对城市化影响较大的相关产业的升级，从中观的层面为城市化提供动力源。

总之，城市化的动力机制是一个非常复杂的系统。在城市化动力机制系统框架中，影响城市化的因素既有市场因素，也有非市场因素；既有宏观的因素，又有中观、微观的因素；既有内生变量，又有外部变量。在不同地区、不同时期的城市化进程中，占据主导地位的因素也不相同。面对我国城市化迅速发展的现状，需要认识当前影响我国城市化进程的关键因素。下文将以城市化动力机制系统框架为依据，描述城市化动力机制。

1. 经济增长对城市化的促进

经济实力反映了一个城市的总体经济发展水平和潜在发展能力。该因素既是城市化的动力，又是城市化的结果。一个城市经济实力的增强可以表现为国内生产总值的增加、经济增长以及工资水平的提高等，但总的来说，主要表现为经济增长速度的快慢。经济活力较强的城市，发展能力就强，其经济增长的速度相对要快些。

首先，伴随着经济的发展，居民的收入水平会相应提高，因此，其需求层次、消费结构也会发生变化，反映在产品结构上，即需求收入弹性低的商品其消费比重在下降，而需求收入弹性高的商品（如制造业商品和各种服务性商品）其消费比重将会上升。需求的这种变化在诱导某些产业发展的同时也会

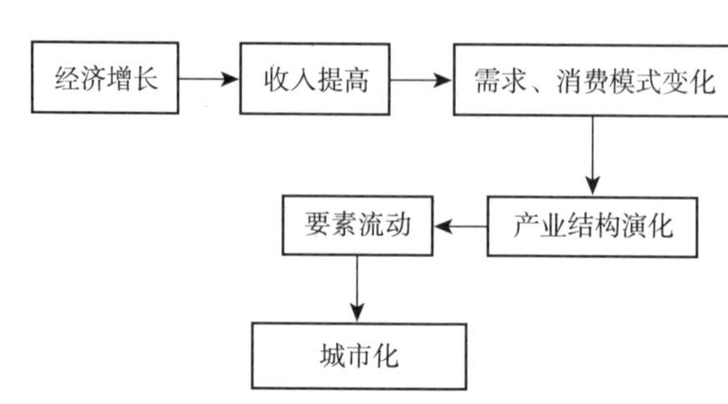

图3.3
经济增长促进城市化的机制

抑制另外一些产业的发展，即促成了产业结构的演化。而产业结构的演化要求生产要素的流动和集中，这一过程在空间上的表现形式就是城市化逐渐形成的过程。

其次，经济增长的地域性从另一个侧面促进着城市化的进程，即城市的经济增长及大中城市发展的辐射作用，自上而下推动着乡村城市化进程，如上海郊区的农村城市化发展较快的一个重要原因就是城市工业向郊区的扩散；乡村的经济增长也会推动自下而上的城市化。

需要指出的是，经济增长对城市化的促进作用最终要通过产业结构的转化，进而通过生产要素的流动来实现，因此，经济增长只是城市化的宏观背景或宏观动力。

2. 产业结构转变与发展对城市化的促进

产业结构决定一个城市产业体系状况，从而决定、影响城市发展方向及未来变化。城市各产业、各部门形成合理的比例，城市资源就能得到合理地配置，各产业和部门就会相互促进，从而扩大城市产业规模，降低生产和交易成本。另外，城市主导产业（或重点产业）决定了城市的特质，并具有人才、资金、技术、管理及规模优势，有利于提高城市的经济水平。城市发展的历史表明，一个城市的产生总是基于某个产业的迅猛发展。城市在其产生并逐渐成长的过程中，总会存在一个主导性产业来代表这个城市。这种情况在中等城市表现得尤其明显。所以，主导产业对一个城市的成长具有决定性影响。

根据西方产业结构理论，随着经济的增长，必然会产生利润在社会各行业中的不均。在市场机制的作用下，必然会促进生产要素在不同部门和不同行业中的自由流动。一方面，资金投入的增加，扩大了产业部门的生产规模，提供了更多的就业岗位，吸引了更多的农村剩余劳动力向第二、三产业转移。而城市作为第二、三产业的地域载体，势必造成城市人口规模的扩大，促进城市化发展。另一方面，就某一特定产业而言，资本有机构成的提高，意味着资金投入的增长减少了对劳动力的需求。这时，由于第二、第三产业集聚效应，逐渐吸收了大量农业人口，并在空间上逐渐向城市集聚，从而推动了城市化的进程。[1]

3. 生产要素流动对城市化的促进

在经济增长的背景下，产业转换与发展必然引起生产力地域空间布局的变化，并通过生产力要素在不同地理空间的转移与整合来实现（主要是在农村与城市之间的转移）。这一过程实质上就是城市化的过程。以劳动力的流动为例，由于农业劳动生产率的提高，劳动力必将考虑转向能给其带来更高收入的第二产业和第三产业；而又由于第二产业和第三产业的集聚性（它们绝大多

---

1 童明，产业结构变迁与城市发展趋向，城市规划汇刊，1998，(4)。

数集中在城市），导致了大量的农业人口进城务工（劳动力要素的流动）。其他要素诸如资金、技术等流动，大体与劳动力的流动相似。

1）人力资源集聚

人力资源是城市发展的直接推动力之一，人力资源的投入、规模、构成对城市的发展具有重要作用。首先，人力资源的规模越大，在其他条件具备的情况下，城市产业规模就越大，产业综合规模增长快；其次，某些类型人力资源的富集将形成相关产业的比较优势，进而成为相关产业的潜在比较利益的重要来源；再次，人力资源的素质影响城市产业的竞争优势，而人力资源的潜力则影响城市未来的状况。

2）资本流动

资本是联系要素资源的纽带和导航器，是融通、聚集资源要素的关键，也是城市发展的直接推动力之一。表现为城市拥有、控制或可利用的金融资本的数量、来源及金融产业发展状况等。资本是不同质的，它可以多种形式存在或被利用。城市资本的可获得性、资本的使用、资本市场的发达程度以及外来资本等，都对城市经济发展具有重要作用。

3）科学技术进步

科学技术进步对城市发展的贡献具有倍增效应，是城市发展快慢的决定性因素。科技创新永远是城市获取动力和力量的源泉，一方面可使对生产要素的使用得以改善，从而提高劳动生产率，节约产品成本；另一方面可使城市企业获得具有垄断优势的资源和产品，扩大产品的市场占有率。另外，科技对城市发展的作用主要表现在科研产品的应用上，所以科技转化能力对城市发展产生实际影响。

4. 政府管理与制度创新对城市化的促进

政府管理及其作用是城市发展动力重要的协同力量。政府办事高效，能确保高质量地投入供给，并创造公开、公平和公正的竞争环境以及制度规则，使城市社会生活和企业生产能顺利进行，将有助于企业降低交易成本。政府对整个城市的宏观事务组织得力、协调有效，则有利于提高本地企业的外部效益，降低外部成本，提高其产业竞争力。

城市政府要改变对经济管理的方式，变无限政府为有限政府，实现两个根本性转变，与国际经济接轨；提升城市融资、吸引外资的能力；加速产业结构调整优化步伐；加快优势产业发展并带动相关产业及产品的升级换代，千方百计激活高新技术产业尤其是信息产业、生物工程、节能与环保工程、新材料工程和高效农业工程的大发展；在加速扩大城市第三产业发展规模的同时，注意提高第三产业的知识含量和集约效益；正确处理政府与高新技术开发区的关系。科技创新永远是推动城市发展，使城市获取动力和力量的物质源泉。因此政府要促进科技与经济紧密结合，建立有利于科技与经济相结合、科技链与产业链结合、科研机构与企业相融合的新机制；促进科技成果向现实生产力转化，使科技进步从经济发展的外生变量为内在动力。同时城市政府还要在大力发展教育的基础上，培育和形成一批具有国际影响的科研机构。

制度创新也是城市发展动力的一个重要方面。1978 年后，“毛泽东时代主要从防御目的考虑的城市化空间平衡体系失去了发展前景”。家庭联产承包责任制的确立，农村改革的一系列政策措施使农民压抑的生产积极性得到释放，农民收入和农村经济水平有了很大提高，农业剩余资本、剩余劳动力、剩余产品与土地转化相结合，在短缺经济强大的需求市场条件下，在城乡隔离状态仍然严峻的发展环境中，“离土不离乡”，农业剩余劳动力的职业转换与农业用地的非农转换紧密结合，但缺少人口迁移的空间转换过程，建立了极具活力的乡镇企业，而乡镇企业的成功发展壮大，也启动了与小城镇经济腾飞的互动过程。

进入 20 世纪 90 年代，由于经济的集约式发展；乡镇企业的二次创业和人们对规模经济、聚集经济的重新认识；以及区域城市化整体发展的推动（这在珠江三角洲、长江三角洲等城市群发展地域尤其明显），农村剩余劳动力的职业转换与地域转换密切结合，农业用地的非农转化与城市景观的塑造紧密结合，使小城镇进入到一个新的发展时期。乡镇工业化主体、主导产业、企业特征发生根本性变化，乡镇企业的调整提高是自下而上城市化下的质量的提高，有利于农村经济和人口向小城镇集聚，即空间转移过程有加快，从而提高了农村城市化水平及在全国城市化中的地位。

过往的实践经验表明，制度创新是城市经济发展的重要动力源。进入新世纪，随着改革开放和市场化改革的深入，那些在产权制度、金融体制、投融资体制、财政税收制度、社会保障制度、行政审批制度等方面率先改革的城市，已经初步获得了先发优势，经济发展呈现出持续高增长的态势。有效的制度特别是产权制度，通过激励和约束经济行为主体的创业行为，刺激居民投资冲动，激励人们工作热情，从而能提高劳动者的工作效率，降低生产成本，促进城市产业的扩张。

5. 对外开放程度扩大对城市化的促进

对外开放为城市发展带来了所急需的资金、技术、市场和管理方法，它对城市发展既有直接的、有形的、即期的影响，也有间接的、无形的、长期的影响，是城市发展动力的重要状态和制度力量。城市的开放程度决定了生产要素合理流动和合理配置的程度。另外，城市开放程度也会影响再生资源的创造及创新，并影响经济主体的创业动力。

6. 基础设施投资对城市化的促进

基础设施是城市经济、社会活动的基本承载，它反映了一个城市满足其经济发展需求的程度。城市的社会性基础设施、经济性基础设施和生态性基础设施的发展水平是影响城市投资环境的主要因素，并成为吸引资金、人才、技术和信息等生产要素集聚和扩散的重要力量。

同时，基础设施的市场化运营，变政府单一投资为社会多元投资，变只投入、不产出，只建设、不经营为城市资产的市场经营，盘活了城市存量资产，大大地拓宽了投资渠道，提高了资金的使用效率和设施的运营效率；同时，城市土地使用权的有偿出让和分税制的改革，使政府有了扩张城市规模的积极性和财力保证，进一步提供充足完善的基础设施和公共服务，改善基础设施环境，创造更多的就业机会，增强城市对迁移人口的吸纳能力，并有利于城市化的持续稳定发展。

7. 自然资源与生态环境对城市化的促进

自然资源与生态环境是城市存在和可持续发展的必然条件，其发展程度影响着城市的生产和交易费用，也影响城市对人力等资源要素的吸引。一般来讲，城市资源配置力越强，就越能有效利用各种经济资源，从而能达到实现降低成本，提高企业利润的目的。在城市化的早期，充足的自然资源和城市良好的生态环境，可以吸引更多的人口居住在城市，形成城市化的“机会成本”。随着城市化的不断前进，城市环境质量差、污染严重，自然资源也不能满足所有人口居住城市的要求，所以，到了城市化后期，自然资源和生态环境反而成为一个限制因素，阻碍城市化的进一步提高。所以，自然资源和生态环境与城市化是相互依存；相互矛盾；相互影响和相互作用的关系，双方是共同发展的有机统一。[1]

3.5 本章小结

本章首先总结了基础设施和城市化的相关理论，其次分析了基础设施对城市化的作用及影响，然后从研究城市化动力机制的演变开始，在借鉴其他学者研究成果的基础上提出了城市化动力机制的系统框架，并逐一论述了经济增长、生产要素流动、政府管理与制度创新、对外开放程度扩大以及基础设施投资等对城市化的影响。此外，通过本章的分析和论述，可以发现基础设施和城市化之间存在一定程度的相互作用机制，这也为本书揭示两者的内在联系，从定量角度进一步研究基础设施投资与城市化进程的关系奠定了坚实的理论基础。

1　陈晓红等，城市化与生态环境协调发展机制研究，世界地理，2009 年第 6 期。

4 基础设施投资与城市化水平的基础分析

第3章从理论的层面分析了基础设施对城市化的作用和影响、城市化的动力机制的演变以及基础设施作为城市化的动力之一对城市化的促进作用，基础设施和城市化的相关理论分析是数据选取、统计、建立计量模型并进行实证分析的基础。

本章和第5章属于实证研究部分，本章将确定基础设施和城市化数据的测算指标和统计范围，并在数据统计的基础上，分析全国和各个地区的基础设施投资和城市化水平的现状和特点，并用重庆市的数据作微观层面的分析。

4.1 基础设施投资的规模与结构分析

4.1.1 基础设施指标及其统计范围

1. 基础设施指标

基础设施可以用实物量指标或者货币量指标衡量。实物量的指标是反映某一类基础设施投资的实体数量，如公路、铁路新增公里数；每万人拥有的公共绿地面积；每千人拥有的医院床位等。这类指标统计简便，易于理解，但基础设施种类繁多，很难把各种基础设施的投入汇总分析，而行业间不同的实物量指标也不易进行对比分析，一般用于定性分析中。

货币量指标是用资金来衡量基础设施的投入量，主要是该类基础设施建设投资。货币化的指标消除了行业之间的区别，可以把所有的投资放在一个平台上进行汇总计算，同时也易于比较。但是货币量指标不太直观，不同地区由于物价高低不同会造成同样的货币投资代表的基础设施量不同，即受到物价涨跌因素的影响比较大。国家统计局由于没有公布基础设施投资的价格指数，故不能对其直接进行调整。由于基础设施投资是固定资产投资的一部分，相比其他价格指数，固定资产投资价格指数对各年的基础设施投资的调整更能准确地反映当年基础设施真实的投资水平。

综合以上两种数据的优缺点，由于货币化的指标可以通过物价指数的调整来解决其存在的问题，而实物量指标间的相互比较较为困难，因此本书中统计采用货币量的指标，并对各年的基础设施投资额进行调整。

2. 基础设施的统计范围及调整

在第2章基础设施的基本概念和相关理论中，界定了基础设施的内涵：基础设施包含交通运输设施、邮电通信设施、能源供给设施、学校教育设施、卫生保健设施、社会福利设施等六大体系。由于我国统计系统未对基础设施进行专门的统计，根据基础设施的定义并结合国家统计局公布的数据，将固定资产投资中符合基础设施特点的水电煤的供应和生产业、交通运输邮电通讯仓储业、社会服务业、卫生体育业、教育文化业等五个行业的投资作为基础设施的总投资。

基础设施的数据取自1988～2003年的中国统计年鉴，同时为保持数据的连续，仍将重庆作为四川省的一部分进行统计。在统计年鉴中，固定资产投资项包括基本建设投资、更新改造投资，相应的基础设施的投资也包含新建和更新改造两部分。

统计局公布的固定资产投资价格指数采用的是环比价格指数，即以上一年的为基数，为了使各年的投资额具有可比性，必须把数据都换算为同一年来进行比较。由于本书实证研究所采用的数据主要集中于20世纪90年代，故把每年的基础设施投资额都按固定资产投资价格指数换算到1990年（固定资产投资价格指数见表4.1）。具体换算方法是用该年的实际基础设施投资额除以表4.1中该年对应1990年的价格指数（由于缺乏1988年和1989年的固定资产投资价格指数，1988年和1999年基础设施的投资额未做调整）。

固定资产投资价格指数（1990＝100） 表4.1

年份	1990年	1991年	1992年	1993年	1994年	1995年	1996年
固投价格指数	100	109.5	126.3	159.8	176.5	186.9	194.3
年份	1997年	1998年	1999年	2000年	2001年	2002年	
固投价格指数	197.6	197.3	196.5	198.6	199.4	199.8	

资料来源：中国统计年鉴2003

4.1.2 基础设施投资的规模分析

城市基础设施的数据是根据4.1.1确定的基础设施统计范围和调整标准来统计的。本节将对全国和各个地区的基础设施的投资规模进行分析，所有的分析目的在于使对近些年全国和各个地区的基础设施的投资有较为直观的认识；对重庆市的分析是把重庆作为中国众多的城市之一，从微观层面对基础设施投资现状进行的分析。

1. 全国基础设施投资规模分析

改革开放后，特别是自20世纪90年代以来，我国基础设施建设发展很快，各年投资额的具体的数据如表4.2所示。

1）基础设施投资总额

从表4.2可以看出，1988～1990年全国基础设施投资比较平缓，还受到计划经济下基础设施仅仅满足最基本的生活条件的影响，1988～1990年的3年间基础设施投资额分别为848.2亿元、1044.1亿元和953.4亿元；1991～1993年处于调整的阶段，但政府投资政策、投资指导思想已经开始发生变化；1994～1999年基础设施的投资受政策的支持较大，1994年通过的《90年代国家产业政策纲要》指出：切实加强基础设施和基础工业，要努力缓解基础设施和基础工业严重滞后的矛盾，使之逐步与整个经济发展相适应。要本着“统筹规划、合理布局、突出重点、尽力而为、量力而行、注重效益”的方针，加快基础设施建设和基础工业发展。

中国基础设施投资额（1988～2002年，1990年） 表4.2

年份	固定资产投资总额（亿元，1990年价格）	基础设施投资总额（亿元，当年价格）	基础设施投资总额（亿元，1990年价格）	基础设施投资年增长率（%）	基础设施占固定资产投资比例（%）
1988	4753.8	848.2	848.2	17	18
1989	4410.4	1044.1	1044.1	23	24
1990	4517.0	953.4	953.4	-9	21
1991	5109.1	1210.2	1105.2	16	22
1992	6399.9	1684.5	1334.2	21	21
1993	8178.5	2797.1	1750.0	31	21
1994	9657.8	4153.8	2354.8	35	24
1995	10712.9	5001.2	2676.1	14	25
1996	11790.1	5848.6	3009.4	12	26
1997	12618.8	7139.9	3612.4	20	29
1998	14400.8	9429.0	4780.1	32	33
1999	15195.9	11279.4	5741.1	20	38
2000	16572.7	11088.7	5582.7	-3	34
2001	18660.8	12070.3	6052.7	8	32
2002	21769.5	13363.1	6687.6	10	31

资料来源：历年中国统计年鉴

由表4.2可见，1994年全国基础设施投资高达2354.8亿元，到1999年达到5741.1亿元，比1994年增长了140%，截至2000年，政府发行的国债大体是2100亿元，带动4200多亿元银行贷款和自筹资金用于增加基础设施的投资，共启动了5000多个项目。这些投资加固了6200公里大江、大河、大湖的干堤，新修了8.5万公里的公路和数千公里的高速公路，新建了1900公里的铁路新线，修建了近2500万吨储粮仓库，改造了400多个县的农村电网等。通过这些举措，加大了基础设施投资的力度及其所产生的投资乘数效应，使之成为拉动经济增长的有效手段。

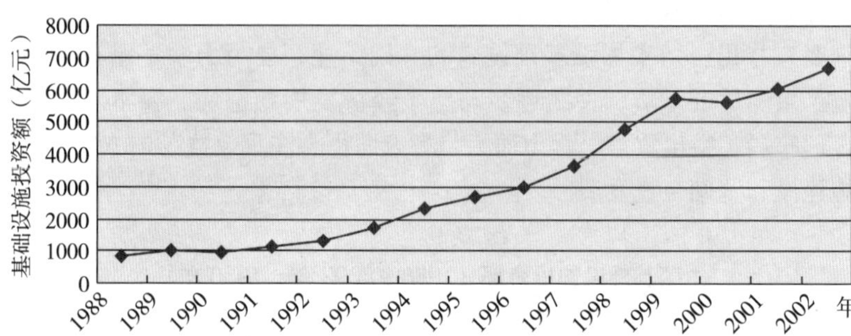

图4.1
全国历年基础设施投资额

在2000年基础设施投资有所回落，从统计年鉴所反映的情况来看，尤其表现在水、电、煤的供应和生产上，1999年此类基本建设投资全国高达3429.28亿元，而在2000年锐减到2479.8亿元，在一定程度上影响了基础设施投资的增长势头，基础设施的投资增长速度回落到10%左右。

2）基础设施投资占固定资产投资的比重

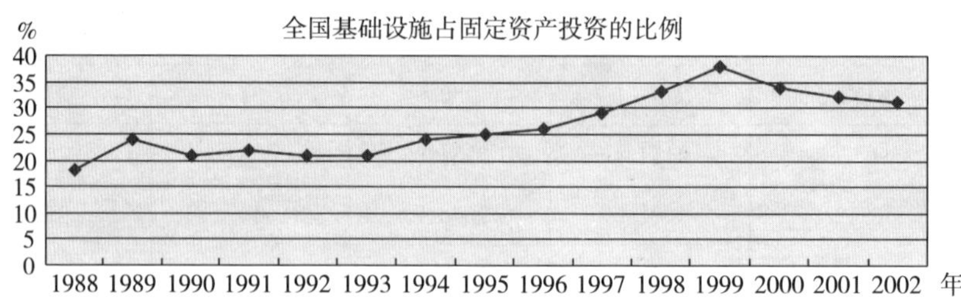

图4.2
历年基础设施投资占固定资产投资比重

从图4.2中可以看出，基础实施投资占国内生产总值的比例持续扩大，从1988年的5.68%上升到2002年的12.75%，1999年达到最高占国内生产总值的13.74%。每隔几年，基础设施所占比例就要上一个新的台阶，1988年到1992年在6%的上下，1993年到1997年都略高于8%，而1998年后，则上升到了12%以上的水平，其中1994年和1999年分别处于各个阶段的顶峰位置，这与前面提到的当时国家政策的大力扶持是密不可分的，同时也表明，基础设施建设受国家政策影响过大，政策风险高。

全国基础设施投资经历了平稳增长—快速增长—调整增长三个阶段，而基础设施占固定资产的投资比例也反映了同样的阶段性特点，即从20世纪90年代初的20%上升到20世纪90年代末的40%左右，继而又回落到30%左右。每个阶段投资特点都反映了政府对基础设施的调控思路，即既要充分认识基础设施在国民经济中的重要地位，予以鼓励和加强，同时又要防止一些效益差、能耗高、技术落后的项目盲目上马、重复建设。

2. 东、中、西部基础设施投资规模分析

由于我国幅员辽阔，各个城市和地区之间具有很大的差距性，特别是东部沿海城市和西部内陆城市之间的差别更大。为了全面地认识基础设施的投资规律和地区之间的分布，有必要对基础设施的投资分区域进行分析。

国内经济区域的划分是从国情出发，根据社会劳动地域分工的规律，依据一定的区域划分原则，按照客观存在的不同水平、各具特色的地域经济体系或地区生产综合体，本着发挥区域比较优势，扩大区域市场和加强跨区域经济联系的思路，对全国进行的战略划分，并将全国划分为东、中、西三个区域，具体划分见表4.3，统计的数据结果见表4.4。

我国经济区域的划分 表4.3

区域划分	省份
东部地区	北京、天津、上海、辽宁、河北、山东、江苏、福建、浙江、广东、海南
中部地区	黑龙江、吉林、河南、安徽、山西、江西、湖北、湖南
西部地区	内蒙古、陕西、宁夏、甘肃、西藏、贵州、青海、新疆、云南、广西、四川、重庆

各个地区的基础设施投资额 表4.4

年份	东部（亿元）	比重（%）	中部（亿元）	比重（%）	西部（亿元）	比重（%）
1988	434.9	59.0	184.0	24.9	118.6	16.1
1989	582.8	59.3	237.9	24.2	162.6	16.5
1990	514.5	58.6	212.5	24.2	151.6	17.3
1991	556.0	57.9	238.7	24.9	164.7	17.2
1992	733.6	59.3	303.9	24.6	198.7	16.1
1993	902.8	60.8	359.0	24.2	222.2	15.0
1994	1284.7	63.3	478.7	23.6	267.4	13.2
1995	1452.7	61.5	562.5	23.8	345.1	14.6
1996	1627.2	60.4	647.0	24.0	420.8	15.6
1997	1967.5	59.7	771.9	23.4	553.7	16.8
1998	2511.7	57.6	1019.4	23.4	829.2	19.0
1999	2924.9	58.2	1131.8	22.5	964.6	19.2
2000	2903.9	55.7	1301.8	25.0	1006.6	19.3
2001	3012.2	53.6	1473.9	26.2	1133.8	20.2
2002	3235.7	52.5	1613.5	26.2	1316.3	21.3

各个区域基础设施投资额占全国总投资额的比例如图4.3。

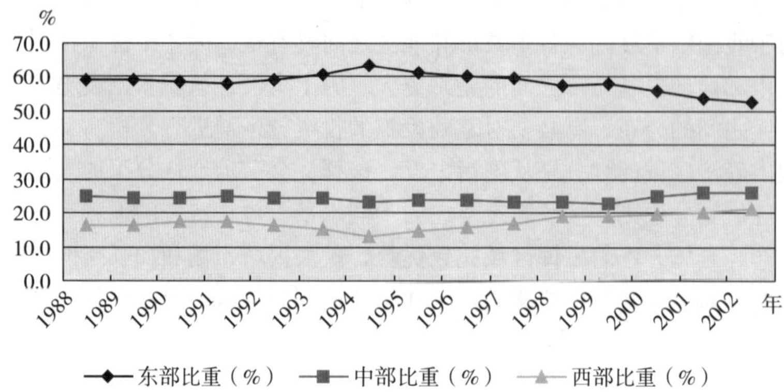

图4.3 各经济区域基础设施投资额占全国总投资额比重

从图4.3可以得出两个结论：

1）全国基础设施投资东部最高，西部最低，东部的投入超过了中西部投入之和。

基础设施投资的地区差异除受到历史存量的影响外，主要受到改革开放后经济发展、城市化水平的地区不平衡、国家对各个地区不同程度的财政扶持、优惠政策的影响。

经济发展水平和城市化进程落后的中西部地区由于缺乏财政的投入，不能及时地改善自身的基础设施条件；而区域基础设施的落后又反过来制约经济的快速发展和城市化的进程。东部地区所占的比例一直维持在50%以上，甚至在1997年达到了60%。从1990年到1995年，西部的基础设施投资所占的比例一直在下降，1994年到1995年西部的投入占全国的基础设施投资的比例在15%以下。改革开放以来基础设施的投资向东部的倾斜造成东西部之间的差距一直在不断地加大。

2）近年中西部基础设施投资的比重在不断上升，其中西部地区提升速度更快。

虽然东部地区与中西部地区在基础设施投资数量上还有很大差距，但是1998年以后，国家对基础设施投资有向中西部倾斜的趋势，并先后制定实施了“西部大开发”、“中部崛起”以及“构建和谐社会”等发展战略，这些政策对中西部的基础设施投资的加速具有极大的促进作用。从图4.3可以看出，1997年以后，东部地区基础设施投资额占全国总投资比例在不断地下降，1997～2002年下降了7个百分点，而相应的中西部地区基础设施投资额占全国总投资比例有明显的提升，西部的提升速度更快，2000年首次达到20%。

3. 重庆市基础设施投资规模分析

直辖后重庆市历年城市基础设施投资额统计　　表 4.5

	单位	1997	1998	1999	2000	2001	2002	2003
调整后投资额	亿元	6.67	25.71	27.95	37.35	46.49	125.84	146.27
同比增长	%		285.44	8.70	33.65	24.48	170.65	16.23
占 GDP 的比例	%	0.49	1.85	1.91	2.33	2.73	6.45	6.42
占固投的比例	%	1.80	5.32	5.02	5.65	5.96	12.76	11.39

资料来源：重庆市建设系统统计年鉴（1997～2004）

由于在分析全国数据时，重庆市的数据合并到四川省中统计分析，在此把1997 年重庆直辖以来基础设施投资的状况单独分析，作为样本考量微观层面的城市基础设施投资的变化。重庆市基础设施投资按照固定资产投资价格指数修正为 1997 年的基准价格，从表 4.5 可以看出，2002 年以前，重庆市整体的城市基础设施建设投资发展一直比较平缓，直辖之前的数据虽然没有被统计，但是 1997 年的投资仅有 6.67 亿元，说明在直辖之前投资都是受到资金来源与投资政策等方面的影响，投资严重不足，造成各个行业的基础设施不能满足重庆市城市规模、城区人口等日渐增长的需求。

到 2002 年，基础设施的投资超过了 100 亿元，在 2001 年的基础上增长了170.65%，而 2003 年更是达到了 146.27 亿元，在 2002 年的基础上又增长了16.23%，基础设施投资的突然增长是一直以来投资不足的集中反映，同时也带动了国民经济的快速增长。和 GDP 的数据对比发现，基础设施投资的增长既保持了和整体经济发展的同步性，这也说明基础设施的发展和整个城市的经济息息相关，具有不可替代的作用。基础设施投资占 GDP 的比例也由 1997 年的 0.49% 上升为 2003 年的 6.50%，占固定资产投资的比例更是在 2002 年达到了 12.76%。考虑到重庆市前些年的基础设施投资速度较缓，城市基础建设投资欠账较多，并非一两年所能改变，预计在未来的十年，重庆市的基础设施投资将继续维持较高的投资额和较大的增长比例。

4. 小结

基础设施的投资规模在 1990～2002 年之间一直保持快速增长的势头，但受到国家调控政策的影响，在某些年份的基础设施投资较多，某些年份的投资较少，但是整体而言，基础设施的投资仍将继续维持快速的增长，特别是近些年固定资产投资价格比较稳定，基础设施投资的实质增长更加明显。

在基础设施保持快速增长的同时，基础设施在地区之间的分布的比例却在不断地变化，由于东部诸省先天的基础设施投资环境较好，再加上国家政策的扶持，东部地区的基础设施投资所占比例一直较大，维持在 50% 左右，但是中西部近些年的投资速度要比东部快，所占比例一直在上升。

重庆市基础设施的基础比较薄弱，在西部诸省中都属于比较落后的，但是随着直辖之后城市地位地提升，近些年重庆市的投资增长比较快，而且可以预见其仍将维持较快的投资增长。

4.1.3 基础设施投资的结构分析

上一节着重分析了基础设施的投资规模，但是基础设施投资的构成比较复杂，包含了多个关系国家和地区经济发展未来的重点行业，如交通运输业；也包含了关系居民日常生活的行业，如水、电、气的供应等，因此有必要分析基础设施在行业之间分布的现状和从20世纪80年代末到新世纪初在不同行业之间的变化，以了解、认识基础设施投资的方向，使有限的基础设施投资的产出更多。

1. 全国基础设施投资结构分析

根据2.1.2界定的基础设施投资范围，基础设施包括交通运输设施、邮电通信设施、能源供给设施、学校教育设施、卫生保健设施、社会福利设施等，在统计年鉴上与之对应的数据主要分为五个方面，分别是交通运输及邮电通讯、水电煤运、社会服务业、文化教育和卫生体育类。每类历年的基础设施投资额见表4.6。

交通运输业一直是基础设施投资的重点，并且一直呈现稳步上升的势头。1988年交通运输类基础设施投资为259.9亿元，到了2002年达到2964亿元，环比增长15%。交通运输类基础设施投资的增长主要是公路的大规模修建。“七五”规划将汽车工业列为支柱产业以后，大大促进了公路的兴建，“八五”以来出现了交通建设高潮，新建铁路5900公里，建成复线3400公里，既有铁路电气化改造2200公里，京九铁路铺通；新建和改建公路10.5万公里，全国100%的县（区、旗），98%的行政乡，81%的行政村通达了公路。1998年，中国加大了对公路建设的投资力度，全年公路投资达1900亿元，其中加快了高速公路5200公里的建设进度，新增高速公路设施规模2300公里。1990～1999年一共修建公路32万多公里，公路总里程达135万公里，在这10年间高速公路已达到1.6万公里。

全国各个行业基础设施投资额（单位：亿元） 　　表4.6

年份	交通运输及邮电通讯	水电煤热	社会服务业	卫生体育	教育文化
1988年	259.9	312.9	111.6	35.0	103.8
1989年	230.9	529.0	148.4	31.1	104.6
1990年	291.2	422.2	94.3	38.4	107.2
1991年	404.4	436.1	117.5	32.9	114.2

续表

年份	交通运输及邮电通讯	水电煤热	社会服务业	卫生体育	教育文化
1992 年	513.7	492.4	163.9	39.4	124.7
1993 年	790.0	543.0	238.0	45.2	133.8
1994 年	1105.0	737.7	304.6	55.6	151.1
1995 年	1250.3	831.5	341.9	62.5	190.0
1996 年	1401.2	929.3	381.0	69.7	228.3
1997 年	1643.1	1120.2	491.7	80.6	276.8
1998 年	2430.6	1261.9	665.8	99.5	322.4
1999 年	2468.6	1981.6	806.2	108.9	375.9
2000 年	2615.7	1491.0	924.7	119.8	431.5
2001 年	2979.5	1343.6	1085.3	145.3	499.0
2002 年	2964.8	1521.9	1408.0	187.4	605.4

资料来源：历年统计年鉴，中国统计局

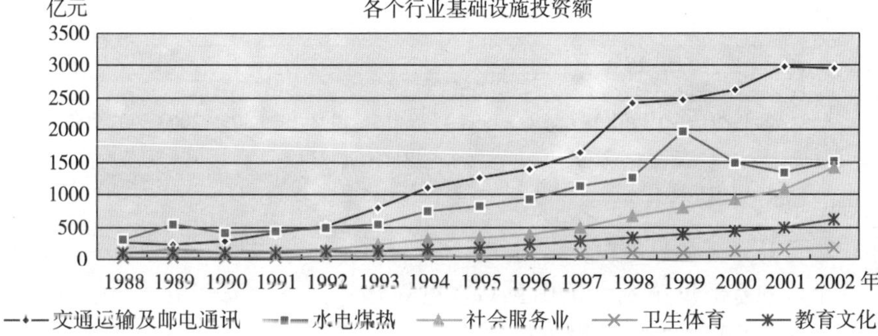

图 4.4 全国按行业划分基础设施投资额

水电煤热的生产和供应关系到广大城市居民的生产生活，在国民经济中居于重要的地位。1988 年该行业的投资为 312.8 亿元，占总投资的 38%，到了 2002 年，水电煤热的总投资达到 1521 亿元，环比增长 10.6%。

水电煤热的生产和供应呈现量增速减的趋势，这一方面反映了满足最基本需要的基础设施仍然在基础设施的投资中占有很重要的地位，同时也说明了基础设施的投资方向一直在不断地调整。

电力作为传统的基础设施投资行业，“八五”期间电力基建投资占全国基建投资的比例为 12.09%，“九五”期间下降为 10.40%，2000 年下降为 7.22%，2001 年下降为 6.94%，2002 年略有回升为 7.17%。水电煤的生产和供应投资在 2000 年出现了大幅下滑，这是由于 2000 年前全国范围内电力生产过剩，和对未来电力需求增长不大的预期造成的投资结构调整，直至 2002 年电力的投资依旧在低位徘徊。

社会服务业、教育文化、卫生体育2002年分别为924亿元、605亿和187亿元，一直保持稳定的增长。在总投资数量上，2002年的基础设施投资总量比1988年增加了7.1倍，其中交通运输和邮电通讯投资增长了10.4倍，水电煤的生产和供应的投资增加了3.8倍，教育文化投资增长了4.8倍，体育卫生投资增加了4.4倍。

从图4.5各个行业的比重来看，交通运输邮电占基础设施投资的比重最大，20世纪90年代以来一直超过40%，期间虽有波动，但是一直是基础设施投资的重点；水电煤热的生产和供应占总投资的比例从1988年的38%下降为2002年的23%，属于投资比例下降最快的行业，反映了基础设施的投资已经从满足最基本的生活需要中摆脱出来，基础设施的投资重点正发生转变，正在向为第三产业提供服务的基础设施如社会服务业、文化教育、卫生体育等方面转移；社会服务业、教育文化、卫生体育尽管现在所占比重仍然很低，但是已经出现了较大的增长，而且这种势头仍将继续维持。

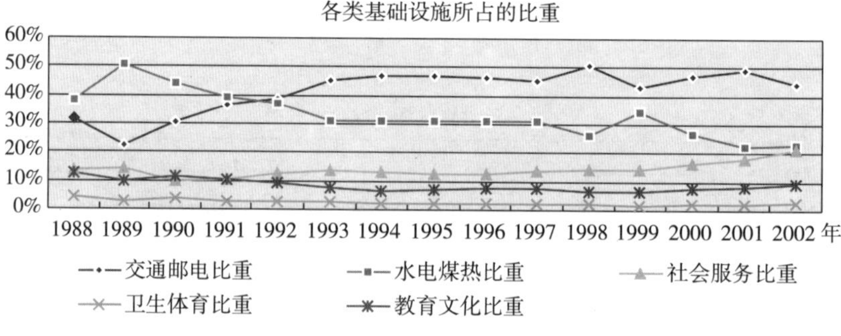

图4.5 全国各行业基础设施投资所占比重

2. 重庆市基础设施投资结构分析

全国的基础设施统计范围包括水电煤热、交通运输邮电通讯、社会服务、教育文化以及卫生体育五类，其中水电煤热投资是从工业投资中分离出来的，统计工作比较繁琐，但各个城市的基础设施则有专门的统计分类，与全国的分类不完全一致。根据历年重庆市建设系统统计年鉴，重庆市的基础设施投资按行业划分为供水、供气、公共交通、道路、桥梁、排水、防洪、园林、环境卫生以及其他，其中道路桥梁2001年开始汇总统计。具体的数据见表4.7。

重庆市1998~2003年各行业基础设施投资额（单位：万元） 表4.7

年份	供水	燃气	供热	公共交通	道路	桥梁
1998	37243	3576	—	20838	111006	17850
1999	23757	4553	—	13618	129365	30056
2000	17697	11670	—	18181	155465	95791

续表

年份	供水	燃气	供热	公共交通	道路	桥梁
2001	40283	6394	—	40289	241713	
2002	32122	18622	—	91949	378917	
2003	41552	20460	—	94040	656041	

年份	排水	防洪	园林绿化	环境卫生	其他	合计
1998	12366	8521	16745	4114	32657	264966
1999	30315	19122	9002	10853	12227	282866
2000	14956	10550	11783	9524	23959	369586
2001	47266	22519	11688	17198	41818	469100
2002	114299	36212	35470	45597	517713	1270901
2003	253088	61920	71861	77210	169512	1445684

从分项的基础设施统计表来看，重庆市的基础设施投资呈现出明显的地区特征。重庆市整体地貌以丘陵、山地为主，坡地面积极大，主城区更是被嘉陵江、长江所分割，地势起伏较大，建造难度较高。与平原城市相比，同样的基础设施所需投入的资金量却大得多，尤其是道路、桥梁等设置的建造花费的时间长，资金回收慢，一直处于投资不足的状态。

重庆直辖以后每个行业的基础设施的建设都有了较大的改观，但是各个行业的增长速度和增长规模都有所不同。2002 年供气、公共交通、道路桥梁、排水防洪、环境卫生等方面的基础设置投资都发生了飞速的增长，可以认为 2002 年是重庆市基础设施建设全面提速的开始。

供水类基础设施投资增长一直比较平缓，与 1998 年相比，供水的投资平均每年增长 2.3%，甚至在 2002 年全面投资提速的情况下本行业的投资还减少了 20%，这主要受制于该类基础设施单项的投资规模较小，另外重庆市水资源比较丰富，原有的设施比较完备，需要追加的投资量并不大，在未来也不是投资的重点。此外，供气、排水、防洪等基础设施，虽然在 2002 年增长幅度很大，但是在 2003 年，同比增长又出现了下降，说明此类基础设施的投资表现为周期性的增长，而且投资规模并不大，对总的基础设施投资影响有限。

还有一类是道路桥梁，此类的基础设施将会是未来区域投资的重点。重庆市作为西部惟一的集水陆空运输方式于一体的立体交通枢纽，要成为西部主要的物流集散地和成渝经济圈的核心城市，架桥修路将是城市战略目标实现的重要步骤，也造就了路桥成为基础设施建设资金投放最多的地方之一。同时，道路桥梁类设施自身的建设成本较高，而重庆的地形地貌也会大幅增加其造价，导致此类设施投资的比重加大，从 2003 年的数据来看，道路桥梁类占全部基础设施资金投入的 45.37%。

园林绿化类和环境卫生类的投资也是未来城市发展的重点，按照最新的城市规划，重庆市不仅要成为长江上游的经济中心，还要成为美丽的山水园林都市，其生态环境、居住环境都将有巨大的改善，这就要求园林绿化类和环卫类基础设施的投资继续保持高速的增长，而2003年上述两类设施的同期投资增长分别为102%和69%，预计未来当道路桥梁类投资需求减弱时此类基础设施会逐步成为投资主流。

总体来说，重庆市的基础设施投资还将会继续保持增长的趋势，这一方面是历史投资不足的原因，另一方面是城市未来规划发展的需要。此外，各个行业的投资会有较大的变化，但是道路桥梁类的投资仍是占用资金最多的地方，而园林绿化和环境卫生则由于城市可持续发展，以及未来城市发展的需要将是基础设施投资增长最快的区域。

统计年鉴中还有除去以上各项之外的基础设施的统计，即“其他”项，从数量来看，其他项在2002年竟然达到了51.7亿元，占到总投资的40.7%，但是在2003年马上又回落为16.95亿元，2003年出现较大的变化是什么原因造成的，以及“其他”项的构成在统计年鉴上并没有明确地说明，这给进一步分析带来一定困难。

4.2 城市化指标与城市化水平分析

城市化是本书研究的另外一个方面，在分析时思路和基础设施是一样的，仍将先界定本书关于城市化水平的数据指标和其统计范围。由于城市化的指标更不易确定，在定性分析和定量分析时有不同的指标体系，本书将结合基础设施和城市化实证研究的特点，综合分析确定本书关于城市化的指标选取标准，并进一步分析全国和各个地区以及重庆市城市化的现状和未来的发展方向。

4.2.1 城市化指标

城市化过程，从抽象意义上讲，是指城市在整个国民经济与社会发展中逐渐占据主导地位的过程。而城市化的测算（或测度、计算），就是要对城市在国民经济和社会发展中的主导作用进行识别，用一系列可量化的指标评估城市化的水平，并能在不同的区域、不同的时期之间进行分析比较。由于城市化是一种复杂的社会现象，因而要适时准确地测算城市化水平并非易事。近几十年来，学者们对此进行了深入的探讨，并提出了一系列的测算城市化的指标方法。归纳起来，对城市化水平的测算方法有两大类：一类是单一指标法（或称主要指标法）；另一类是多项指标法（或称复合指标法、综合指标法、指标体系）。

1. 单一指标法

1）人口比重指标法

从城市化的发展历程来看，经济发展是城市化的动力，而人口向城市的集中则是城市化最直接的结果。因此，用人口的城市化来衡量城市化的水平得到了国内外各界所认可。

人口比重指标法反映的是人口城市化的变化情况，它包括两种：一种是城镇人口比重指标法；另一种是非农业人口比重指标法。这两种方法是世界上比较通用的方法。

城镇人口比重指标法，按传统的定义而言，就是指用某一个国家或地区内的城镇人口占其总人口的比重来表示该国家或地区的城市化水平，反映了人口在城乡的分布。用公式可以表示为：

$$U=\frac{P_c}{P_c+P_r}\times 100\% =\frac{P_c}{N}\times 100\% \tag{4.1}$$

式中，U 表示城市化水平（或称城市化率），P_c 表示城市人口，P_r 表示农村人口，N 表示区域总人口，即城镇人口与农村人口之和。用人口指标测算城市化水平时，城镇人口统计口径显得至关重要，不仅要区分不同人口统计口径的标准，更要注意人口统计口径的适用性、可比性和局限性。由于行政区划的变更和社会政治因素的影响，也会导致城市人口的突变，使城市化水平忽高忽低，缺乏连续性。在运用式（4.1）计算城市化水平时，由于城市户籍管制，使实际上长期在城市从事非农活动，但又未获得城市户籍的人口，不能计算在内。

非农业人口比重指标法，按传统的定义，就是指用某一个国家或地区的非农业人口占其总人口的比重来表示该国家或地区的城市化水平。用公式可以表示为：

$$U=\frac{\overline{P}_a}{P_a+P_a}\times 100\% =\frac{\overline{P}_a}{N}\times 100\% \tag{4.2}$$

式中，U 表示城市化水平，$\overline{P}_a$ 表示非农业人口，P_a 表示农业人口，N 表示区域总人口即农业人口与非农业人口之和。

非农业人口比重指标法是我国统计部门在2003年前使用的主要方法。但是从城市化本身的含义看，职业非农化并不等于就是城市化。非农业人口包括农村转移到乡镇企业就业的农民及其家庭成员，但这部分人中大多是既务工又务农；有的农闲外出打工，农忙回家务农；有的男的外出打工，女的在家务农；有的年轻时外出打工，年长了回家务农，把他们全归为城市人口不尽合理。非农劳动力占总劳动力指标，即非农劳动力与总劳动力的比值，这种计算方法忽略了城市总人口的概念，将不到就业年龄者、退休者和实际定居在城市的其他未能就业者排斥在外，因此也有一定的局限性。[1]

另外，在用人口比重指标法测算城市化水平时，数据统计需要考虑以下两

1　颜芳芳，张健，城市化问题研究综述，兰州学刊，2008年第8期

种情况的影响。

a. 城镇人口定义的改变

新中国成立以来，对城镇人口进行了四次普查，但每次普查的口径都不相同。在已有的四次普查中，第一、三次是按管辖区的总人口统计，会导致城镇人口虚增，从而高估城市化水平；第二次是按照市镇非农业人口来统计，又会导致城市化水平的低估；第四次人口普查的统计口径考虑了居住区人口的密度的因素，比较接近城镇人口的真实规模。

b. 户籍制度的缺陷

户籍制度作为一项人口登记和社会管理制度，是国家原来调节人口流动和分布的一个重要的工具。但是户籍分类反映了社会地位高低和享受国家保障权利的不同，对人口的城乡迁移和农村城镇化产生了许多负面的影响。

我国户籍制度在户籍分类上按照常住地和口粮供应两种口径，根据常住地的类型把人口分为农村户籍和城镇户籍，还根据口粮供应把人口分为农业户籍和非农业户籍。这两种分类造成了户籍之间的相互交叉，使城镇人口中既有非农业户籍，也有农业户籍，常住在农村的人口虽然大部分是农业户籍，但也有部分是非农业户籍。

2）土地利用比重指标法

所谓城市土地利用比重指标法，按传统的定义，就是指以某一个国家或地区内的城市建城区土地利用面积占区域总面积来反映当地的城市化水平。用公式可以表示为：

$$U=\frac{C_{\mathrm{n}}}{C_{\mathrm{n}}+\overline{C_{\mathrm{n}}}}\times 100\% =\frac{C_{\mathrm{n}}}{\mathrm{S}}\times 100\% \tag{4.3}$$

式中，U 表示城市化水平，C_{n} 表示建城区土地利用面积，$\overline{C_{\mathrm{n}}}$ 表示建城区以外的土地利用面积，S 表示区域总面积。

用城市土地利用比重指标是从城市化对城市建设、城区面积影响的角度测算城市化的水平，用此指标来测算城市化水平数据统计准确，测算比较方便。特别是在城市化的初期，土地的利用水平能比较准确的反应城市化的水平。

但是这一指标仅适用于城市人口增加和城市建成区面积扩大几乎同步的时候的情况，对一些城区面积有限而城市人口增长较快的地区，该指标难以反映其真实的城市化水平。

2. 指标体系法

城市化是一个复杂的过程，城市化不仅是农民聚居地从农村转移到城市，在这一过程中伴随着很多其他方面的变化，如生产能力的提升、生活水平的提高、个人素质的改进等，而这些也是城市化的表现。因此，一些专家提出了城市化综合评价指标体系。例如张耕田从人口聚集规模和人口构成、生产经济聚集规模及其构成、交通便利程度、社会服务水平、社会保障及安全保障、环境质量、市民意识等七个方面构建城市化指标体系；李振福认为城市化水平测度应从城市发展的潜在力、城市发展经济力、城市发展的装备力多个方面进行；欧名豪以江苏省13个地市为例，从经济、空间、人口、生活方式和生活质量四个方面构建城市化指标体系，以此来考察城市化水平；汪冬梅则认为城市化的衡量标准应包括经济、人口、社会服务、生活水平、环境质量等多个方面，可以概括为四类：经济类、人口类、社会生活类、生态环境类；刘克利从城市经济实力、经济增长质量、城市开放度、城市建设与环境、城市居民生活方面构建城市化评价指标体系来反映城市化水平；台冰、李怀祖将综合城市化水平测度复合指标分为人口指标、经济指标和社会指标三大类。在所有的多指标法中，比较全面并具有一定代表性的指标体系包括农村城市化指标体系和现代城市化指标体系。

1）农村城市化指标体系

农村城市化指标体系是具体量化农村城市化程度的重要尺度。秦润新根据农村城市化的特征，结合农村现代化的标准，大胆将其设计为人口结构、经济发展状况、社会环境状况三个方面，共计25个指标，见表4.8。这25项指标基本全面地反映了农村城镇化的总体概况。用公式表示就是：

$$X = \frac{\sum T}{S} \times f \quad (\text{其中 } T \leqslant S) \tag{4.4}$$

式中，X表示最终得分值，T表示每项指标的实际数，S表示每项指标的标准值，f表示每项指标的权重，$T \leqslant S$表示当$T \geqslant S$时，T/S只能取1。

农村城市化指标体系 **表4.8**

反映内容	具体项目		标准值（S）	权重（f）
人口（31分）	1. 非农劳力占农村劳力比重（加权数）		70%	12
	2. 镇区人口占辖区人口比重		50%	7
	3. 人口自然增长率		6%	3
	4. 婴儿死亡率		10%	3
	5. 九年义务教育普及率		95%	3
	6. 受高中以上教育人口比例		90%	3
经济发展（35分）	7. 人均GDP（或人均金融资产额）		4000美元/人	12
	8.	非农产业增加值占GDP	80%	15
		第三产业增加值占GDP比重	45%	
	9.	工业技术进步率	1%	5
		农业技术进步率	65%	
	10. 科技人口占农村劳动力之比		65%	3

续表

反映内容	具体项目	标准值（S）	权重（f）
社会和环境（34分）	11. 社会保障覆盖率	90%	7
	12. 恩格尔系数	0.3%	6
	13. 基尼系数	0.355%	5
	14. 平均寿命	72岁	2
	15. 人均居住面积	$20m^2$	2
	16. 万人刑事案件立案件数	10件/万人	
	17. "三废"综合利用率	90%	1
	18. 人均生活用电量	60度/（人·年）	1
	19. 自来水普及率	95%	1
	20. 百人拥有电话数	30部/百人	1
	21. 镇区每人占有公共道路面积	$10m^2$	
	22. 人均绿地面积	$10m^2$	1
	23. 有线电视入户率	50%	1
	24. 平均每个医生服务人口	300人	1
	25. 图书馆人均图书占有量	2000册/千人	1
	合计	—	100

2）现代城市化指标体系

现代城市化指标评价体系与农村城市化指标体系并无本质的差异，但各有所侧重。根据指标选取原则，结合现代城市的特征，从城市化构成的七个要素出发选取若干项指标来构成衡量现代城市化程度的指标体系。表4.9列出了城市化构成的七大要素及其具体的内容。

现代城市化指标体系 **表4.9**

要　素	具　体　项　目
人口聚集规模及人口构成	人口总数；非农人口比重；文化水平；受职业或者技能培训人口比重
经济聚集规模及构成	GDP；第一、二、三产业产值之比；城市建设投资的GDP之比
经常设施发达水平	交通便利程度；邮电通讯的现代化水平；自来水水质标准及普及率；给排水设备的完备性；供电供气供暖的普及率及便利程度
社会服务水平	教育设施密度；服务功能和水平；医疗设施密度，服务功能和水平；商业网点的密度和服务水准；文化娱乐体育设施的密度；服务能力和水平
社会保障及安全保障	社会化服务体系的完善程度；养老院、孤儿院、残疾人就业等慈善救济商业及其服务能力；城市防灾及保险能力
生态环境质量	公开、半公开和私人空间的合理划分；人均绿地面积；工业三废和生活垃圾的处置能力；水、大气、噪声污染的预防和整治
市民意识	法制观念；社会风气；文化生活；健康的生活方式

3. 本书中城市化水平的测度

单一指标法简洁明了，容易计算，是城市化水平最直接的测算，在研究城市化的论文和专著中，该指标被广泛的采用。但是单一指标不可避免地存在对城市化的测算不全面、对城市化的论述不完整等问题。

指标体系法更加全面、准确地测算了某一地区的城市化水平，较之单一指标法，对城市化的认识更加的深入，避免单一指标可能造成的测算城市化的片面性，逐渐受到研究城市化的学者的重视。但是指标体系法测算复杂，每个指标的权重极难量化，只能凭经验来确定。特别是在研究城市化和其他因素的关系的定量分析时，指标体系法存在测算复杂、关系不易明确、因素多少或权重大小对结论影响较大等缺点。因此，本书将选取单一指标法对城市化水平进行测度。而在单一指标中，人口指标又较其他指标更为合适，之所以选取这一指标主要基于以下几点考虑：

1）城市化的过程就是农村人口不断向城市聚集，农业人口不断转变为第二、第三产业人口的过程，因此，用人口比重反映城市化水平较为适宜。而人口比重指标是世界上公认的衡量城市化水平的指标，并为各学科普遍接受。

2）我国的城市化水平还比较低，主要还处于量的增长阶段，而复合指标中有很多项都反映的是城市化水平“质”的指标，而人口比重指标反映了现阶段我国城市化水平的主要特点，与我国的实际比较贴近。

3）由于以往的大多数关于城市化的定量研究中都用人口比重指标作为测算城市化的标准，因此本书选用这一指标也保持了数据的可比性和研究成果的可借鉴性。

4）人口指标的数据缺陷可以通过一些方法进行调整，能够较为准确地反映历年城市化水平的演进。

4.2.2 全国和各地区城市化水平分析

本节主要是根据4.2.1确定的城市化测算指标，对全国以及各个地区、重庆市的城市化水平进行统计分析，找出数据所反映的城市化的规律，以及未来的发展趋势；同时为后面章节的实证分析提供数据支持。

1. 全国城市化水平分析

从建国到现在，国家统计局做过五次人口普查，城镇化的水平如表4.10所示。

历次普查年份的城镇人口比重 表4.10

普查年份（年）	城镇人口（万人）	总人口（万人）	城镇人口比重（%）
1953	7726	58260	13.26
1964	12710	69458	18.3

续表

普查年份（年）	城镇人口（万人）	总人口（万人）	城镇人口比重（%）
1982	20658	100394	20.6
1990	29651	113048	26.23
2000	45594	126333	36.09

资料来源：2000年第五次人口普查主要数据

历年的普查数据比较准确地统计了城镇人口的数量，从表4.10可以看出，城市化的速度在各个普查年份之间是不断加快的。尽管1964年到1982年之间城镇人口的比重只提高了2.3个百分点，但城镇人口的绝对数量增长仍然比上一个普查区间多了2964万人，增长率的下降主要是因为本期总人口的增长太快，基数太大所致。1982年到1990年和1990年到2000年城镇人口绝对增长分别达8993万人和15943万人。由于国家实施了计划生育政策，总人口的增长速度大大减缓，城镇化水平得以较快地提升。

全国历年总人口和城镇人口 **表4.11**

年份	总人口（万人）	城镇人口（万人）	非农人口（万人）	城镇人口和非农人口数量上的差距
1988	111026	28656	20406	8250
1989	112704	29540	21170	8370
1990	114333	30195	21734	8461
1991	115823	31203	22292	8911
1992	117171	32175	23412	8763
1993	118517	33173	24612	8561
1994	119850	34169	25940	8229
1995	121121	35174	27266	7908
1996	122389	37304	27938	9366
1997	123626	39449	28735	10714
1998	124761	41608	29320	12288
1999	125786	43748	30099	13649
2000	126743	45906	31121	14785

资料来源：2004年中国统计年鉴

从国家统计局公布的数字来看，全国城镇人口的绝对数量增加一直呈上升的势头，而且城镇人口的增长远高于总人口的增长。1982年到1990年平均每年城镇人口增加1089万人，1990年到2003年更是平均每年增加1706万人，城镇人口比率从1982年的21.13%上升至2000年的36.22%，1982～1990年间城镇人口同比增幅达平均每年0.66个百分点，而1990～2003年更是平均每年增加1.08个百分点。当然城镇人口比率的大幅上升还得益于总人口的缓慢增长，人口基数增长的缓慢也造成其比例的相对上升，也就是说国家计划生育政策也间接为城市化水平的提高作出了贡献。

通过计算发现，2000年统计的非农人口比城镇人口少14785万人，而根据非农人口计算的全国城市化率和根据城镇人口计算的城市化率相比低了10到15个百分点。

但非农人口偏小是统计指标口径的问题，依据国家统计局公布的指标解释，城镇人口是把流动人口包含在内，但流动人口主要是农村人口，不能算作城市化人口；而非农人口则根据的是居民的户口是否属于商品粮供应范围来统计的。因为统计中有大量在城镇生活多年的人因不是商品粮户口而没有被纳入统计范围，用非农人口表示城市化水平就明显偏小。因此，用城镇人口和非农人口数据来分析城市化水平是合适的，结果的不同只是统计数据的范围差异造成的。另外，由于统计年鉴中关于城镇人口的数据只有全国的统计，而各个省市的城镇人口数据只有在普查年份有统计，这样就无法用城镇人口对各个省市的城市人口变化进行分析。

基于以上分析，本书认为，非农人口和城镇人口作为城市化实证分析中城市化水平的测算指标都是合适的，但要界定衡量城市化水平的前提条件，即确定用哪种人口指标来对城市化水平进行测算。

2. 各地区城市化水平分析

我国幅员辽阔，各个省差异很大，除了省际间差异的存在外，某一省级地区内的差异也是很大的。按照国际标准，中国的每一个省的人口几乎都可以和国外的一个国家相比，若以省作为一个平均的地域单元，省内地区差异就容易被忽视，但现有的数据只能对省级的情况进行分析。

各地区非农人口截面数据统计 **表4.12**

地区	1990年		2000年		年平均增长率（%）
	非农人口（万人）	人口比率（%）	非农人口（万人）	人口比率（%）	
全国	21734.00	19.01	31121.00	25.11	0.61
上海	810.00	63.11	980.00	74.13	1.10
北京	621.00	59.96	761.00	68.37	0.84
天津	478.00	54.91	528.00	57.45	0.25
辽宁	1593.00	40.66	1879.00	45.44	0.48

续表

地区	1990 年		2000 年		年平均增长率（%）
	非农人口（万人）	人口比率（%）	非农人口（万人）	人口比率（%）	
黑龙江	1370.00	39.27	1590.00	43.00	0.37
吉林	920.00	37.70	1129.00	42.98	0.53
内蒙古	616.00	28.66	771.00	33.51	0.48
江苏	1240.00	18.59	2213.00	31.31	1.27
广东	1438.00	23.02	2328.00	31.04	0.80
新疆	417.00	27.82	555.00	30.99	0.32
湖北	1112.00	20.69	1597.00	26.90	0.62
宁夏	103.00	22.12	149.00	26.90	0.48
山西	599.00	21.05	831.00	26.00	0.49
山东	1316.00	15.62	2204.00	24.55	0.89
海南	119.00	18.27	185.00	24.34	0.61
青海	103.00	23.69	114.00	23.75	0.01
陕西	559.00	17.07	790.00	22.12	0.50
浙江	661.00	15.60	987.00	21.93	0.63
江西	589.00	15.66	865.00	20.77	0.51
福建	455.00	15.17	663.00	20.06	0.49
湖南	830.00	13.58	1247.00	19.14	0.56
安徽	739.00	13.05	1177.00	18.75	0.57
河北	808.00	13.21	1244.00	18.65	0.54
大四川	1375.00	12.72	2133.00	18.55	0.58
甘肃	339.00	15.20	458.00	18.07	0.29
河南	971.00	11.34	1625.00	17.06	0.57
广西	476.00	11.22	769.00	16.28	0.51
贵州	351.00	10.84	511.00	13.90	0.31
云南	387.00	10.48	565.00	13.86	0.34
西藏	19.00	8.71	25.00	9.96	0.12

资料来自：2001 年人口统计年鉴

1988～2000 年非农人口数据显现出以下几个特点。

1）城市化水平受区域历史地位的影响较大

上海、北京、天津作为新中国成立后就分离出来的直辖市，一直是我国的政治、经济、文化中心，交通便利，商贾云集，地位特殊，而它们本身又都是巨型城市，再加上辖区内农业人口基数较小，经过几十年的发展，非农人口比重居于全国前列也在预料之中，而且这种状况不会在短期内改变。随着这些城市逐渐成为地区的商业集散中心或中心城市，从事农业生产的人口又都享有较多的非农就业机会，预计直辖市的非农人口比重还有进一步上升的潜力。也有人把直辖市作为和省区不同的对象研究，认为他们本来就是一个城市，不存在城市化的问题，建议剔除直辖市进行区域分析。但毕竟我国的直辖市有其特殊性，除了在政治上具有和行政省相同的地位，也具有相当规模的农业人口，所以具有可对比的基础。直辖市较高的非农人口有其特殊的原因，但是不可否认在改革开放的二十年间，其在经济发展、创造就业机会等方面也曾位居全国前列。从表面上看直辖市与部分省区两极差距很大，例如：2000 年上海市非农人口比重为 55.8%，超过全国平均水平一倍，是西藏（9.96%）的 5.8 倍，是云南（13.86%）的 3.2 倍。但是由于西藏等地区的总人口占全国总人口的比重太小，所以并不能认为全国各省市城市化水平的差距在扩大。

还有一些省份居于现有的地位则是历史政策或者地缘因素的影响。改革开放之前我国一直是实行重工业优先发展的战略，东北三省作为我国最大的重工业基地，有一大批国有大型企业为本地区创造了大量的就业机会，所以东北地区的非农人口中有相当大部分是国有企业的职工，也就是说这一地区较高的非农人口比率是建国后前三十年计划经济的结果，而且在短期内很难改变这种局面。从统计的数据来看，辽宁、黑龙江、吉林 1988 年非农人口比率分别达到了 40.2%、38.6% 和 37.1%，2000 年这一指标分别为 45.2%、43% 和 43%，一直居于全国的前列。还有新疆、宁夏、内蒙古等省区也由于受国家政策、历史风俗及自然条件等的影响具有较高的非农产业人口比率。

一些农业大省诸如河南、四川等由于自身的人口非农化水平就比较低、资源压力比较大，再加上一直没有得到国家优惠的产业政策扶持，人口非农化、城市化速度非常缓慢。虽然改革开放以来这些地区有大量的进城务工人员，但大都属于候鸟式的迁徙，农闲出门务工，农忙回家务农，还不能算是纯粹的非农产业劳动者，而且他们收入较低，文化素质不高，还没有摆脱农民狭隘的思想观念和生活方式，没有形成一个可持续的模式，当这些劳动力的需求趋于饱和时，非农产业人口的增长就会非常缓慢。另外较多的农业人口造成其人均国民生产总值很低，对人口的非农化没有起到正向的促进作用。1988 年河南和四川省的非农人口比率分别为 12.2% 和 10.8%，落后于全国的平均水平，到了 2000 年，这一指标也只分别增长了 6.32% 和 6.23%，还是处于较靠后的位置。

2）省际间的差距在不断地缩小

衡量地区差距的指标包括绝对差异指标和相对差异指标。绝对差异指标包括极差和标准离差；相对差异指标包括相对差距系数、变异系数等。

相对差距系数的计算公式为：

$$相对差距系数=（1-最小值/最大值）\times 100\% \qquad (4.5)$$

变异系数的公式为：

$$CV = SD/\overline{X} \qquad (4.6)$$

$$其中\ SD = \left[\sum (X_i - \overline{X})^2/n\right]^{1/2}$$

n 为地区数，X_i 为第 i 个地区的非农人口比率，$i=1，2，3\cdots n$。

我们的研究阶段为1988年到2000年，如图4.6所示，用非农化程度最高的上海和最低的西藏相比，各个地区的发展不均衡性加剧了，城市化水平指标之间的绝对差距正在逐步扩大。虽然在发展中出现各个地区的不平衡性是不可避免的，但必须警惕这种现象，防止两极分化的出现。

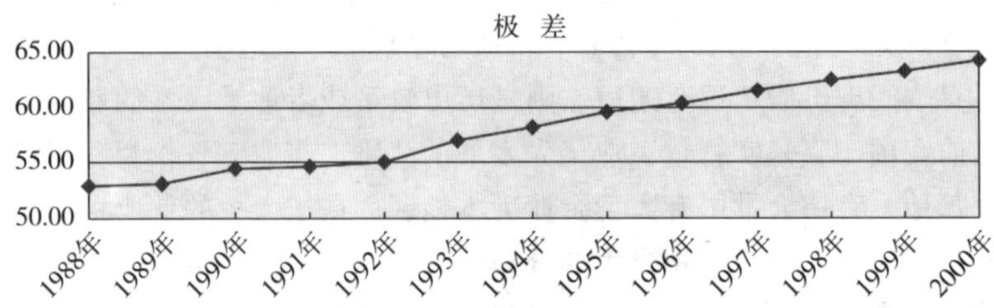

图4.6 城市化研究的极差

然而，两极差距的扩大并不一定就意味着我国城市化整体水平的不平衡性在加剧。举例来说，因为西藏受其自身的条件所限制，从事非农产业本身并不具有太大的优势，且这一地区的总人口太少，非农产业并不具有很大的市场，非农从业人员的需求量本身就不大；而上海市具有较快的城市化速度和较高的城市化水平是和其较强的经济地位相吻合的。

如果用变异系数来衡量地区整体的不平衡性，可以看到，衡量各个地区差异的指标——变异系数一直呈下降趋势。通过相对差异指标可以看到，各个地区之间的差距并没有扩大，反而是东部各省、东部与中部各省、中部与西部各省的差距一直呈下降的趋势。

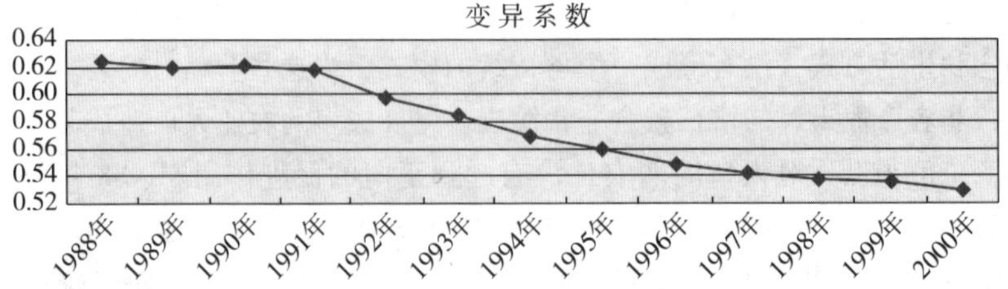

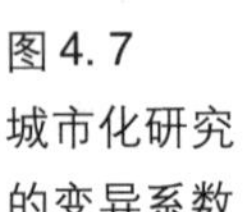

图4.7 城市化研究的变异系数

3）非农化速度的决定因素

如果说已有的非农人口水平受多个因素的影响，则非农产业人口在已经过去二十年和未来的若干年内的增长速度主要取决于该地区的经济发展是否强劲。从统计资料来看，1990～2000年间非农人口增长速度最快的几个省份（包括直辖市）为江苏（12.7%）、上海（11%）、山东（8.9%）和广东（8%）。而根据《新中国五十年统计资料汇编》提供的数据，1990年到1999年地区人均国民生产总值增长率最高的省份是浙江（14.7%）、福建（14.5%）、江苏（13.6%）、山东（13.3%）、上海（12%）。可以看到具有较高的产业人口结构转变速度的省份相对应也具有较高的经济增长速度。其实在全国已经表现出来了这个规律，但通过地区数据的比较会使这一说法就更具说服力。由于资料的限制，我们没有得到1988年以前数年的非农人口转变的数据，从某种程度上低估了经济增长的作用，因为广东、海南等沿海省份在改革开放初期具有更快的经济增长速度，对产业人口的转移的影响更大一些。

由于我国改革开放的时间还不长，各个省份在现阶段的城市化水平的高低还主要取决于已有的城市化水平，而已有的水平又主要受经济、政治、历史地理等因素综合的影响，因为在改革开放之前各个地区的经济发展速度保持了高度的一致性。近些年东部地区以及南部各省伴随经济地高速增长，总体的城市化速度也更快一些，如果这种趋势继续保持下去，经济的发展速度将成为决定城市化水平的最主要的因素之一。

3. 重庆市城市化水平分析

重庆在1997年划为直辖市后，根据行政区划，重庆下属40个行政区县，其中有15个区，4个县级市，21个县，648个建制镇和505个乡，是目前我国行政辖区最大、人口最多、行政管理区域最大的城市，是典型的大城市与大农村的结合体。

重庆市尽管是一个直辖市，但是由于行政管辖范围之内存在多个县级市和县，且这些地区的城市化进程由于历史的原因起步都比较低，所以整体的城市化水平相对较低，这和重庆市作为直辖市的地位极为不相称。也和重庆市作为西部工业重镇的地位不相称。加快重庆市城市化的进程是当前政府和社会的主要任务。根据重庆市政府制定的最新的城市发展规划，到2010年城市化率要达到50%以上，至2020年城市化率达到65%。

重庆市历年城市化水平如表4.13所示，直辖之前的总人口的数据是按照2004年的行政区划调整得到的。从中可以看出，重庆市城市人口呈现明显的阶段性特点。重庆市的城市人口从1990年到1997年一直保持平稳的增长，从298.44万人增长到551.36万人，平均每年增长37.14万人。1997年重庆市直辖之后，整个城市的人口由于行政管辖的原因，随着统计范围的加大出现了突变，1998年统计的城市人口达到了836.57万人，比上一年增长了278.17万人。如果用这个数据进行实证分析就会出现较大的误差，所以在随后的实证分析中将只采用1998年以后的数据进行计算。

重庆市城市化水平　　表 4.13

年份	总人口（万人）	城市人口（万人）	城市化率（%）
1990	2920.9	298.44	10.22
1991	2938.99	300.98	10.24
1992	2950.78	302.96	10.27
1993	2964.92	306.42	10.33
1994	2985.59	309.71	10.37
1995	3001.77	546.26	18.20
1996	3022.77	551.36	18.24
1997	3042	558.4	18.36
1998	3060	836.57	27.34
1999	3075	843.23	27.42
2000	3092	896.49	28.99
2001	3097	903.09	29.16
2002	3107	999.05	32.15
2003	3130	1010.12	32.27

资料来源：《城市统计年鉴》

直辖以后，重庆市的城市化的速度保持平稳，2003 年比 1998 年的城市人口增长了 173.55 万人，平均每年增长 34.71 万人，2003 年城市化率也达到了 32.27%，但是仍然低于全国的水平。

从整个地区的产业结构和城市化对比分析，重庆市工业化超前于城市化的特点很明显。2003 年，第一产业的比重只有 7.78%，第二产业的产值超过了 50%，几乎超出了城市化率 20 个百分点，这一方面是由于重庆市是一个工业城市，大型的工业企业产值较大，造成了农业产值的比例较低；另一方面，农村居民乡土观念重，生产效率、劳作方式落后也是原因之一。

二、三产业的比重较大也有部分是由于整个地区的农业经济规模不够造成的，其从业人口比例小则是由于农村剩余劳动力转移不足所造成的。因此，继续加大农村劳动力的转移，加快城市的建设，不但能够实现产业结构的进一步调整，而且可以培育城市消费市场，扩大内需，持续刺激经济的快速发展。

总的来说，重庆市的城市化进程明显低于工业化的进程，同时，在城市化的发展过程中，表现出了阶段性的特征，主要是受一些有利于城市化进程的事件的影响并体现出来。但是，重庆直辖以后，城市化加速发展的趋势并没有立刻显现出来，所以仍需要社会经济的全面发展，特别是城市建设的大力发展，以便提供足够的就业机会和发展空间，让更多的农民转变为城市居民。

重庆市三产业占 GDP 的比重　　表 4.14

年份	第一产业占 GDP 比重（%）	第二产业占.GDP 比重（%）	第三产业占 GDP 比重（%）
1998	9.7	49.3	40.9
1999	8.9	49	42.1
2000	8.4	48.9	42.7
2001	7.68	48.29	44.04
2002	7.97	48.13	43.9
2003	7.78	52.08	40.14

资料来源：城市统计年鉴

4. 小结

城市化是一种复杂的社会现象，在影响社会发展的过程中会表现出来不同的特征，这些特征表现在人口迁徙方面就是城镇人口、非农人口的增多。在综合了各种测度城市化的指标体系后，本书从研究的实际出发认为人口城市化指标更为适合。

在确定了人口指标后，本节在统计的数据的基础上分析了全国和各国地区的城市化水平，分析结果发现，全国的城市化水平的变化呈现加速上升的势头，特别是在 1996 年以后，城镇人口上升速度较快，在总人口规模变化不大的情况下，城市化率迅速的提高。

对于各个地区来说表现其城市化率之间差距的极差一直在扩大，但是变异系数却在减小，说明各个区域整体的城市化水平都在提高，区域之间的差距在缩小，但是个别省份的城市化率仍然停滞不前，如西藏、青海等。

重庆市的城市化进程明显低于其工业化进程，但随着直辖后城市地位的提高，城市化率在今后一段时间将处于快速提升的阶段。

4.3　本章小结

本章是实证分析的重要组成也是第 5 章建立模型并对模型进行检验的数据基础。本章在阐述了基础设施和城市化的数据统计范围后，统计了历年全国、各地区、各个行业的基础设施投资额。在统计数据的基础上描述了我国历年来基础设施投资的规模，以及基础设施投资在地区和行业间的分布情况。

由于城市化测算指标种类较多，本章在分析城市化水平时，总结了反映城市化水平的指标体系，探讨了城市化水平的测度问题，并比较了各种测度方法的优劣，同时结合本书的研究目标，最终选择人口比重指标法作为本书对城市化进行测度的依据。在分析全国和各个地区情况的同时，将重庆市作为一个微观的研究对象进行单独分析。

在第5章，实证分析的模型将被建立，本章全国、各个地区和重庆市的数据将被选用来检验模型和得出有价值的结论。

5　基础设施投资与城市化进程关系的计量模型与实证分析

5.1　实证研究的目标及流程

5.1.1　实证研究的目标

实证分析是本书最核心的内容。通过实证分析主要拟解决以下几个问题：1）基础设施投资与城市化进程的促进作用及其内在的规律；2）基础设施投资应该保持怎样的增长速度才能和城市化的进程相协调；3）从促进城市化的角度，分析基础设施投资结构对城市化进程的影响。

因此，本研究将致力于进行以下三个方面的分析：1）基础设施投资对城市化进程的影响分析；2）城市化进程中基础设施投资的需求量分析；3）基础设施投资各子系统对城市化进程的影响程度比较，这三方面的研究既有联系也有区别。

上述三个方面研究的联系在于基础设施投资与城市化进程的相关性分析是两者关系实证研究的基础，也是这三个分析中最基础的研究，只有分析并确定了基础设施和城市化之间存在一定的关系，才有可能在此基础上深入测算城市化进程对基础设施的需求量，且只有推导得出基础设施投资的需求量，即确定了基础设施投资的规模之后，分析基础设施投资的结构及其内部的关系或重要性才更有意义。

对上述三个方面研究的区别在于用不同的计量模型解决不同的问题。基础设施投资和城市化进程的相关性研究的主要目的在于验证两者是否存在确定的关系，以解决两者关系的基础问题和研究空白，着重于对模型本身的分析和验证；城市化进程中对基础设施的需求量研究则是为了解决在城市化加速背景下，基础设施的投入规模和增长幅度问题，是从为实践提供指导和参考的角度进行分析；而基础设施投资的结构分析则是解决不同类型基础设施的投资比例和分布问题，即在有限的投资里用最佳的组合实现最大程度的城市化水平提高。

5.1.2　实证研究的流程

根据以上目的，实证分析的过程遵循以下的步骤：

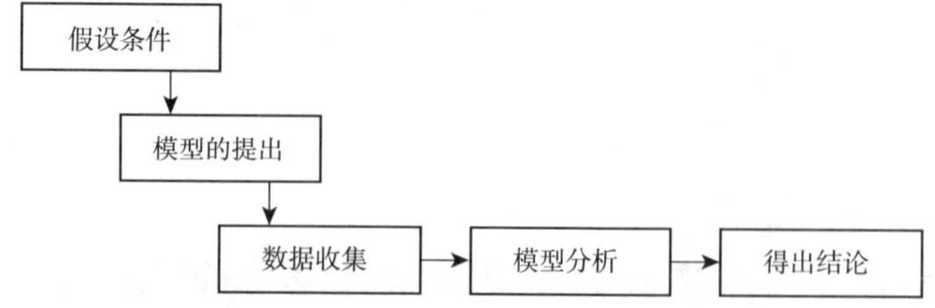

图 5.1
实证分析流程

在实证研究的过程中，数据收集和模型分析是实证分析的关键环节。用于验证、分析所建立模型的基础设施和城市化数据都来源于第 4 章的统计、分析及整理，每个模型建立之后将用全国的数据进行分析计算并得出相应结论；重庆的数据则主要用于对模型及其结论的验证。

5.2 基础设施投资与城市化进程关系的相关性分析

5.2.1 实证研究建模的理论基础

基础设施投资与城市化进程关系的计量模型地建立是本书的重要研究内容与主要创新部分。基础设施与城市化之间的关系研究在前人的研究中则少有提及，与此相关的大多是关于基础设施和经济增长的关系、经济增长和城市化的关系的研究。本书将在总结这两方面研究的基础上，分析其内在的联系，提出基础设施和城市化的计量模型。

1. 基础设施与经济增长关系的研究

基础设施与经济增长关系的研究是伴随着增长经济学、计量经济学的发展建立起来的。其中的柯布—道格拉斯的生产函数模型、哈罗德 - 多马经济增长模型、索洛的新古典经济增长模型以及库兹涅兹的经济增长因素分析模型对基础设施与经济增长的研究起到了指导作用。而其中最基本的也是最重要的模型就是道格拉斯生产函数模型。

20 世纪 30 年代，美国经济学家柯布和道格拉斯用 1899 ~ 1922 年的美国统计资料研究资本、劳动和产出关系时，建立了著名的柯布—道格拉斯生产函数，其公式如下：

$$Q = AL^{a}K^{1-a} \tag{5.1}$$

上述方程中，A 为技术水平，是一个常量，表明技术在短期内对经济的增长具有线性的影响；劳动力（L）和资本（K）的产出弹性之和为 1，即认为资本和劳动力之间具有相互替代性；总产量边际递减；另外，各个要素的规模报酬不变。

阿斯特尔（Aschauer）（1989）采用柯布—道格拉斯生产函数对 1949 ~ 1985 年之间的美国公共资本对私人部门商品和劳务的总产出的影响进行了研究，他把私人资本、劳动力及公共资本作为联立公式的自变量来检验生产要素对经济产出的作用。模型建立如下：

$$\ln Q = \ln MFP + a\ln K + b\ln L + c\ln G \quad (5.2)$$

Q代表经济产出；MFP代表全要素生产率；K代表私人资本存量，L代表劳动力，G代表公共资本存量。系数a、b和c被称为投入要素的产出弹性，它们表示当某一给定的投入要素增长一个百分点时，国民经济产出增长的百分点，c被用来表示G（公共投资）对经济增长的贡献[1]。

他通过分析得出，产量对公共资本与私人资本的比率的弹性是0.39，他还发现"核心"基础设施，包括街道、公路、机场、地铁、排水和给水系统对产出率有重要的影响，弹性为0.24。美国生产率的增长从1950年至1970年的平均每年2%下降到1971年至1985年之间的平均每年0.8%，可以用非军事公共投资的减少来解释（公共投资增长率从1950年至1970年的平均每年4.1%下降到1971年至1985年之间的平均每年1.6%）。[2]

坎宁（Canning）和费伊（Fay）（1993）搜集了152个国家（包括高收入，中等收入，低收入国家）1950～1985年的数据，并分别考察了不同类型的基础设施（电力、道路、通讯设施）对经济增长的影响，结果表明，无论是高收入国家还是低收入国家，基础设施与人均收入都有相关关系，并对经济增长有长期的影响，其中电力基础设施对中等收入国家具有最显著的影响，加大投入的投资回报率最高。[3]世界银行1994年发表的《世界发展报告》对基础设施与经济发展的作用作了多方面的实证研究，并列出了各位作者的研究成果，包括基础设施存量变化的百分比对产出变化百分比的弹性，以及基础设施对降低生产成本的作用等。这是国外相关研究的较为全面的概括，如表5.1。

《世界发展报告》关于基础设施与经济发展的实证研究　　表5.1

样本	弹性	对收益率的影响	作者/年份	测算的范围
美国	0.39	60	Aschauer /1989	非军用公共资本
美国	0.34	60	Munnell /1990	非军用公共资本
美国48个州	0	0	Holtz-Eakin/1992	公共资本
美国5个大城市	0.08	—	Duffy-Deno-Eberot/1991	公共资本
日本各地区	0.20	96	Mara /1973	工业基础设施

1　叶飞文著，《要素投入与中国经济增长》，北京大学出版社，2004。

2　Ashuer, David. Is Public Expenditure Productive? Journal of Monetary Economics, 23, pp. 177－200, 1989.

3　Canning, David, Marianne Fay, Roberto Perotti, Infrastucture and Growth, in Mario Baldassarri, Luigi Paganetto, Edmund Phelps (eds), International differences in Growth rates, New York, Mavmillan Press, pp. 113－417, 1994.

续表

样本	弹性	对收益率的影响	作者/年份	测算的范围
法国各地区	0.08	12	Prud-Homme/1993	公共资本
中国台湾省	0.24	77	Uchinurate&Gao/1993	交通运输供水、通信
韩国	0.19	51	Uchinurate&Gao /1993	交通运输供水、通信
以色列	0.31～0.44	54～70	Bregman&maram /1993	交通运输电力供水卫生设施
墨西哥	0.05	5～7	Shah /1988. 1992	电力电信、交通运输
多个 OECD 国家	0.05	19	Canning&Fay/1993	交通运输
多个发展中国家	0.07	95	Canning&Fay/1993	交通运输
多个 OECD 国家和发展中国家	0.01～0.16	—	Buffes&shah /1993	基础设施资本存量
多个发展中国家	0.16	63	Esterly&Rebelo /1993	交通运输和通信

摘自 1994 年《世界发展报告》

国内关于基础设施的实证研究近几年才开始。黄聪（2000）分析了香港地区建设投资对经济增长的影响，通过线性回归分析，分别建立了固定资产形成、建设投资、基础设施投资等变量与经济增长变量 GDP 的模型。通过对香港 1966～1998 年的数据分三阶段进行分析，发现固定资产形成，建设投资，基础设施投资等变量与经济增长变量 GDP 的相关系数都在 0.95 以上，然后作者分析了每个变量的建设推动力系数（每一单位的建设投资引起 GDP 百分率的增长），结果表明，基础设施的建设推动力系数在各个阶段分别为 0.293、0.326 和 0.490，即基础设施的作用越来越大，对 GDP 的贡献越来越多。

王延中等人（1998）对基础设施与制造业的相互关系进行了定量分析，测算了两者之间相互关系和相互影响的方向和程度。通过相关数据的分析，发现基础设施资本存量增长速率在各个时期都高于实际国内生产总值的增长率，而且两者表现出相同的趋势。同时基础设施与工业之间也存在相关性。我国经济基础设施水平每提高 1 个百分点，将导致制造业产值和比重分别增加 0.143 和 0.176 个百分点，人均制造业产值分别增加 551.6 元和 520.6 元。其中公路比重（二级公路以上）、电话普及率、城市煤气普及率每提高 1 个百分点，将导致制造业产值比重分别增长 572.0 元、627.9 元和 282.8 元。还有一些基础设施水平指标都在统计上与制造业产值和人均制造业产值显著相关。

马树才等人（2001）通过建立二级三要素生产函数模型测算了基础设施对经济增长的综合作用，发现基础设施对经济增长的边际产出大于非基础设施对经济增长的边际产出。

朱亚敏（2004）利用中国 1985 年以来的统计数据对基础设施资本存量对经济增长的贡献进行了实证分析。根据柯布—道格拉斯生产函数建立了基础设施等生产要素对经济增长贡献的总量生产函数，估计出各个生产要素的产出弹性，并通过基础设施与经济增长的 Granger 因果关系，发现基础设施对经济增长具有较大的推动作用，应该优先发展。

刘伦武（2005）采用动态计量经济学中的误差修正模型描述基础设施投资对国民经济的推动作用，建立了动态计量模型（ECM 模型）分析了基础设施对经济增长的长短期影响与作用大小，结果表明基础设施对经济增长的作用明显。

踪家峰和李静通过对 29 个省、直辖市、自治区 1987 ~ 2003 年的面板数据地研究，实证分析了基础设施在中国经济增长中所起的作用，结果表明，中国基础设施与经济增长之间存在正向关系。郭小东和武少芩采用基于面板数据的向量自回归方法，对中国 31 个省级单位 1994 ~ 2004 年的公路投资建设与经济增长关系进行了实证分析，结果表明公路投资与经济增长之间存在“非对称互动关系”，相互间的作用机制是复杂的、多重的和多样的。

张学良通过对中国交通基础设施水平区域差异状况的分析以及交通基础设施水平与区域经济增长关系的面板数据进行研究，发现中国的交通基础设施与经济增长表现出很强的空间聚集特征，经济增长与交通运输主要集中在东部沿海发达地区，并形成了由东往西逐步递减的梯度；交通基础设施对经济增长的弹性值为 010563 ~ 0. 2058；从交通基础设施对经济增长贡献的区域差异来看，中部地区交通基础设施对经济增长的贡献最大。马文田以公路基础设施建设为例，以 1952 ~ 2006 年为样本区间，考察了我国公路基础设施建设对经济增长和结构转型的影响，发现公路投资对中国的经济增长存在先负后正的直接影响，一般滞后两期，可以通过加大公路投资来推动产业结构转型，进而实现经济增长。

但也有些学者的研究结果显示基础设施对经济增长的影响不显著。在范九力等人（2004）对国外的关于基础设施和经济增长的研究综述中，总结了国外学者的一些结论。如 Aaron（1990）、Hulten 和 Schwab（1991）发现公共资本的效应不强，基础设施资本对美国制造业在不同地区的 TFP（Total factors pruductivity，全要素生产率）作用不明显；Eisner（1991）对美国的研究分析发现，公共资本不具有统计上的显著性；Evans 和 Karras（1994）对 7 个 OECD（国际经济合作组织）国家的分析结果也不显著。Stephan（2001）利用德国大城市 1980、1986、1988 年的面板数据和 2SLS（两阶段最小二乘法）回归发现，基础设施资本对城市经济产出的效应较弱，弹性只有 0. 082。Bonaglia 和 Ferrara（2000）利用意大利 1970 ~ 1994 年的地区数据估计的弹性只有 0. 071 。Picci（2001）同样利用意大利 20 个地区 1970 ~ 1991 的面板数据得到的结果介于 0. 08 ~ 0. 43，而且其效应短期内明显，长期不明显。

还有学者通过研究我国不同地区的基础设施对经济增长的作用发现，地区的发展水平不同，基础设施促进经济的效果也不同，相对于较发达和不发达的地区，中等发达的地区基础设施具有最大的投入产出系数，而且不同的地区基础设施的重要性也不同，例如对中等发达地区，经济处于快速增长阶段，电力能源类和交通运输类基础设施的影响较大。此外，对基础设施投资与其他投资的投资时序研究也存在基础设施提前、同步和滞后三种不同的理论。

2. 经济增长与城市化关系的研究

对于城市化与经济增长之间的关系，学术界存在众多理论与实证方面的探讨。

诺瑟姆曾认为城市化水平与经济发展水平之间是一种粗略的线性关系，即经济发展水平越高城市化水平也越高，并因此提出了著名的“诺瑟姆曲线”。美国地理学家保罗贝洛克选用了95个国家的43个变量进行主成分分析，以解释城市化水平与这些因素之间的关系。分析表明，经济、技术、人口和教育等因子与城市化水平之间的关系最密切，同时也证明了经济增长与城市化之间的关系。

周一星教授以1977年世界151个国家和地区的资料进行了统计，分析发现城市化与经济增长存在着一种互相促进、互为因果的关系，而且二者关系的侧重点前后有所不同。在前期主要表现为工业化的进展要求并促进人口向城市的集聚；在后期主要表现为较高的城市化水平所直接带来的生产集约化、生活集约化、管理科学化和文教科技的进步等一系列结果促进了包括工业化在内的整个社会经济的发展。

张宏霖（2002）认为城市化和经济发展随时间呈正向关联的假设为：

$$U^{-1} = a_0 + a_1 e^{g(y)} \tag{5.3}$$

在此，U是城市化人口百分比，g是人均收入Y的函数，e是自然底数基数，a_0和a_1是评估参数。对上面方程公式两边取自然底数并重新安排各项得到：

$$\ln(U^{-1} - a_0) = \ln a_1 + g(Y) \tag{5.4}$$

借助上述方程对全国时间序列数据进行估算，表明经济发展（Y）对中国城市化水平（U）有显著的和正向的影响。作者还对该方程进行了格兰吉尔因果检验，检验结果显示在过去二十年里中国的城市化直接受自身经济增长的影响。[1]

陈其林（2002）等在分析乡镇企业与城市化进程时，选取了1997年和1998年企业职工数、企业收入、纯利润、固定资产总额、工资总额以及企业规模等全国指标作为解释变量，用城镇人口数、镇数、镇人口数和城市化比重

1 张宏霖，《中国城市化与经济发展》，《中国城市化：实证分析与对策研究》论文集，2002。

等作为因变量，建立了一系列回归分析方程，分析的结果是1997年各省城市化的水平与乡镇企业的指标显著相关，其中从业人数的相关系数最高，为0.829，然后依次为固定资产原值（0.727）、企业数（0.678）、工业增加值（0.666），1998年仍然保持了这种高度相关的特性，其中从业人数、企业数以及工业增加值的相关系数还略有增加。[1]作者认为在城市化进程中，乡镇企业的发展起到了至关重要的作用，其不仅提供了大量的就业机会，吸引了劳动工人，且乡镇企业的蓬勃发展又带动了地方第三产业的发展，进而推动了城市化的深入。

徐雪梅（2004）、吴云龙（2005）等在各自的论述中都采用了线性回归模型对城市化和经济增长的关系进行了论述，杨慧（2005）运用线性回归模型对北京市经济增长和城市化的关系进行了数量分析，结果发现城市化和经济增长显著正相关，和第一产业的就业人口显著负相关，和第二产业人口呈弱负相关，和第三产业人口显著负相关。作者由此认为城市化水平的提高需要在发展经济的同时提高二、三产业经济在国民经济中的比重。

李金昌、程开明（2006）依据1978~2004年城市化水平与人均GDP的时序数据进行计量分析表明：经济增长是城市化水平提高的格兰杰原因，经济增长对城市化发展有较大的正向冲击效应，而城市化对经济增长的作用强度却不大。廖进中（2008）提出城市化的表现之一就是人口在空间上的集中，而人口一旦集中，就会产生专业化，促进工业，特别是第三产业的发展。农民进城也可以在补充传统城市化过程中本来存在的第三产业严重滞后时找到就业岗位，并且还能在创造新的消费需求时创造新的工作岗位。张宪平、刘靖宇（2008）采用协整技术和误差修正模型，结合格兰吉尔因果关系检验分析法，分析了城镇化与县域经济增长之间的关系，发现不管是从短期还是长期看，城镇化发展与县域经济增长都是互为因果的关系。

阳立高，廖进中（2009）建立了城市化与工业化、农业产业化、人均GDP之间的多元线性回归模型，通过EVIEWS软件计算1983年到2006年的数据得出：城市化水平每增加1个百分点将使人均GDP增加54015311元；工业化水平每提高1个百分点可以增加人均GDP 52619312元；而增加1个单位的农业产业化水平则只能增加15811683元的人均GDP。

3. 小结

前人关于基础设施和城市化之间关系的著述并不多，大多数是研究基础设施和经济增长的关系或者经济增长和城市化的关系，所以本书关于基础设施和城市化的研究不论是在理论层面还是实证层面创新性都极强。

---

1 陈其林等，《中国城市化道路选择的实证分析》，《中国城市化：实证分析与对策研究》论文集，2002。

在基础设施和经济增长的建模和定量研究中，大部分学者采用生产函数模型，分析重点多集中在基础设施对经济产出的贡献率上。而且基础设施是作为一个整体来考察的，基础设施投入对经济增长的作用要比其他的生产性资本投入对经济增长的作用明显。此外，已有的研究大多把基础设施投资作为一个整体变量进行分析，没有把基础设施的行业结构和空间结构对经济增长的影响进行分类分析，而各个地区之间、各个行业之间投资比重的变化会对经济增长产生重大的影响，而且经济性、社会性的基础设施投资对经济增长的作用并不相同。

在经济增长和城市化的建模和定量研究中，采用线性回归模型分析的占了绝大多数，而且从已有研究的结论来看，几乎所有的研究都认为城市化和经济增长呈现显著线形相关关系。

5.2.2 假设条件

影响城市化的因素很多，因素与因素之间又是相互联系、相互制约的，而某些因素又存在范围宽泛、定义模糊等难以量化的难题，如政府的政策对基础设施投资和城市化的影响、城市地理环境对城市化的影响、城市人口统计资料口径问题等，若不进行一定的假定，必定使模型变得十分冗繁，不便于分析计算。本模型主要对一些难以量化的、对基础设施和城市化具有一定影响的或在本模型中无法分析的情况进行假设。

模型假设主要有以下几条：

1）数据选取年份、政府制定的城市化发展与基础设施投资政策是连续的；

2）统计局公布的统计资料是完整的、准确的、合理的；

3）在研究城市化水平与基础设施投资关系时，将基础设施投资作为自变量，主要考虑基础设施投资对城市化的作用。

5.2.3 建立模型

回归分析法是研究相关关系的一种数量统计方法。它是通过一定的相关关系方程表达式来研究变量之间的密切程度，从而可从一个变量或几个变量的取值去预测另一个变量取值的一种定量预测方法。这是我们在定量预测时用得最多的一种方法，根据自变量的多少可分为一元回归分析、二元回归分析和多元回归分析。最常用的是一元回归分析。

根据前文研究成果显示，基础设施对经济增长的作用较之其他的因素较大，且经济增长和城市化呈现线性相关关系，因而可以假设基础设施和城市化之间也存在线性相关关系。建立的线形回归方程如下：

$$Y = a + bX + u \tag{5.5}$$

其中：Y 为城市化水平，X 为基础设施投资，a 为常数项，b 为相关系数，u 为误差因子。

选取城市化的样本数据 y 和基础设施的样本数据 x，运用最小二乘法

（OLS）对模型的系数进行估计，可以算的线性回归模型的系数和常数项分别为：

$$b = \frac{n\sum xy - \sum x \sum y}{n\sum x^2 - (\sum x)^2} \tag{5.6}$$

$$a = \frac{1}{n}(\sum y - b\sum x) \tag{5.7}$$

预测模型的建立要经过严格的统计检验，如果不能通过统计检验，则意味着所建立的模型不能满足模型假设，模型不成立。对上述模型进行检验一般用 R^2 检验。进行 R^2 检验必须计算回归误差平方和 SSR 和总平方和 SST。

SSR 表示可以由变量解释的误差；SSE 表示自变量无法解释的随机误差；SST 表示可以由自变量解释的误差与自变量无法解释的随机误差之和。

$$回归平方和\ SSR = \sum_{i=1}^{n}(\hat{y} - \bar{y})^2 \tag{5.8}$$

$$余差平方和\ SSE = \sum_{i=1}^{n}(y_i - \hat{y})^2 \tag{5.9}$$

$$总平方和\ SST = \sum_{i=1}^{n}(y_i - \bar{y})^2 \tag{5.10}$$

$$R^2 = \frac{SSR}{SST} = \frac{\sum_{i=1}^{n}(\hat{y}_i - \bar{y})^2}{\sum_{i=1}^{n}(y_i - \bar{y})^2} \tag{5.11}$$

R^2 反映的是模型的拟合度，R^2 越大则说明参差平方和越小，回归方程对变量的解释能力越强，一般情况下，拟合度在0.7以上可以认为线形关系是成立的。

5.2.4 基础设施投资与城市化进程的相关性分析

1. 基础设施投资与城市化率的相关性分析

城市化进程表现为非农人口数量的提高或占总人口的比重的上升，基础设施对城市化进程的直接影响就是每年的基础设施投资提高了城市化率或使一定数量的农业人口转变为非农人口。为检验上节所假设的线性模型，本书将选取每年的基础设施投资额为自变量 X，并选取非农人口和占其总人口的比例，即城市化率为因变量 Y，建立方程 $Y = a + bX + u$，用EXCEL软件对全国和各个地区的数据进行分析。由于统计年鉴中非农人口的数据只统计到2000年，故在数据分析时选取1990～2000年的数据进行分析。

1）全国基础设施与城市化率的相关性分析

表 5.2 全国的基础设施投资与城市化率数据

年度	全国基础设施投资 X（亿元）	全国城市化率 Y（%）
1990	953.4	19.0
1991	1105.2	19.2
1992	1334.2	20.0
1993	1750.0	20.8
1994	2354.0	21.6
1995	2676.3	22.5
1996	3009.4	22.8
1997	3612.4	23.2
1998	4780.1	23.5
1999	5741.1	23.9
2000	5582.7	24.6

资料来源：统计年鉴 2004，中国人口统计年鉴，国家统计局

每一年城市化水平和基础设施投资额的数据在图表上的对应关系如图 5.2 所示。

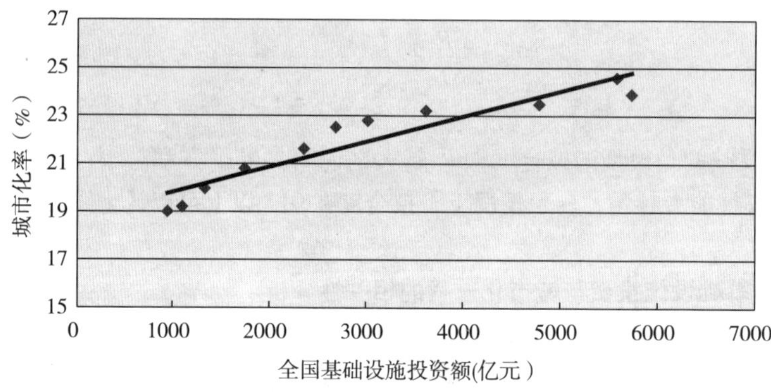

图 5.2 全国基础设施投资与城市化率相关性分析

线性回归得到的拟和方程如下：

$$Y = 0.0005X + 19.273 \tag{5.12}$$

$$R^2 = 0.911 \quad \text{SIG} = 0$$

从回归分析的结果来看，显著检验的结果为零，说明基础设施投资对城市化具有比较强的解释能力；R^2 接近于 1，说明拟合度较好；SIG 等于 0，说明正相关具有显著性。由此可以得出结论；每年的新增投资的增长与城市化水平的提高显著正相关，而相关系数为 0.0005 则表明全国每年的基础设施投资增加 1 个单位（2000 亿元），对应城市化率就会增加 1 个百分点。

2）东部基础设施和城市化率的相关性分析

东部地区基础设施投资与城市化率的数据　　表 5.3

年份	东部地区基础设施投资 X（亿元）	东部地区城市化率 Y（%）
1990	514.52	21.31
1991	608.84	21.87
1992	926.19	22.73
1993	1443.00	23.99
1994	2267.04	25.14
1995	2714.72	26.57
1996	3162.39	26.65
1997	3888.81	27.13
1998	4954.51	27.42
1999	5746.54	27.59
2000	5767.91	27.55

资料来源：《人口统计年鉴 2001》

每一年城市化水平和基础设施投资额的数据对应关系如图 5.3 所示。

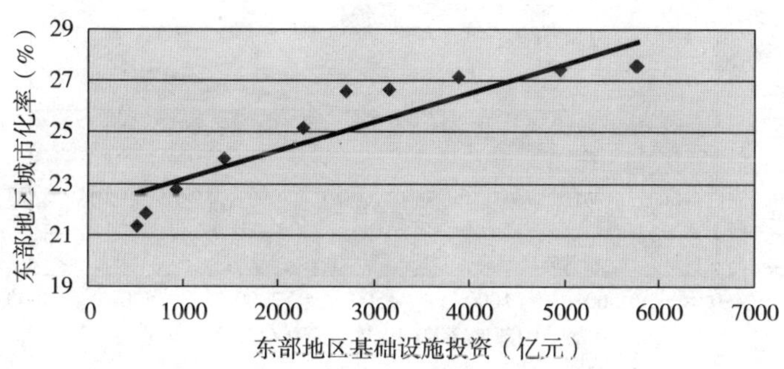

图 5.3 东部基础设施投资与城市化率相关性分析

线性回归得到的拟和方程如下：

$$Y=0.0012X+21.495 \tag{5.13}$$

$$R^2=0.8686 \quad SIG=0$$

R^2 接近于 1，说明东部地区基础设施增长和城市化水平的提高显著相关。但从图上可以看出，在最近的一两年，随着基础设施的投资增加，城市化水平的提高的速度趋缓，东部地区基础设施投资对城市化的促进作用会进一步下降。

3）中部地区基础设施投资与城市化相关性分析

中部地区基础设施投资与城市化率的数据 **表 5.4**

年份	中部地区基础设施投资 X（亿元）	中部地区城市化率 Y（%）
1990	212.53	19.18
1991	261.40	19.40
1992	383.72	20.09
1993	573.75	20.77
1994	844.73	21.67
1995	1051.09	22.32
1996	1257.45	22.91
1997	1525.60	23.59
1998	2010.93	23.71
1999	2223.55	23.86
2000	2585.84	24.65

资料来源：《人口统计年鉴 2001》

每一年城市化水平和基础设施投资额的数据对应关系如图 5.4 所示。

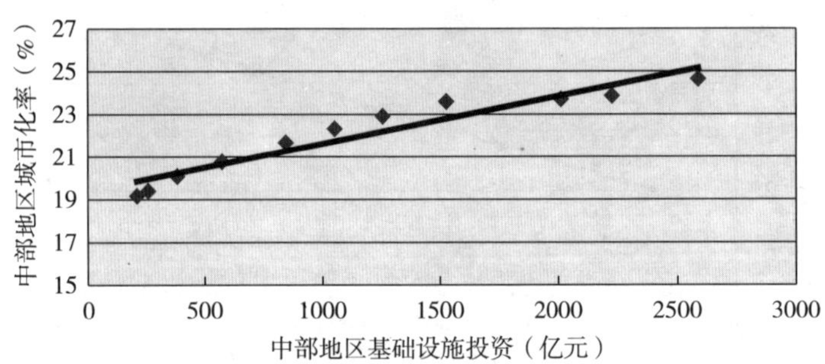

图 5.4 中部基础设施投资与城市化率相关性分析

线性回归得到的拟和方程如下：

$$Y = 0.0024X + 19.093 \tag{5.14}$$

$$R^2 = 0.9239 \quad SIG = 0$$

中部地区的城市化和基础设施的相关系数远远大于东部，但是常数项却小于东部，说明在对城市化的促进方面，基础设施在中部比在东部的贡献大。这进一步印证了我们前面的理论，即在欠发达地区，基础设施的投入要比发达地区对城市化的贡献大。但是通过以上模型可以清楚地认识到加大中部基础设施投资的必要性和紧迫性。

4）西部地区基础设施投资和城市化率的相关性分析

西部地区基础设施投资与城市化率的数据　　表 5.5

年份	西部地区基础设施投资 X（亿元）	西部地区城市化率 Y（%）
1990	151.62	14.22
1991	180.45	14.43
1992	250.88	15.28
1993	355.16	15.67
1994	471.81	16.35
1995	644.85	16.78
1996	817.88	17.26
1997	1094.42	17.72
1998	1635.66	17.99
1999	1895.19	17.97
2000	1999.42	18.62

资料来源：《人口统计年鉴 2001》

每一年城市化水平和基础设施投资额的数据对应关系如图 5.5 所示。

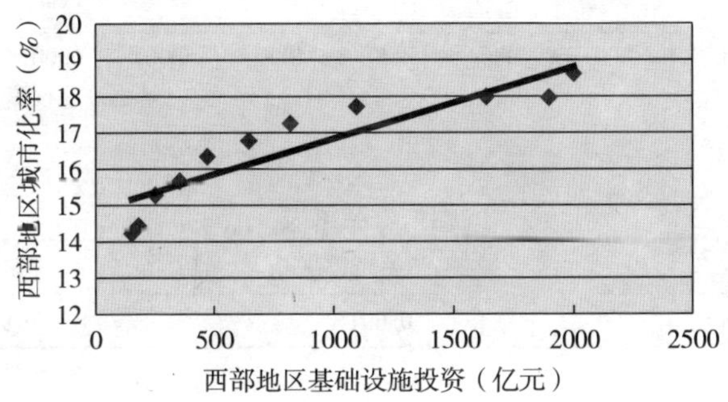

图 5.5 西部地区基础设施投资与城市化率相关性分析

线性回归得到的拟和方程如下：

$$Y = 0.0022X + 14.469 \tag{5.15}$$

$$R^2 = 0.8256 \quad \text{SIG} = 0$$

西部地区基础设施对城市化的影响系数的大小和中部相差不大，但是常数项更小，反映了西部地区的城市化的水平更低，比中部地区需要更进一步提高城市化率，基础设施的投资也更需要加强。

2. 基础设施投资与非农人口增长的相关性分析

上一节对基础设施对城市化率之间存在的线性关系进行了验证，发现基础设施和城市化率之间存在线性增长的关系，但是城市化率作为相对的指标，受到总人口增长的影响因素很大，因此有必要从基础设施和城市非农人口绝对数量增长的角度进行分析，探求基础设施对城市非农人口绝对数量增长之间的关系。

全国每年的基础设施投资和新增非农人口统计表　　表 5.6

年份	1989	1990	1991	1992	1993	1994
基础设施投资 X（亿元）	1044.05	953.37	1105.16	1334.18	1749.99	2353.98
新增非农人口 Y（万人）	764	564	558	1120	1200	1328
年份	1995	1996	1997	1998	1999	2000
基础设施投资 X（亿元）	2676.07	3009.38	3612.38	4780.12	5741.15	5582.70
新增非农人口 Y（万人）	1326	672	797	585	779	1022

1）短期分析

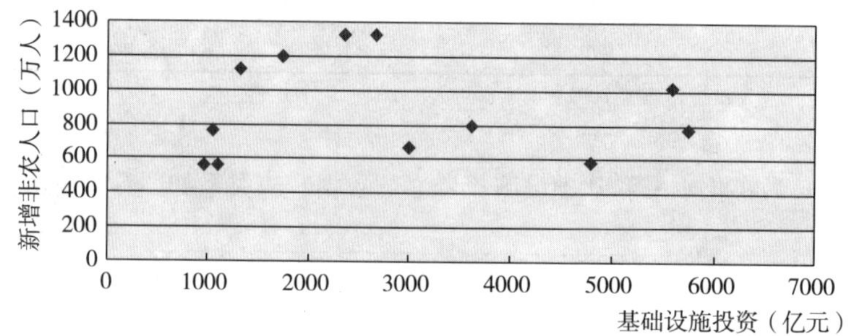

图 5.6 全国每年的基础设施投资和新增非农人口相关性图

相关性结果表　　表 5.7

区域	相关系数	SIG
全国	0.001	0.926

通过以上分析，短期内基础设施投资与非农人口的增加没有线性关系，这表明一定数量的基础设施投资在短期内并没有带来确定数目的非农人口的增长，每年的基础设施投资额与新增非农人口没有必然的联系。换言之，即使基础设施投资对非农人口的增长有直接的影响，也不会立刻显现出来。

2）长期分析

基础设施为其他物质生产提供了更加便利的生产条件和流通渠道，降低了生产成本，创造了更多的物质财富，提高了城市的生活水平，必定能吸引农业人口向城市转移，从事非农产业活动。同时基础设施的积累，会大大改善城市的生活环境，提高生活质量，也会造成农业人口向城市的转移。这种间接性的影响对城市化持续的时间会很长，因此我们以1988年的基础设施投资额为基数，以每年到1988的累加投资额作为该年该地区的基础设施水平，并以此作为自变量；同样以该年该地区的非农人口减去1988年的人口基数作为该年度的城市化的水平，选取全国的数据进行分析：

全国累计的基础设施投资和非农人口统计表　　　　表5.8

年份	1989	1990	1991	1992	1993	1994
累计基础设施 X（亿元）	1892.2	2845.5	3950.7	5284.9	7034.92	9388.8
累计非农人口 Y（万人）	764	1328	1886	3006	4206	5534
年份	1995	1996	1997	1998	1999	2000
累计基础设施 X（亿元）	12064.9	15074.3	18686.3	23466.8	29208	34790.7
累计非农人口 Y（万人）	6860	7532	8329	8914	9693	10715

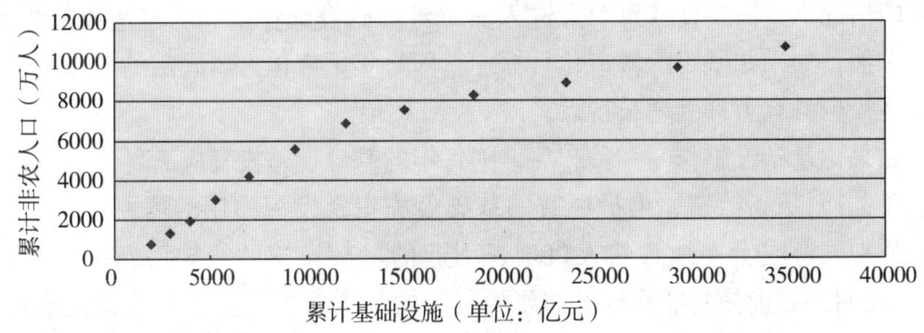

图5.7 全国累计的基础设施投资和非农人口相关性图

线性回归得到的拟和方程如下：

$$Y = 3681.1\ln X - 27560 \quad (5.16)$$

$$R^2 = 0.9848 \quad SIG = 0.000$$

通过对各地区的数据进行相同方法的模拟并建立模型，发现虽然受各地区既有水平的影响，两者之间的关系有一定的差别，但都显现出和全国水平一致的趋势，即从长期来看，基础设施与非农人口的增加存在紧密的关系，即某一年度非农人口的提高与前些年积累的投资存在相当密切的关系。

3. 结论

1）城市化水平与基础设施投资额显著相关，并且通过了显著性检验，拟合度较好，具体来说就是全国每年的基础设施投资每增加1个单位（2000亿元），对应城市化率就会增加1个百分点。

2）东部的基础设施存量强于中西部，这和东部很多省份是工业大省、商业中心有很大的关系，而西部地区多为农业省份，存量较少。基础设施投资在中部和西部地区产生的效果要高于东部地区。中部和西部每增加1个单位的基础设施投资分别可以使城市化率提高2.2和2.4个百分点，而东部地区仅为

1.2个百分点。

3）基础设施投资对非农人口的增长的短期效应并不明显（从图上可以看出）。但是从长期来看，基础设施与非农人口的增长却存在很强的协同增长趋势，但对应一定量的基础设施投资额，非农人口增加的数量有下降趋势。

由于基础设施投资的影响是长期的，持续的，不能立刻见效，因此，当基础设施投资不足或相对落后时，它的负面影响也将会是长期的，而且在短期内很难改变。我国有很长一段时间把基础设施作为非生产资料，不断减小基础设施投资在社会总投资中的比例，制约了城市化的进程。因此，在城市化道路上，保持高水平的基础设施投资将会使城市持续健康的发展。

5.3 城市化进程对基础设施投资的需求量的实证分析

5.3.1 城市化背景下的基础设施投资需求原理分析

作为制定基础设施投资计划的重要依据，一方面，在当前城市化进程不可逆转的情况下，需要计算每个人进入城市对基础设施存量和增量造成的影响；另一方面，如果在既定的城市化目标下，即每年城市化人口既定的前提下，基础设施投资具有怎样的增长特点。

如果把基础设施作为一种产品，则每年的基础设施投资应满足以下三方面的需要：1）更新改造，维护原有的基础设施正常发挥作用的需要；2）弥补由于外来人口或者本地自然人口增长引起的基础设施的短缺而新增的投资；3）满足对基础设施功能提升的需要而引起的新增的投资。因为基础设施具有公共产品的属性，每一类的投资都不能限制有其他类型需要的居民使用，所以这种假设只是理论分析的需要。理论上来讲，基础设施满足上述三类需要具有先后的顺序，具体的顺序分析如下。

首先是满足更新改造的需要。基础设施在使用的过程中由于自然环境和人为因素的影响，必定会造成磨损，损坏严重的基础设施就不能发挥设计建造要求的功能，而更新改造的投资就是为了保证原有基础设施的必要功能得到发挥。根据统计，近些年我国的基础设施投资总量并不少，但是基础设施的服务功能并没有出现本质的提升，城市交通不畅、铁路季节性运力不足、各地停水停电时有发生，主要原因在于更新改造方面的投入有限，重建造、轻维护。这样一方面限制了原有的基础设施发挥既有的功能，另一方面消减了新增基础设施的效果。

其次是满足由于外来人口或者是自然增长人口造成的短缺需求。短缺的原因主要是由于新增的城市人口造成了基础设施使用上的拥挤，致使整体的功能水平的下降。为了避免这种拥挤，客观上需要新增一部分基础设施缓减这种压力，保证基础设施的使用水平不下降。另外，如果短缺需求不满足，原有水平就会下降，即使是用于功能提升的基础设施投资实质上仅满足了新增人口造成的短缺，而非真正的功能提升。只有短缺需求被满足了，这个地区才能维持原有的使用水平，而只有在达到原有水平的基础上，才能产生新的功能提升需求。

最后被满足的是基础设施功能水平提升而引起的投资需要。在没有新增城市人口以及基础设施没有磨损的情况下，城市中每年基础设施的投入就是用于提升基础设施的使用功能的。但由于更新和短缺两种需求的存在，再加上如果当年的基础设施投资有限，功能提升的需求可能就不会出现。其中部分的原因是由于我国基础设施的供给计划是由政府制定的。由于受政府有限的投资制约，功能提升的需求被看成是一种附加的需求，是依附于以上两种需求的，或者说是一种满足人们更高享受的投资。通常计划的制订者认为这一部分对经济增长的促进作用不大，所以其需求是否满足并不被重视。但随着技术的发展，老化、陈旧、过时的基础设施总要被淘汰，每年基础设施功能提升的程度正在不断加剧，而这又导致了以后年度更新改造和新增短缺的需求加大。满足了前两种需求之后，剩余的数量决定了基础设施功能提升的速度，这和国家的基础设施投资的计划紧密联系。

以上三个方面的需求构成了城市化过程中的基础设施的需求。基础设施的实际投入 I（Investment）减去实际的更新改造 I_r（Renewable），称之为 I_u（urbanization）从城市化的角度看，主要用来满足两方面的需要，一方面是新增人口造成的短缺，可以称之为短缺需求 I_{dd}（Deficient Demand），另外一方面是功能提升的需求，可以称之为附加需求 I_{ad}（Additional Demand）。

$$I - I_r = I_u = I_{dd} + I_{ad} \tag{5.17}$$

5.3.2 假设条件

通过以上分析，结合我国的现状，建立的模型主要有以下几条假设：

1）基础设施的供给和满足消费者的使用不存在时滞，即投入的基础设施当年就对基础设施的效用水平有影响；

2）新增人口的人均货币基础设施占有量能在当年达到原有城市人口的水平；

3）计算期 n 年内基础设施的供给是非饱和的，且需求稳步增加。这是由于我国在1988年之前一直处于基础设施极度匮乏的情况，弥补这一部分投资缺口需要大量的资金，很难在短时间满足。

5.3.3 建立模型

假设在计算的初期，原有城市人口为 P_0，原有附加需求存量为 Q_0，原有基础设施投资为 I_0，则有：$I_0 = P_0 \times Q_0$；

第一年的新增人口为 P_1，对基础设施功能提升的需求为 Q_1，投资为 I_1，更新改造部分为 I_{r1}，则有：

$$I_1 - I_{r1} = P_1 \ (Q_0 + Q_1) \ + P_0 \times Q_1 \tag{5.18}$$

第二年的新增人口为 P_2，对基础设施功能提升的需求为 Q_2，投资为 I_2，则有：

$$I_2 - I_{r2} = P_2 (Q_0 + Q_1 + Q_2) + (P_0 + P_1) \times Q_2 \tag{5.19}$$

以此类推，第 n 年的新增人口为 P_n，对基础设施功能提升的需求为 Q_n，投资为 I_n，则有：

$$I_n - I_{rn} = P_n \sum_{i=0}^{n} Q_i + \sum_{i=1}^{n-1} P_i \times Q_n \tag{5.20}$$

用矩阵模型表示如下：

$$\begin{pmatrix} P_0 & 0 & 0 & \cdots & \cdots & 0 \\ P_1 & P_0 + P_1 & 0 & 0 & \cdots & 0 \\ P_2 & P_2 & P_0 + P_1 + P_2 & 0 & & 0 \\ P_3 & P_3 & P_3 & P_0 + P_1 + P_2 + P_3 & & 0 \\ \vdots & \vdots & \vdots & \vdots & \ddots & \vdots \\ P_n & P_n & \cdots & \cdots & P_n & \sum_{i=0}^{n} P_i \end{pmatrix}$$

$$\times \begin{pmatrix} Q_0 \\ Q_1 \\ Q_2 \\ Q_3 \\ \vdots \\ Q_n \end{pmatrix} = \begin{pmatrix} I_0 - I_{r0} \\ I_1 - I_{r1} \\ I_2 - I_{r2} \\ \vdots \\ I_n \end{pmatrix} \tag{5.21}$$

假设人口矩阵为 A，基础设施附属需求列为 Q，基础设施投资需求列为 I_u，则有：

$$A \times Q = I_u \tag{5.22}$$

$$Q = A - 1 \times I_u \tag{5.23}$$

用各年人口的数据和各年基础设施供给量的数据，就能求出基年的基础设施存量和每年属于新增的需求 Q，根据求出每年的 Q 值的系列，通过现有年份 Q 的系列就可以分析当前基础设施的人均占有量并预测城市化提高过程中对基础设施投资的需求增加量。

5.3.4 全国城市化进程对基础设施投资的需求量分析

1. 计算流程

用前面建立的矩阵方程组计算基础设施的需求要有每年的基础人口和新增人口的数据，代入上述人口矩阵求得人口矩阵的逆矩阵，由于该逆矩阵是对角矩阵，只要和基础设施的矩阵相乘就可以得到所要的数据。由于该矩阵比较复杂，数据较多，要用专门的计算软件如 Excel（函数 MDETERM 返回一数组所代表的矩阵行列式的值、MINVERSE 返回一数组所代表的矩阵的逆、MMULT 返回两数组矩阵的乘积）才能计算。具体流程如图 5.8 所示。

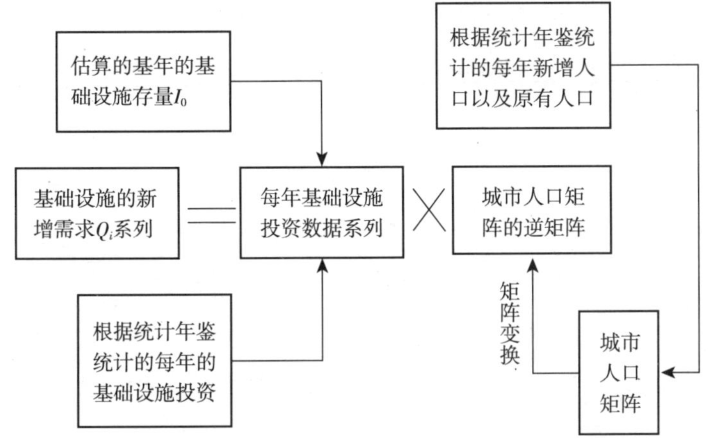

图 5.8 基础设施投资计算流程图

2. 数据选取

由于统计资料的限制，本书将 1988 年作为数据选取的基点，对 1988 年到 2001 年的数据进行分析。1988 年年初的基础设施的使用水平就是 I_0，1988 年基础设施的投资就是当年的基础设施供给量，以后各年以此类推；以 1988 年年初的人口作为基点的 P_0，全国各年非农人口、基础设施总投资、更新改造投资的数据均来自历年国家统计局公布的《中国统计年鉴》公布的数据，数据来源于 4.2 小节的统计。

3. I_0 的计算

一个地区总会有一部分的基础设施存量，大部分基础设施的使用年限为 20 年左右，所以基础设施总的存量 I_0 也认为是 20 年左右的基础设施投资总量（存量）。在 20 世纪 90 年代以前基础设施投资一直由中央政府来控制的，由于受到国家计划经济的影响，各年的基础设施投资变化不大，而在 1992 年以后，由于国家出台了鼓励基础设施投资的政策，基础设施投资增长速度明显加快。因此，可以假定在 1992 年以前基础设施的投资维持线性增长，并运用上节所建立的基础设施投资和城市化之间的线性关系模型，以 1992 年以前的基础设施的累计存量为自变量 X，以 1992 年以前城市人口增加量的累计为因变量 Y，估算 1992 年以前的 I_0。

由于缺乏 1992 年以前各年的城市人口的增加量，只能用 1964 ~ 1992 年统计的城镇人口的增长数量来代替，故本书以 1964 年到 1988 年的基础设施投资之和作为 1988 年的基础设施存量，其对应的是 1964 到 1988 年间累计新增的城镇人口；而以 1988 年到 1992 年间每年的基础设施投资作为该年基础设施的增量，其对应的是 1988 年到 1992 年各年累计新增的城镇人口，从而建立起自 1964 ~ 1992 年每年末城镇人口的增量水平和基础设施投资总量水平的线性回归模型，I_0 则分别表现为拟合线性方程的常数项和坐标横轴上的截距。

表 5.9

全国城镇人口增加数与基础设施投资总量

年份	城镇人口增加数 X（万人）	基础设施投资总量 Y（亿元）
1964～1987	14964	I_0
1988	15946	$848.17+I_0$
1989	16830	$1892.22+I_0$
1990	17485	$2845.59+I_0$
1991	18493	$3950.74+I_0$
1992	19465	$5284.93+I_0$

资料来源：各年统计年鉴

对以上数据进行相关性分析，分析结果如图 5.9 所示。

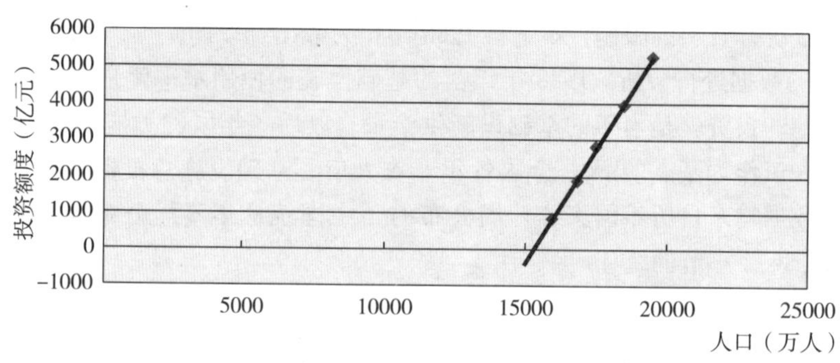

图 5.9 I_0 的估算

运用最小二乘法（OLS）进行回归分析，拟和得到如下相关关系式：

$y=112755x-19371 \quad R^2=0.9888$ 没有列出 R^2 及 SIG 的值。

R^2 接近于 1，说明基础设施的投资的增长符合线性增长的关系，拟合效果较好。

由于准确的计算 I_0 几乎没有可能，因此我们近似地认为从 1964 年到 1992 年基础设施的投资维持线性增长，所得结果可能高估了基础设施的投资总量，因为改革开放以后虽然社会经济与 20 世纪六七十年代相比具有较快的增长速度，但是这种增长在基础设施投资方面十分有限。如前面所分析的，在 20 世纪 90 年代以前基础设施投资一直由中央政府来控制，各年的变化不会太大，结合上图分析的结果，综合一些其他因素的影响，1988 年初的基础设施投资总量应该在 15000 亿到 17500 亿元之间，即 $I_0=$（15000，17500）亿元，取 $I_0=16000$ 亿元。

4. 估算结果

估算得 1988 年的基础设施的存量 $I_0=16000$ 亿元，用 1988 年到 2001 年各年基础设施投资额减去更新改造投资，和 I_0 一起构成基础设施投资 I_u 的序列。

各年全国城镇人口的数据按照上述矩阵的形式代入，得到的矩阵和逆矩阵见表 5.10 和表 5.11。

非农人口矩阵　　表 5. 10

20406	0	0	0	0	0	0	0	0	0	0	0	0
764	21170	0	0	0	0	0	0	0	0	0	0	0
564	564	21734	0	0	0	0	0	0	0	0	0	0
558	558	558	22292	0	0	0	0	0	0	0	0	0
1120	1120	1120	1120	23412	0	0	0	0	0	0	0	0
1200	1200	1200	1200	1200	24612	0	0	0	0	0	0	0
1328	1328	1328	1328	1328	1328	25940	0	0	0	0	0	0
1326	1326	1326	1326	1326	1326	1326	27266	0	0	0	0	0
672	672	672	672	672	672	672	672	27938	0	0	0	0
797	797	797	797	797	797	797	797	797	28735	0	0	0
585	585	585	585	585	585	585	585	585	585	29320	0	0
779	779	779	779	779	779	779	779	779	779	779	30099	0
1022	1022	1022	1022	1022	1022	1022	1022	1022	1022	1022	1022	31121

非农人口矩阵的逆矩阵　　表 5.11

4.9E-05	0	0	0	0	0	0	0	0	0	0	0	0
-1.8E-06	4.72E-05	0	0	0	0	0	0	0	0	0	0	0
-1.2E-06	-1.2E-06	4.6E-05	0	0	0	0	0	0	0	0	0	0
-1.2E-06	-1.2E-06	-1.2E-06	4.49E-05	0	0	0	0	0	0	0	0	0
-2.1E-06	-2.1E-06	-2.1E-06	-2.1E-06	4.27E-05	0	0	0	0	0	0	0	0
-2.1E-06	-2.1E-06	-2.1E-06	-2.1E-06	-2.1E-06	4.06E-05	0	0	0	0	0	0	0
-2.1E-06	-2.1E-06	-2.1E-06	-2.1E-06	-2.1E-06	-2.1E-06	3.86E-05	0	0	0	0	0	0
-1.9E-06	-1.9E-06	-1.9E-06	-1.9E-06	-1.9E-06	-1.9E-06	-1.9E-06	3.67E-05	0	0	0	0	0
-8.8E-07	-8.8E-07	-8.8E-07	-8.8E-07	-8.8E-07	-8.8E-07	-8.8E-07	-8.8E-07	3.58E-05	0	0	0	0
-9.9E-07	-9.9E-07	-9.9E-07	-9.9E-07	-9.9E-07	-9.9E-07	-9.9E-07	-9.9E-07	-9.9E-07	3.48E-05	0	0	0
-6.9E-07	-6.9E-07	-6.9E-07	-6.9E-07	-6.9E-07	-6.9E-07	-6.9E-07	-6.9E-07	-6.9E-07	-6.9E-07	3.41E-05	0	0
-8.8E-07	-8.8E-07	-8.8E-07	-8.8E-07	-8.8E-07	-8.8E-07	-8.8E-07	-8.8E-07	-8.8E-07	-8.8E-07	-8.8E-07	3.32E-05	0
-1.1E-06	-1.1E-06	-1.1E-06	-1.1E-06	-1.1E-06	-1.1E-06	-1.1E-06	-1.1E-06	-1.1E-06	-1.1E-06	-1.1E-06	-1.1E-06	3.21E-05

用基础设施投资额的序列（I_u）和人口逆矩阵的乘积就可以算出历年的人均基础设施的需求量的增加额 Q_i 和该年基础设施的人均需求水平 $\sum Q_i$。结果如表 5.12 所示。

全国历年 Q_i 的计算 表 5.12

项目 / 年份	基础设施投资 I_u（亿元）	Q_i（万元）	$\sum Q_i$（万元）
1964～1988 年末	16000	0.8814	0.8814
1989	702.40	0.0014	0.8828
1990	790.92	0.0135	0.8963
1991	918.79	0.0188	0.9150
1992	1080.57	0.0024	0.9174
1993	1402.84	0.0123	0.9297
1994	1868.06	0.0244	0.9541
1995	2101.64	0.0307	0.9848
1996	2345.49	0.0603	1.0451
1997	2850.56	0.0702	1.1153
1998	3711.30	0.1043	1.2196
1999	4644.29	0.1227	1.3423
2000	4417.83	0.0979	1.4402

从所求出的结果来看，1988 年至今，全国范围内的基础设施的需求呈现不断增长的趋势，每年的短缺需求根据 1990 年的价格水平从 1989 年的 0.73 万元上升到 2000 年的 1.44 万元。从表 5.12 的数据来看，虽然附加需求在个别的年份有所波动，2000 年的数值又稍微有所回落，但附加需求在整个时期却一直处于不断增长的状态，说明基础设施供过于求的现象还没有出现，基础设施的附加需求仍然处于还有进一步上升的空间，随着原有人口基数的不断增大，附加需求的总量仍然会继续增长。

5. 结论

从图 5.10 可以得出如下结论：

1）在未来的几年中，预计城市的人均基础设施需求量会以每年约 0.1 万元的速度上升。通过对进城人口的测算，可以得出这样的结论：基础设施投资若要满足预期的各类需求，每年的投资增长速度约在 10% 左右。具体到每年的投资额度要根据固定资产投资价格指数进行调整。

2）通过对 Q 系列的计算分析可以得出，在不降低原有的城镇居民的使用

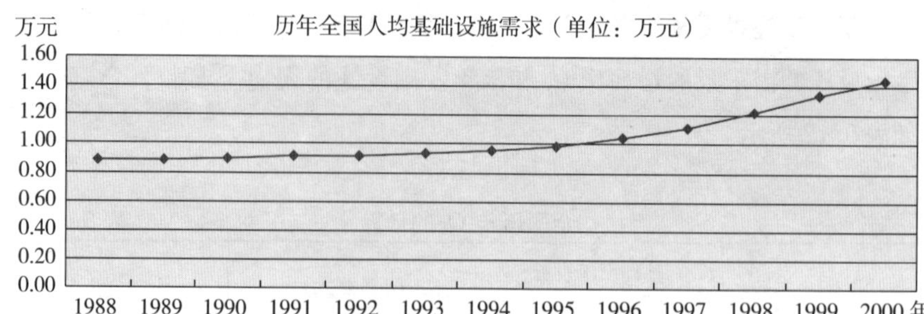

图 5.10
全国历年人均基础设施需求
(1989～2000)

水平的前提下，2000 年城市化进程中的人均基础设施需求，即，使一个人成为城市居民所需的基础设施投资约为 14000 元。该数字已按照固定资产投资指数折算为 1990 年价格，如果不进行价格系数的调整，该单位人口基础设施投资需求大约为 17000 元。2002 年以后基础设施投资应该在人均 20000 元以上，并且以每年 0.2 万元的速度增加。再考虑到以前的投资在未来有逐渐老化的情况，则增加的需求应该还会进一步加大。

5.4 分类基础设施投资对城市化进程的相关性实证分析

在第 2 章基础设施的基本概念和相关理论中，给出了基础设施的内涵：基础设施包含交通运输设施、邮电通信设施、能源供给设施、学校教育设施、卫生保健设施、社会福利设施等六大体系。本节旨在研究基础设施中各个分体系对城市化进程的影响程度，从中找出对城市化进程影响较大的因素。由于我国统计体系中没有对基础设施进行专门的统计，根据基础设施的定义将统计年鉴中的水电煤的供应和生产业、交通运输邮电通讯仓储业、社会服务业、卫生体育业、教育文化业作为基础设施的五个分类。本节将对基础设施各个子系统对城市化的不同程度的影响进行分析。

5.4.1 假设条件

1）数据选取年份政府制定的城市化发展与基础设施投资政策是连续的；

2）统计局公布的统计资料是完整的、准确的、合理的；

3）在本模型中，假定各个基础设施子体系中两两之间是相互独立的，不存在相互影响、相互制约的关系。

5.4.2 建立模型

1. 模型的建立

在研究城市化和基础设施总体关系时，本书使用一元线性回归模型，在研究分类基础设施与城市化率之间的关系时，因变量城市化率的变化受多个方面基础设施投资的影响，此时就需要用两个或两个以上的影响因素作为自变量来解释因变量的变化，这就是多元回归，亦称多重回归。当多个自变量与因变量之间是线性关系时，所进行的回归分析就是多元线性回归。由于上述五类基础设施都对城市化进程有一定的影响，相互之间又是互相独立的，因此，建立多元对数线性回归模型：

$$Y = a + bX_1 + cX_2 + dX_3 + eX_4 + fX_5 + u \tag{5.24}$$

其中，Y 表示城市化率，（此处所用的城市化率指标采用的是用城镇人口计算的）X_1 表示交通运输及邮电通讯业基础设施投资额，X_2 表示社会服务业基础设施投资额，X_3 表示卫生体育业基础设施投资额，X_4 表示文化教育业基础设施投资额，X_5 表示水电煤热业基础设施投资额。

a 为常数项，b、c、d、e、f 为回归系数，b 为 X_1，X_2，$\cdots X_5$ 固定时，X_1 每增加一个单位对 Y 的效应，即 X_1 对 Y 的偏回归系数；同理 c 为 X_1，X_2，$\cdots X_5$ 固定时，X_2 每增加一个单位对 Y 的效应，即，X_2 对 Y 的偏回归系数，等等，u 为随机误差。

多元线性回归模型的参数估计，同一元线性回归方程一样，也是在要求误差平方和（$\sum e^2$）为最小的前提下，用最小二乘法求解参数。以二元线性回归模型为例，求解回归参数的标准方程组为：

$$\begin{cases} \sum y = nb_0 + b_1 \sum x_1 + b_2 \sum x_2 \\ \sum x_1 y = b_0 \sum x_1 + b_1 \sum x_1^2 + b_2 \sum x_1 x_2 \\ \sum x_2 y = b_0 \sum x_2 + b_1 \sum x_1 x_2 + b_2 \sum x_2^2 \end{cases} \tag{5.25}$$

解此方程可求得回归系数的数值。[1]

2. 多元线性回归模型的检验

多元性回归模型与一元线性回归模型一样，在得到参数的最小二乘法的估计值之后，也需要进行必要的检验与评价，以决定模型是否可以应用。

1）拟合程度的测定。

与一元线性回归中可决系数 r^2 相对应，多元线性回归中也有多重可决系数 r^2，它是在因变量的总变化中，由回归方程解释的变动（回归平方和）所占的比重，R^2 越大，回归方各对样本数据点拟合的程度越强，所有自变量与因变量的关系越密切。计算公式为：

$$R^2 = \frac{\sum (\hat{y} - \bar{y})^2}{\sum (y - \bar{y})^2} = 1 - \frac{\sum (y - \hat{y})^2}{\sum (y - \bar{y})^2} \tag{5.26}$$

2）估计标准误差

估计标准误差，即因变量 y 的实际值与回归方程求出的估计值 $\hat{y}$ 之间的标准误差，估计标准误差越小，回归方程拟合程度越高。

$$S_y = \sqrt{\frac{\sum (y - \hat{y})^2}{n - k - 1}} \quad v_k = \frac{S_y}{y} \tag{5.27}$$

1 龚曙明，市场调查与预测，清华大学出版社，2005 年。

其中，k 为多元线性回归方程中的自变量的个数。

3）回归方程的显著性检验

回归方程的显著性检验，即检验整个回归方程的显著性，或者说评价所有自变量与因变量的线性关系是否密切。多元线性回归模型的假设需要运用的统计检验的方法是 F 检验。F 值等于平均回归平方和除以平均残差平方和，平均回归平方和等于回归平方和（SSR）除以 k，平均残差平方和等于残差平方和（SSE）除以 $n-k-1$，F 值服从 F（$k-1$，$n-k$）分布，其中 k 和 $n-k-1$ 属于自由度。n 代表样本容量，k 代表变量的个数。即

$$F=\frac{MSR}{MSE}=\frac{SSR/k}{SSE/n-k-1}\text{服从 } F\ (k-1,\ n-k)\ \text{分布}$$

当算得的 $F>F_{(1-a)}$（$k-1$，$n-k-1$）时，即可认为 Y 与诸变量之间的线性关系显著；如果 $F<F_{(1-a)}$（$k-1$，$n-k-1$）时，即可认为 Y 与诸变量之间的线性关系不显著。$F_{(1-a)}$（$k-1$，$n-k-1$）的值可以查表得到，$1-a$ 代表 F 检验的置信度，一般满足 95% 的置信度即可。

4）回归系数的显著性检验

在一元线性回归中，回归系数显著性检验（t 检验）与回归方程的显著性检验（F 检验）是等价的，但在多元线性回归中，这个等价不成立。t 检验是分别检验回归模型中各个回归系数是否具有显著性，以便使模型中只保留那些对因变量有显著影响的因素。检验时先计算统计量 t_i；然后根据给定的显著水平 a，自由度 $n-k-1$ 查 t 分布表，得临界值 t_a 或 $t_{a/2}$。若临界值大于 t_a 或 $t_{a/2}$，则回归系数 b_i 与 0 有显著关异，反之，则与 0 无显著差异。统计量 t 的计算公式为：

$$t_i=\frac{b_i}{S_y\sqrt{C_{ij}}}=\frac{b_i}{S_{bi}} \tag{5.28}$$

其中，C_{ij}是多元线性回归方程中求解回归系数矩阵的逆矩阵（$x'x$）-1 的主对角线上的第 j 个元素。

5）多重共线性判别

若某个回归系数的 t 检验通不过，可能是这个系数相对应的自变量对因变量的影平不显著所致，此时，应从回归模型中剔除这个自变量，重新建立更为简单的回归模型或更换自变量。也可能是自变量之间有共线性所致，此时应设法降低共线性的影响。

多重共线性是指在多元线性回归方程中，自变量之间有较强的线性关系，这种关系若超过了因变量与自变量的线性关系，则回归模型的稳定性受到破坏，回归系数估计不准确。需要指出的是，在多元回归模型中，多重共线性的难以避免的，只要多重共线性不太严重就行了。判别多元线性回归方程是否存在严惩的多重共线性，可分别计算每两个自变量之间的可决系数 r^2，若 $r^2>R^2$

或接近于 R^2，则应设法降低多重线性的影响。降低多重共线性的办法主要是转换自变量的取值，如变绝对数为相对数或平均数，或者更换其他的自变量。

5.4.3 全国各类基础设施投资对城市化进程的相关性分析

1. 数据整理

整理 1988 ~2002 年全国各类基础设施投资额与城市化率的数据如表 5.13 所示。

全国各类基础设施投资额与城市化率相关性表（单位：亿元）　　表 5.13

年	交通运输及邮电通讯业	社会服务业	卫生体育业	文化教育业	水电煤热业	城市化率
	X_1	X_2	X_3	X_4	X_5	Y
1988	259.9	111.6	35.02	103.76	312.88	25.81
1989	230.88	148.43	31.13	104.64	528.97	26.21
1990	291.23	94.33	38.44	107.17	422.2	26.41
1991	442.87	128.64	36.05	125.01	477.58	26.94
1992	648.59	206.93	49.78	157.42	621.73	27.46
1993	1262.71	380.41	72.27	213.82	867.92	27.99
1994	1949.89	537.48	98.13	266.55	1301.78	28.51
1995	2336.49	638.94	116.765	355.11	1553.91	29.04
1996	2723.09	740.4	135.4	443.67	1806.04	30.48
1997	3247.58	971.83	159.28	547.16	2214.02	31.91
1998	4794.44	1313.35	196.18	635.97	2489.07	33.35
1999	4849.95	1583.85	214.01	738.42	3893.14	34.78
2000	5195.54	1836.65	238.03	857.04	2961.47	36.22
2001	5941.75	2164.31	289.66	995.1	2679.45	37.66
2002	5924.23	2813.45	374.55	1209.78	3041.09	39.09

资料来源：1989 ~2003 年全国统计年鉴

2. 回归分析及参数估计

欲求出模型中的未知参数 a、b、c、d、e、f，需进行多元回归分析。多元线性回归分析直接计算比较困难，可利用 Excel 软件中的 LINEST 函数进行参数估计。具体操作方法是以分类基础设施投资额组成多元线性模型的 X 变量，以城市化率为 Y 变量，两个逻辑变量中都取“TRUE”，复制该公式，然后选取 5×5 的区域作为返回数组的区域，粘贴公式到编辑栏，按 F2，然后按 Ctrl + Shift + Enter，即可得到如下统计检验结果。本模型的统计检验结果如表 5.14 所示。

统计检验结果　　　　表 5.14

	A	B	C	D	E	F
1	f	e	d	c	b	a
	0.00000195	0.01414953	(0.02807054)	0.00130787	0.00054812	25.55974193
2	se_f	se_e	se_d	se_c	se_b	se_a
	0.00023548	0.00390571	0.01061477	0.00136003	0.00023792	0.30894016
3	R^2	se_y	—	—	—	—
	0.99691667	0.30769619				
4	F	df	—	—	—	—
	581.98506760	9.00000000				
5	ssreg	ssresid	—	—	—	—
	275.50284996	0.85209253				

各项指标的解释如表 5.15 所示。

统计指标解释　　　　表 5.15

统计值	说明
a，b，…，f	常数 a 和变量 X_1，…，X_5 的系数
se_a	常量 a 的标准误差值，如果不存在常量，该项不存在
se_b，se_c，…，se_f	系数 b，c，…，f 的标准误差值，反映估计的系数的准确程度
R^2	判定 Y 的估计值与实际值之比，范围在 0 到 1 之间。用作 R^2 检验，该系数越大，说明相关性越强
se_y	Y 估计值的标准误差
F	又称为 F 统计或 F 统计量，用作 F 检验。使用 F 统计可以判断因变量和自变量之间是否有显著线性关系
df	自由度 n，用于在统计表上查找 F 临界值。所查得的值和函数返回的 *F* 统计值的比值可用来判断模型的置信度
ssreg	回归平方和
ssresid	残差平方和

3. 计算结果

从以上的参数估计可以看出，$R^2=0.9969$，说明样本具有很好的相关性。$F=582>F_{1-0.01}$（$k-1$，$n-k-1$）$=F_{0.99}$（4，9）$=6.42$，满足置信度为 99% 的水平下 F 检验的要求。因此，经过参数估计，可以得到该相关性分析的参数如表 5.16 所示。

全国参数值表　　　　表5.16

参数名称	参数值
a	25.55974193
b	0.00054812
c	0.00130787
d	-0.02807054
e	0.01414953
f	0.00000195

4. 求偏导

由于假定各种基础设施之间是相互独立的，则 X_1、X_2、X_3、X_4、X_5 分别表示交通运输及邮电通讯业基础设施投资额、社会服务业基础设施投资额、卫生体育业基础设施投资额、文化教育业基础设施投资额、水电煤热业基础设施投资额，且这五个分项指标之间是相互独立的。

交通运输及邮电通讯业基础设施投资额对城市化率的相关性因素：

$$\frac{\partial Y}{\partial X_1}=b=0.00054812 \tag{5.29}$$

社会服务业基础设施投资额对城市化率的相关性因素：

$$\frac{\partial Y}{\partial X_2}=c=0.00130787 \tag{5.30}$$

卫生体育业基础设施投资额对城市化率的相关性因素：

$$\frac{\partial Y}{\partial X_3}=d=-0.02807054 \tag{5.31}$$

文化教育业基础设施投资额对城市化率的相关性因素：

$$\frac{\partial Y}{\partial X_4}=e=0.01414953 \tag{5.32}$$

水电煤热业基础设施投资额对城市化率的相关性因素：

$$\frac{\partial Y}{\partial X_5}=f=0.0000195 \tag{5.33}$$

5. 结论

根据以上回归分析的结果，可以得出以下一些基本结论：

1）一些传统的和生产性的基础设施产业对城市化的影响在逐渐地减弱，如水煤电热供应业对城市化的贡献率变得非常小，而交通运输及邮电通讯类的贡献率也在不断的下降。说明以前这些基础设施投资的主体部分，随着投资规模的扩大，对城市化的贡献具有边际递减的趋势。

2）文化教育类和社会服务类基础设施投资与城市化进程的相关程度最

大。这反映了城市化进程对文化教育类设施的需求拉动效果十分显著，也验证了我国在科教兴国战略的指导下对教育基础设施投入的重视。而社会服务业对农村劳动力的吸引力较强，对我国城市化进程中农村劳动力转移和就业等问题的解决具有重要的作用和意义。

5.5 实证研究模型的检验：以重庆数据为例

本节以重庆的数据为基础对本章建立的模型和基本结论做验证性的分析。必须指出的是在数据时间段选取上，由于重庆市在1997年直辖后数据的统计范围发生了较大的变化，也就是统计数据出现了突变，如果把所有的数据放在一个时间序列里，就会导致数据不连续，实证分析结果不真实。尽管1998年以后的数据十分有限，但此后的数据却是对重庆市真实现状的反映，同时所作出的结论也符合重庆市未来城市化和基础设施发展的实际情况，故选用近些年的数据来进行分析。

5.5.1 重庆市基础设施投资与城市化进程的相关性分析

在上节对全国的基础设施和城市化相关性分析中，发现新增的基础设施和新增的城市人口不具有相关性，得出的结论是城市人口的增加和某一年新增的基础设无关，但和累计的基础设施存量有很强的相关性，另一方面也说明基础设施对城市化的促进具有渐进性和长期性，所以需要用累计的数据进行分析。

用累计的基础设施投资和城市人口作相关分析的自变量和因变量。在分析全国的数据时，基础设施存量估计是用截距法推算出的，估算的全国基础设施的存量为17986亿元。考虑到基础设施存量的寿命周期约为20年，且计划经济时期每年基础设施投资的变动幅度一般不大，则重庆市在直辖之前基础设施投资的存量应该在132.4亿左右，直辖后每年的累计基础设施和城市化的数据见表5.17。

重庆市1997～2003年基础设施和城市化累计数据　　表5.17

年份	1997	1998	1999	2000	2001	2002	2003
累计基础设施 X（亿元）	139.07	165.56	193.84	230.9	277.81	404.9	549.46
累计非农人口 Y（万人）	—	836.57	843.23	896.49	903.09	999.05	1010.12

线性回归得到的拟合方程如下：

$$Y = 0.4849X + 767.46 \quad (5.34)$$

$$R^2 = 0.9083$$

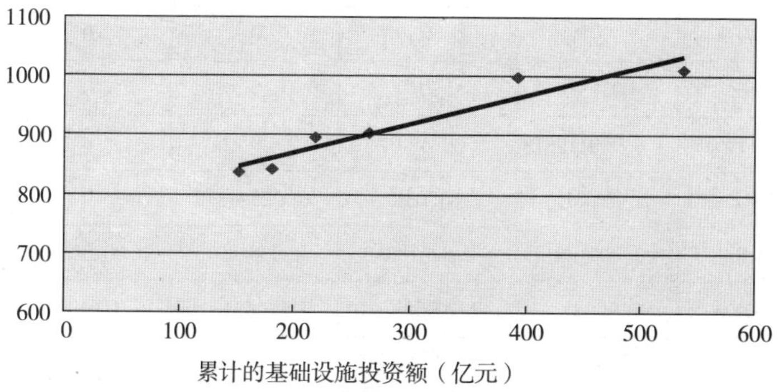

图5.11 累计基础设施投资与城市化率相关性分析

分析全国的数据时，得到了具有对数性质的非线性相关模型，即基础设施的增长速度比城市化的速度快，在未来提高同样的城市化水平需要投资更多的基础设施。而具体到重庆市，数据的拟合得到了线性相关的模型，这说明在现阶段，重庆市的基础设施对城市化的促进比全国的平均水平的作用还要大，基础设施的投资只要保持这种速度和规模，城市化的进程就要高于全国的平均水平，这和我们在现实中观测的重庆市的现象是完全一致的，也说明了模型和本章结论的合理性。

5.5.2 重庆市城市化进程对基础设施投资的需求分析

城市化对基础设施的需求分析原理已在前一部分进行了全面地分析，这里仅仅用近些年重庆市的数据进行验证，并得出重庆市在促进城市化方面所需要投入的基础设施投资是多少。城市化对基础设施的需求主要是由于城市人口的增加造成了基础设施的短缺，而这种短缺可以证明主要发生在城市的主城区范围之内，所以主城区范围内的从事非农产业的人口对基础设施的需求代表了城市的主要消费者对基础设施的需求。为了满足验证数据的来源一致，选取主城区的基础设施投资进行分析计算。主城区基础设施在1997年是6.05亿元，通常基础设施存量的寿命周期约为20年，考虑到计划经济时期每年基础设施投资的变动幅度一般不大，因此主城区基础设施的存量估计约为120亿元左右。此数据系列和主城区的人口逆矩阵（人口矩阵和逆矩阵见表5.18和表5.19）的乘积算得每年新增的人口所对应的基础设施需求，如表5.20所示。

重庆市非农人口矩阵　　表5.18

354.7	0	0	0	0	0
10.31	365.01	0	0	0	0
16.65	16.65	381.66	0	0	0
11.76	11.76	11.76	393.42	0	0
30.55	30.55	30.55	30.55	423.97	0
17.19	17.19	17.19	17.19	17.19	441.16

重庆市非农人口矩阵的逆矩阵　　表 5.19

0.002819284	0	0	0	0	0
-7.96329E-05	0.002739651	0	0	0	0
-0.000119518	-0.000119518	0.002620133	0	0	0
-7.83203E-05	-7.83203E-05	-7.83203E-05	0.002541813	0	0
-0.000183155	-0.000183155	-0.000183155	-0.000183155	0.002358657	0
-9.19062E-05	-9.19062E-05	-9.19062E-05	-9.19062E-05	-9.19062E-05	0.002266751

重庆市历年 Q_i 的计算　　表 5.20

项目 / 年份	基础设施投资 I_u（亿元）	Q_i（万元）	$\sum Q_i$（万元）
1998 年以前	121.00	0.3411	0.3411
1999	21.01	0.0479	0.3891
2000	30.81	0.0637	0.4528
2001	37.02	0.0806	0.5334
2002	114.06	0.2306	0.7640
2003	121.83	0.2464	1.0104

从图 5.12 可以看出，重庆市主城区的基础设施存量严重不足，近些年投资的大幅度增加，弥补了以前的过度短缺。从数据的结果可以看出，同样的城市化速度，同样人数的农民改变职业成为城市居民，重庆市在基础设施投资这方面的投资需求约为 1 万元，低于全国的 1.4 万元的水平，这与前文推导出的重庆市城市化率快于全国的结论是一致的。同样数量的农民进城，需要的基础设施的成本更低。随着城市化的不断推进，基础设施投资的增加会呈现加速态势。

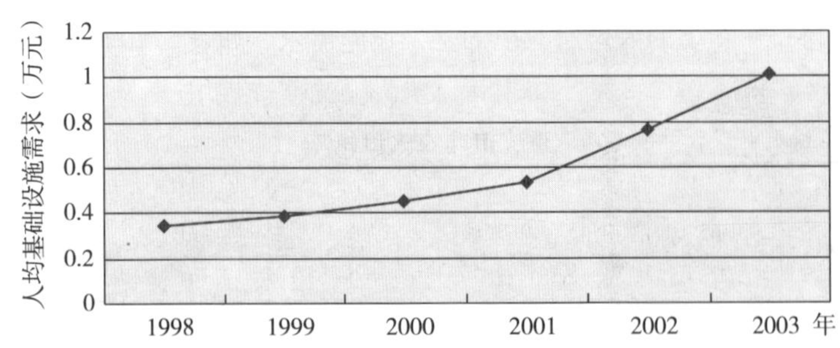

图 5.12 重庆 1998～2003 年人均基础设施需求

但通过重庆和全国数据的对比分析，近些年重庆的基础设施投资波动比较大，2002 年和 2003 年出现了较大的增长。因为从 2002 年开始，重庆市直接把基础设施作为主要的社会投资方向，但是这种完全由政府主导的投资模式容易受到执政领导自身对城市发展定位的影响，随后的基础设施投资能不能按照这个速度发展下去，还存在疑问。可以看到，在城市人口没有明显增加的前提下，基础设施的投资却仍然在不断增加。出现这种现象有两种可能的原因：一是基础设施的历史欠账太多，现在正处于清除历史欠账的阶段，所以短期内投资会有较大的增加，但是从长期来看投资会回落并维持相对平稳的增长；二是基础设施投资现在是正常的，以前的投资严重不足，往后每年都要在现有的基础上不断增加。从重庆市的现状来看，后一种可能性比较大。

5.5.3 重庆市各类基础设施投资对城市化进程的贡献度分析

在分析各分项基础设施对城市化的贡献度时，由于重庆市统计的行业太多，而且有些行业的投资额甚少，为了简化分析，把其中一些相近行业的数据进行合并，最后归为五项，包括水、气供应，道路交通，排水防洪，园林环境和其他。数据统计如表 5.21 所示。

重庆市各行业的基础设施投资和城市化率统计 表 5.21

供水供气（亿元）	道路交通（亿元）	排水防洪（亿元）	园林环境（亿元）	其他（亿元）	城市化率（%）
X_1	X_2	X_3	X_4	X_5	Y
4.08	14.97	2.09	2.09	3.27	27.34
2.83	17.30	4.94	1.99	1.22	27.42
2.94	26.94	2.55	2.13	2.40	28.99
4.67	28.20	6.98	2.89	4.18	29.16
5.07	47.09	15.05	8.11	51.77	32.15
6.20	75.01	31.50	14.91	16.95	32.27

根据前文介绍的模型，可以得出以下的多元对数线性回归模型：

$$Y = a + bX_1 + cX_2 + dX_3 + eX_4 + fX_5 \tag{5.35}$$

其中，Y 表示城市化率增量，a 为常数项，b、c、d、e、f 为相关性系数，X_1 表示供水供气业基础设施投资额，X_2 表示道路交通基础设施投资额，X_3 表示排水防洪基础设施投资额，X_4 表示园林环境基础设施投资额，X_5 表示其他基础设施投资额。用同样的方法进行分析，得到各个系数如表 5.22 所示。

重庆市参数值表　　表 5.22

参数名称	参数值
a	25.07105
b	0.148162
c	0.157697
d	-0.01675
e	-0.3871
f	0.044363

从模拟的结果来看，道路交通类的投资对城市化进程的影响最大，影响系数达到了0.158，其次是供水供气行业为0.148，其他行业的基础设施投资的影响也达到0.044，而排水防洪和园林绿化类却为负值，说明其对城市化的增长贡献不大，这与全国的结论是一致的，因为环境卫生类的在全国的分析中也是负值。个人以为，排水防洪和园林绿化投资的增加在一定程度改善了城市的环境卫生状况，但提高了农民进入城市生活的门槛和成本（例如，近些年城镇污水处理设施的建设和运行已导致了居民用水成本的大幅增加，而城市园林绿化的增加在改善居住环境的同时也在一定程度上推升了房价，等等），对加速城市化进程产生了一定的滞阻。而重庆市多山、交通不便的特点在一定程度上影响了城市化的速度，成为制约城市发展的瓶颈，因此加大道路桥梁类基础设施的投资是当务之急。

5.5.4 结论

本节用重庆的统计资料验证了前面提出的数学模型和理论成果，得出了以重庆市数据为基础的结论，验证的结果说明了前文数学模型的实用性和理论结论的正确性。针对重庆的分析结论主要有三点：

1）重庆市是大农村和大城市的结合体，城市化整体水平比较低，累计的基础设施投入与城市化成线性相关的关系。

2）与全国的平均水平相比，同样的农民进入主城区工作，在整体基础设施使用水平不下降的情况下，2004 年重庆市的人均投资需求大约在 1 万元左右，低于全国的平均水平。

3）从各个行业对城市化的贡献度方面分析，影响最大的是道路桥梁类，这是由于重庆市自身的情况决定的。而环境卫生类表现出了和全国的数据同样的特点，即对城市化的影响是负值，初步分析是环境的改善加大了农民在城市的生活成本，阻碍了城市化的进程。

5.6 本章小结

本书首先介绍了已研究过的各种计算模型及结论，并作了简要的总结与评述；其次，通过对上述模型的归纳和修正，建立了三个模型，分别研究了基础设施投资与城市化进程的关系所涉及的三个问题：基础设施投资对城市化的影响实证分析、城市化进程对基础设施投资的需求量分析以及各类基础设施对城市化的影响分析。在建立模型的基础上用全国的数据进行了实证分析并得出了一些结论。该部分结论概括起来有如下几点：

1）全国城市化率与基础设施投资额呈显著线性正相关，东、中、西部地区也表现出来了相同的特点，其中西部的基础设施对城市化的影响更加明显。

2）基础设施对非农人口增长促进作用的短期的影响并不能很快的显现出来，但是累计的基础设施投资和城市化存在明显的协同增长的关系，因此不能因为短期的不相关而影响长期的投资取向。

3）2000 年城市化进程中的人均基础设施需求，即让一个人成为城市居民所需的基础设施投资约为 14000 元（已按照固定资产投资指数折算为 1990 年价格）。

4）从计算各类基础设施对城市化的影响系数来看，一些传统的和生产性的基础设施产业如水电煤热、交通运输等对城市化的影响正在逐渐衰退，而文化教育、社会服务类投资，显示出对推动城市化进程的巨大作用。

5）从对重庆市进行的单独验证性分析结论可以看到，其在各个方面都表现出与全国情况类似的特点，但是也有一定的差异性。因此，全国各地在制定具体的基础设施投资计划时，需要在全国基础设施投资推论的指导下，结合城市自身的特点，以便基础设施投资的速度和城市化的进程能够协调一致。

6 基础设施投资与城市化进程的规制及建议

国务院发展研究中心副主任李剑阁在《新阶段、新抉择、新路径——中国基础领域改革第五次论坛》开幕式上的致辞中有一段话“在现代综合国力中，基础设施占据十分重要的地位。基础领域的发育程度…决定其城市化进程和水平…”（迟福林主编的《处在十字路口的中国基础领域改革》，中国经济出版，2004 年）。

20 世纪 70 年代以来，世界各国都把发展基础设施摆在社会经济发展的首要地位。为了提高基础设施的质量，不少发达国家实行了基础领域的改革，打破国家对基础领域的垄断，开放市场，降低成本，稳定价格，提高效率，引进民营资本，建立多元和有效的竞争机制。世界各国在基础领域的改革，极大地推动了基础设施及相关行业的发展，基础设施产品和服务的供应能力有了显著提高，成为发达国家和新兴国家拉动经济增长和推进城市化进程的重要动力。

改革开放以来，中国的基础设施建设实现了突飞猛进的发展。但是，与发达国家相比，在资金、技术等方面还有相当大的差距。1998 年，在亚洲金融危机、世界经济不景气的前提下，为保持经济增长速度，消除通货紧缩与消费增长失衡的影响，我国政府制定和执行了一整套稳健的金融政策和积极的财政政策，扩大国债发行，稳定货币供应，通过增加基础设施领域的固定资产投资，带动和促进了相关产业和社会经济的发展，也确保了城市化进程的不断推进。

由于基础领域的产品和服务，关系国计民生，要求安全稳定，其中许多部门是自然垄断和公益性的，需要更多国有资本的参与和有效的控制。因此，随着基础领域改革的不断深化，政府和国有资本在逐步退出具有竞争力和盈利性的基础设施领域的同时，对一些低回报、公益性的基础设施如环保、公共绿化等加强了规制。此外，政府还利用宏观调控、市场准入、监管、计划、规划等多种形式或手段对已步入市场化、民营化的基础设施进行规制，如交通运输、能源供应、邮电通信，等等。这充分说明了研究我国基础设施规制的重要性。

鉴于对基础设施规制方面的研究甚众，如戴猛的《关于我国自然垄断产业的规制与改革》（1996），门建辉的《自然垄断行业政府管制与放松管制》（1999），王宏的《对我国基础产业放松管制的再思考》（2000），王俊豪的

《浙江省基础设施产业政府管制体制改革的基本思路》(2000)，赵西亮的《自然垄断行业：竞争与管制的选择》(2000)，刘新梅、梁莹的《基础设施产业政府规制的效率性分析》(2002)，肖兴志的《基础设施产业规制体制改革的基本框架》(2002)，罗丽萍的《基础设施产业规制激励方案研究》(2004年)，吴绪亮的《中国基础设施产业的亲贫规制体系设计》(2004)，唐文玉的《基础设施民营化改革与良好的政府规制》(2004)，任志涛、张世英的《基础设施领域市场化的价格规制研究》(2004)，唐诗林的《基础设施产业规制机构设置模式研究》(2005)，等等，从不同的视角、不同的层面对基础设施及其产业的规制进行了较为详尽的研究和论述。因此，本书着重从规制概念及理论、国外研究现状及趋势、我国基础设施的行业垄断及规制现状等方面进行分析和阐述。

6.1 我国基础设施的规制现状

6.1.1 规制经济学的概念及主要理论

所谓规制经济学（Economics of Regulation）就是研究谁从规制中得益、谁因规制受损、规制会采取什么形式，以及规制对资源配置的影响的一种理论。施蒂格勒（George Stigler）的《经济规制论》（The Theory of Economic Regulation）(1971) 首次尝试用经济学的基本范畴和方法分析规制的产生，从而开创了经济学的又一个分支——规制经济学[1]。

规制经济学的理论主要有：1）公共利益论——政府规制是对社会的公正和效率需求所作的无代价、有效的反应；2）自然垄断论——传统经济理论认为，从全社会的利益出发，政府必须对自然垄断进行规制，但由于规模经济的存在，过度自由竞争可能造成效率降低，因而某种程度的政府干预是必要的；3）市场失灵论——由于市场在资源配置上的低效率等局限性使其不可能实现帕累托最优，因而政府的规制和干预就是必要的了；4）规制需求论——施蒂格勒在《经济规制论》中认为经济规制是行业中的一些部门和企业利用政府权力为自己谋取利益的一种努力。

6.1.2 国外规制研究现状及发展趋势

国外规制经济学家认为进行规制的根本原因在于市场失灵和社会公平。通过规制来实现纠正市场失灵和保证公平在理论上是有依据的，但实践中却并非如此，因为政府也同样可能失灵。规制的前提是要掌握充分的信息，而实行规制的机构却通常并不拥有充分的信息。此外，规制还常被政治家们用来攫取政治利益（即所谓的寻租），而不是纠正市场失灵，大量财富流向了社会中有势

1 卢现祥，西方国家经济管制的理论与实践述评——兼论我国的行业垄断问题，经济评论，2000年第1期。

力的集团。当然，如果规制过严将降低效率，会导致改革和要求解除规制。尽管如此，从对规制的有限研究成果中，我们可以得到这样的启示：不同国家或行业应针对自身实际情况制定相应的政策包括规制政策。良好的规制依赖于这样一些因素：相关人员的专业知识、可用资源的数量、政治和经济约束、评价规制的能力。

国外研究表明，在过去20年里规制出现了三个趋势：一是健康、安全、环境等社会规制的程度在提高；二是交通运输、电信等基础设施产业已基本解除了经济规制；三是发展中国家为了向市场经济转轨，已开始对现有的各项规制措施进行审查及改革研究[1]。

此外，规制与寻租有许多内在的联系，其产生的根源、过程、结果、范围等均有类似之处。以美国基础设施的提供为例。在美国，基础设施的提供是根据一种特定的社会契约而进行的，服务提供者往往被允许有特定市场的专有权，而政府则负有公共责任，要保证服务责任是在"合理而公平"的价格上完成的。20世纪70年代早期，美国的通货膨胀压力加快了卫生、社会保障及环境等的立法步伐；但在20世纪70年代末和80年代，公众逐渐对规章制订的结果不满导致许多部门如交通运输、通讯、能源等减少了经济立法的行动，实质上是减少了强制性制度供给。在规制与放松的过程中实际上包含着寻租的产生与衰减过程。因为在规制下，市场竞争已失去了作用，谁获得了规制的特许权和经营权就获得了垄断地位，同时也就获得了丰厚的利润。此时，国家放松规制的最大障碍是受规制的部门和企业，因为受规制的部门和企业在规制的过程中已经形成了既得利益，这正是那些部门和企业不愿放松规制的根源。

6.1.3 我国基础设施的行业垄断及规制现状

在我国的交通运输、邮电通讯、能源供应、城市公用事业等公共性、基础性行业中，国有经济仍占垄断地位。"行业垄断"与"政府规制"是这些行业的两大特征，或者说是由于行业的垄断性决定了政府规制的持续性。对国家而言，"行业垄断"和"政府规制"已成为两难困境。从深化市场化改革和提高效率角度讲，应该放松规制和行业垄断；但是从国家财政收入和相关部门及企业生存的角度讲，国家又不能放松规制和行业垄断。我国的渐进式改革，决定了政府决策部门要不断地在这两者之间寻找到均衡点[2]。

我国行业垄断和政府规制是造成设租和寻租过程的原因。一些行业或部门为了维持自己的垄断地位和经营特权，不断游说或论证本行业或部门只能由国有企业特许经营，从而阻止非国有资本的进入和市场竞争。据统计，交通运

1 顾海兵、廖俊霞，国外学者对政府管制的研究综述，开放导报，2000年第5期。

2 卢现祥，我国渐进式改革及其寻租问题，中南财经大学学报，1998年第5期。

输、邮电通讯、能源供应等行业或部门的职工平均工资比全国平均水平高出50%～120%，其福利也较好。与此同时，这些行业为了掩盖自己的低效只有通过不断地寻租维持其垄断地位。例如，2.8万人的美国联合太平洋铁路公司（UP公司）管理着3万公里铁路，平均每公里不到1人，1992年的利润为21亿美元；而我国340万人的国营铁路部门仅管理着5万多公里铁路，平均每公里68人，1994年亏损45亿元。类似情况在我国邮电、能源供应、公用事业等行业都普遍存在。

以电力行业为例，新中国成立以来，我国电力行业一直由国有电力企业垄断经营。投资发展权掌握在中央及中央所属的几大电力管理局手中，电力供给市场基本上是完全垄断。政府规制对电力工业的发展造成一定程度的消极影响：1）导致了电力工业经济的效率损失。政府规制抑制了非国有资本的进入，从投资上限制了电力工业的发展；价格规制限制了企业的积极性，减少了积累和扩大再生产；供给市场的完全垄断，使企业丧失了降低成本、改善经营管理的外部压力，导致了外部的不经济。2）对宏观经济运行有负面影响。我国电力投资占社会总投资的比重较大，其每个百分点的变动都可能给宏观经济运行带来较大冲击。价格规制导致其价格刚性，不能准确、及时地反映电力供求关系的变化，这也是我国近几年电力供需失衡的主要原因之一。3）造成电力供求过程中的寻租现象。"电老虎"曾经是电力部门最通俗的称谓。

此外，一些行业如邮电通讯、交通运输、供水等不仅将其应该承担的固定资产投资部分转移给了消费者，同时还让消费者支付了远高于经营成本（运营费用）的使用或占用费。这主要是政府在市场化改革过程中受体制、财力等的限制对这些垄断行业的规制显得"力不从心"。在西方国家，垄断行业（尤其是自然垄断行业）的投资、收费及定价是严格受政府规制的。但目前在我国，政府不得不把一些收费权下放给这些行业或部门。在垄断的情况下，收费权就会变成超额利润。另外，我国的这些行业效率低下且缺乏竞争[1]，效率低下使得其利用垄断地位、通过提价和乱收费来掩盖自己的亏损并追求收入的最大化，只有竞争和市场化才能消除或减少垄断行业的超额利润。

6.2　我国基础设施投资和城市化进程存在的问题

作为社会"先行资本"[2]，基础设施是城市经济和社会各项事业发展的重要基础，对于城市发展和城市化进程意义重大。因此，基础设施投资必须要在数量、质量及结构上与城市的发展保持一致或适度超前发展[3]。然而，现实是我国的基础设施投资和城市化进程存在着严重的不协调。

1　王俊豪，《政府管制经济学导论》，商务印书馆，2003年。

2　邓淑莲，中国基础设施的公共政策，上海财经大学出版社，2003年。

3　全桂华，城市化进程中的基础设施融资模式问题，山东工商学院学报，2004年第5期。

6.2.1 基础设施投资存在的问题

城市化是当代世界各国社会经济发展的一个主要趋势。如前文分析，我国城市化水平落后于世界平均水平，其根源在于基础设施投资严重滞后于城市化进程。而造成基础设施发展滞后的原因主要有：1）投资不足。我国对基础设施的投入比例远低于国际水平。世界银行在1994年发展报告中认为，发展中国家基础设施建设投资比例应当占其全部固定资产投资的9%～15%，占GDP的3%～5%，而我国基础设施投资长期低于这一比重（具体见表6.1)。2）资金使用效率不高。3）融资渠道单一。基础设施的性质和传统的投融资体制决定了政府是基础设施的主要投资者，而政府用于基础设施的资金有限，同时，其融资的手段和规模又受到体制的约束，使得基础设施投资难以形成稳定、多元的资金渠道[1]。

我国城市基础设施投资基本情况　　**表6.1**

年份	城市基础设施建设投入（亿元）	占全社会固定资产投资比重（%）	占国内生产总值的比重（%）
1990	121.20	2.70	0.65
1991	170.88	3.10	0.79
1992	283.17	3.50	1.06
1993	521.83	4.00	1.50
1994	666.04	3.90	1.42
1995	807.63	4.00	1.38
1996	948.62	4.13	1.40
1997	1142.65	4.60	1.56
1998	1477.61	5.20	1.89
1999	1590.84	5.33	1.98
2000	1893.65	5.76	2.12
2001	2352.43	6.37	2.45
2002	3118.75	7.22	3.05

资料来源：根据建设部有关统计资料整理

我国目前正处于城市化高速增长的阶段，据《2001～2002年中国城市发展报告》估算，到2050年前后，要使我国的城市化水平达到70%，所需投入的基础设施建设资金大约要40万亿～50万亿元，相当于每年平均投入8000～

---

1 城市基础设施投融资体制改革本书组，《中国城市基础设施投融资改革研究报告》，中国建筑工业出版社，2002年。

9000 亿元。如此巨额的资金投入，仅靠传统的以财政投资为主导的投融资模式是无法满足需要的。

6.2.2 城市化进程存在的问题

改革开放以来，我国城市得到一定的发展，2003 年全国设有城市 662 个（包括中央直辖市 4 个、副省级城市 15 个、地级市 250 个、县级市 393 个），建制镇 2 万多个，城市人口 51202 万人，城市化水平已经达到 39.1%[1]。但其中仍存在不少问题。

1. 设市城市数量逐年减少，小城市增加停滞。中小城市不仅是加速城市化进程，吸纳农村人口或剩余劳动力进入城市的主要渠道和空间，而且是提高城市化水平的基础保障和带动周边城镇和农村社会经济发展的中心。但由于县改市审批的冻结，停止了小城市的设立，阻碍了中小城市的建设与发展，进而也影响到城市化进程的加速和城市化水平的提高。

2. 城市发展不均衡，西部城市明显落后。我国西部 10 个省区市中只有 122 个城市，占全国城市总数的 18.43%。从城市的规模和结构来看，规划布局不合理、城市发展不均衡、基础设施水平低等问题在西部地区更为突出。此外，西部 50 万人口以上的大城市更少，只有 62 个，占全国的 14%，而基础设施水平相对较高的大城市数量是反映一个地区城市化水平的重要指标和途径[2]。

3. 城市化进程加速，但城市化水平仍较低。目前世界城市化平均水平为 47%，发达国家城市化平均水平为 75%，我国只有不到 40%。一方面，城市化进程加速突显出城市建设的滞后，基础设施的匮乏和不配套也使得大批项目纷纷仓促上马，而重复、低效率的建设又导致资源、资金的占用及人力资源、产业结构的不合理；同时，基础设施的滞后限制了城市化水平的提高和第三产业的发展，进而削弱了其吸收农村剩余劳动力的能力，并使得第一、第二产业及整个社会经济的发展潜力不能充分发挥。另一方面，较低的城市化水平和城市化进程受阻也降低了其对城市建设尤其是基础设施投资的需求。

6.3 基础设施投资与城市化进程的规制及建议

研究基础设施投资与城市化进程的关系，有利于明确基础设施投资的方向和力度；有利于调整城市的发展战略和制定推进城市化的策略；有利于将基础设施投资与城市化进程的战略目标有效结合起来。因此，在对基础设施投资与城市化进程进行规制分析的基础上，提出协调基础设施投资与城市化进程平衡发展的建议是十分必要的。

---

1 杨重光，中国城市现代化战略思考，中国城市化期刊电子版，2003 年 12 月。

2 汪冬梅，《中国城市化问题研究》，西南财经大学博士学位论文，2003 年 5 月。

在20世纪末本世纪初期，我国的许多学者曾对基础设施改革过程中的一些具体问题提出了自己的主张，包括政府在基础设施建设中的作用、基础设施的民营化和引入民营（私人）资本、基础设施产业的制度创新等，诸如陶然的《制度创新与城市化——兼论我国城市基础设施和公共服务业建设》(1996)，温彦平的《简论政府在基础设施建设中的作用》（1999)，刘新梅、万威武的《对基础设施产业经济属性的再认识》(2000）和《基础设施产业制度创新及模式研究》(2000)，王大生的《关于基础设施建设引入私人资本的思考》(2000)，李新永等的《关于我国基础设施建设中引入民间资本的问题与方法》（2000)，戴英姿的《中国基础设施产业未来发展的若干对策》(2000)，胥春雷、刘新梅的《基础设施产业改革中政府有序退出模式研究》(2000)，李春来的《民间资本与我国的基础设施建设》（2000)，张山林的《城市基础设施建设公共物品投资主体的异化》(2001)，等等。这些研究的成果和观点，也为本书进一步分析基础设施投资与城市化进程的规制和建议提供了一定的帮助。

6.3.1 转变政府职能，建立多元化的融资渠道

近些年，我国政府逐渐打破了传统的计划经济体制下的高度集中的投资模式，明确提出了要使企业成为投资的主体，改变了政府直接管理投资的方式，减少了对投资项目的行政性审批，实行了项目法人责任制、工程监理制、招投标制、合同管理制，以及重大投资项目的稽查制度，初步形成了投资主体多元化、资金来源多渠道、投资方式（融资模式）多元化，以及基础设施投资、运营市场化的新格局。同时，应当看到，目前投资体制仍存在不少问题，不能适应进一步发展社会主义市场经济和加快城市化进程的需要。为此，党的十六大和十六届三中全会对深化投资体制改革做了部署，体现了政府改革投资体制的决心。

1. 转变政府职能，为多元化融资提供各种支持

基础设施投资关系整个社会的发展全局，对城市化的进程也有显著的影响。因此，要高效、有序地进行基础设施建设，建立多元化的投融资渠道，首要的就是转变政府职能。

1）转变政府职能、减少行政干预

在传统的基础设施投资管理模式下，投资者虽然负责项目的资金筹集，但对项目能否实施或何时实施等没有决策权和控制权，承担着较大的风险。国务院《关于投资体制改革的决定》明确规定要改革现行不分投资主体、不分资金来源、不分项目性质，一律按投资规模大小分别由各级政府及相关部门审批的企业投资管理办法。对于企业不使用政府投资的建设项目，一律不再实行审批制，区别不同情况实行核准制和备案制。这个规定明确了在基础设施投资的管理中，未来政府将扮演一个服务型的管理者角色。

2）政府部门应互相配合、提供高效优质的服务

无论是国有或私营企业投资基础设施领域，其主要擅长于筹资和公司制的管理，但在外部投资环境上，需要政府提供相应的支持，政府各部门的工作效率及能否有效的协调配合会对投资者的信心产生较大的影响，甚至于影响到项目投融资的成败。因此，政府部门能否互相配合、提供高效优质的服务显得至关重要。

3）完善基础设施投融资方面的政策、法规

基础设施的多元化融资要求资本市场健康、高效地运行，而资本市场的有效性要求政府必须有一整套合理、公平、明确各方权利义务的政策、法规为投资者进行引导，提供指导。目前，我国已制定了大批引导基础设施投融资的政策和措施，并颁布实施了数以千计的部门规章和相关条例，且随着我国法制化进程的加快，基础设施投资方面的政策、法规还将不断地补充和完善。

2. 运用各种融资模式、建立多元化的融资渠道

如前文分析，为了确保基础设施建设资金的充足，应建立多元化的融资渠道；而要改变基础设施建设中单一的政府财政投资状况，应结合基础设施的性质和特征，充分运用和创新各种融资模式。

公共物品理论认为社会生产消费的物品可根据其效用、消费、供应的性质和特征划分为纯公共物品、准公共物品及私人物品等三大类。因此，具有公共属性的基础设施除了本书第2章的分类外，按其性质和特征可分别归入纯公共物品或准公共物品。此外，按照是否有收费机制（资金流入），又可将基础设施区分为经营性与非经营性项目[1]。

1）经营性项目

经营性项目如电力生产、输送、收费公路等具有收费机制，有较稳定的资金流入，其动机与目的是追求利润的最大化，能够通过市场有效配置资源，应当采取市场化的投融资模式。政府应鼓励和让位于社会资本对其进行投资和经营，投资主体可以是国企、民企或外企，其融资、建设、管理及运营均由投资方自行决策。

其常见的投融资模式主要有：银行信贷融资、项目融资、证券化融资、融资租赁、集合委托贷款融资，等等。2004年2月，国务院发布的《关于推进资本市场改革开放和稳定发展的若干意见》指出，要进一步提高直接融资比例，丰富证券投资品种，完善金融市场结构。这对于基础设施项目在资本市场上探索新型融资模式十分有利。在股权融资方面，可以考虑引入基础设施产业基金。基础设施产业基金是一种通过发行基金受益凭证募集资金，交由专家组成的投资管理机构运作的实体。作为一种股权投资，其拥有稳定的获利能力，

---

1 朱会冲、张燎，《基础设施项目投融资理论与实务》，复旦大学出版社，2002。

具有“集合投资、专家管理、分散风险、运作规范”等特点。如果能够解决基金资产流动性较差的缺点，完善其退出机制和风险控制机制，则基础设施产业基金作为一种新型的融资工具，可以有效吸收社会资金用于基础设施建设。

2）准经营性项目

准经营性项目如垃圾处理等在现有制度及技术约束条件下，政策及收费价格没有完全到位，项目未来现金流入只能支付项目生命周期内建设与运营的部分成本与费用，政府要予以必要的财政支持。该类具有资金密集和收益性低的特点，拥有潜在的利润。但由于政策及收费价格没有完全到位等客观因素，项目通常无法收回成本，具有部分的公益性，属于市场失效或低效的部分。因其经济效益不够明显，完全市场化会不可避免地形成资金供给的诸多缺口，必须要通过政府的适当财政补贴或实施政策优惠才能维持正常营运，并在只有价格逐步到位以及其他条件成熟时，才可转变为纯经营性项目。

因此，其融资模式可以参照经营性项目，结合项目的特点，由政府将项目产生的社会效益一定程度地转化为项目的财务效益给予投资者回报，为社会资金的介入创造条件。由于有政府财政予以补贴或实行优惠政策，项目的融资风险相对较小。例如，对银行信贷融资，政府可以向投资者提供贷款贴息方式，给予投资者适当补偿；政府还可以通过将项目的资产升值部分转让给投资者，以吸引民间资金参与基础设施的建设。近几年，国际上又兴起一种基础设施公私合营模式即 PPP（PUBLIC-PRIVATE-PARTNERSHIP），是由政府与企业共同参与项目的投资、建设、运营，并共担风险、共享收益[1]。PPP 模式很适合准经营性项目的融资，分为建设补偿模式和运营补偿模式两种，其实质仍是一种项目特许经营权。

3）非经营性项目

非经营性项目如敞开式公路、公园、公共绿化等在现有制度条件下，自身无收费机制和现金流入，通常完全由政府财政性资金支持。非经营性项目由于没有确定的收费机制及资金流入，属于市场失效而政府有效的部分，其目的是为了获取社会效益和环境效益，市场调节无法起到作用，这类投资只能由代表社会公共利益的政府财政来承担。因此，从理论上而言，投资主体主要是政府，资金来源以财政投入为主，并辅以固定的税种或费种作为资金保障，其权益也归政府。但是，在政府财政紧张的状况下，如果单纯依靠项目建设期内政府所掌握的财政性资金，则非经营性项目必然不能充分满足全社会的需求，政府应考虑创造有利条件，吸引社会资金参与投资。在具体的投资运作过程中，必须引入竞争机制，实行招投标制度，促进投资效益的提高。

1　National Audit Office. London Underground：Are the Public Private Partnerships likely to work successfully?，Report by the comptroller and auditor general，HC 644 Session 2003－2004：17 June 2004.

其投融资模式主要有：政府财政主导型融资、“收益权”质押贷款、BT或PFI等项目融资创新模式。其中，BT（Build Transfer）模式是由投资者组建项目公司并负责项目的建设，政府与项目公司签署“回购协议”，在项目建成后由政府（或政府性的公司）负责项目的运营，政府在一定期限内按照既定的价格向投资者进行回购。在此种融资模式下，投资者可以将政府签署的回购协议质押给银行，向银行长期贷款融资。尽管项目本身不产生现金流量，但通过政府的回购，使得项目的融资风险基本没有。政府的回购资金，除了满足投资者资本金收回、归还银行贷款外，还包括投资者的合理投资利润。PFI（Private Finance Initiative）模式的英文意思是私人融资活动[1]，其模式与BOT模式相类似，都是政府通过项目招标的方式确定投资主体，并授权后者负责项目的融资、建设与运行。作为对投资主体的回报，政府在授权期限内每年以财政性资金向其支付一定的使用费或租赁费，授权经营期结束时，投资主体将项目无偿转让给政府。在BT或PFI模式下，政府不须出具项目的投资费用，也不必直接承担项目建设期间的各种风险，只需在一定期限内相对均衡的支付报酬或租赁费，就能起到延迟支付的作用，易于平衡财政预算，又可以充分利用社会资金。2002年，上海爱建信托投资公司修建的外环隧道就是PFI融资模式的一个经典案例[2]。

3. 改革投融资体制、提倡政府主导和市场化运作

在投融资的实践过程中，应处理好政府、企业及个人之间以及政府引导与市场决定之间的关系。

1）建立多元化的投融资体制，使政策性投入与市场化补偿相结合

一方面要加大政府对基础设施的投资力度，各级财政要拨专款支持基础设施建设，在现有投入的基础上根据经济发展水平逐年提高；另一方面要动员民间资金参与基础设施建设，积极创造社会资金投资基础设施的政策环境，采取股份制、股份合作制、公用民营、民办公助等多种方式，打破行业壁垒和部门、地区、所有制的界限，鼓励民间资金投入基础设施建设[3]。

2）建立政府主导与市场化运作相结合的投融资体制，加快基础设施产业化进程[4]

一方面，要把基础设施建设作为生产力的有机组成部分，扩大政府向非经营性基础设施的投入；另一方面，要树立经营城市的观念，使基础设施建设由以公益性为主向以经营、开发性为主转变。调动社会各方积极性，鼓励和引导

---

1 蒋时节、王海萌、李世蓉，浅析PFI在英国公共项目管理中的实现过程，中国工程咨询，2002年9月。

2 金昊，PFI项目融资模式在基础设施建设中的应用，建筑经济，2003年9月。

3 鸥朝，加快城市基础设施建设全面推进城市可持续发展，经济问题，1998年第12期。

4 徐永红，《公用基础设施产业投融资市场化理论研究》，重庆大学硕士学位论文，2002年3月。

社会资金参与建设，变民间的自发投资为自觉投资，变分散投资为集中投资。开放基础设施投资市场，加强基础设施出让、转让经营权工作，积极推行BOT（建设—经营—转让）、ABS（资产收益抵押证券）、PFI（私人融资）等政府特许专营的投资方式[1]。动员民间资本和外商资本参与基础设施投资，努力开辟基础设施建设的融资渠道。引入竞争机制，将可经营的基础设施推向市场，鼓励各种社会资本参与竞争。提高基础设施产业化水平，创造日臻完善的投资环境。加大招商引资力度，多方式吸引外商外资投资基础设施。另外，还应采取有力措施盘活存量资产、扩大增量，并确保现有资金渠道的畅通和不流失。城市建设可走综合开发的路子，对主要地段、重点工程、住宅小区以及水、电、路等基础设施进行综合开发、配套建设。

近年来，重庆市政府一改过去由政府出面直接举债为主的投融资体制，转变为以国有建设性投融资集团作为企业向社会融资为主的方式，开创了城市基础设施建设投融资体制市场化改革的“重庆模式”。该模式不仅在实践上推动了重庆基础设施建设的迅速发展，而且在理论上也对传统的投融资体制进行了大胆创新。

从2002年起，市政府先后组建了八大政府建设性投融资集团，实现城市基础设施投融资体制改革的重大突破。“八大投”分别是高速公路发展有限公司、交通旅游投资集团公司、地产公司、城市建设投资公司、能源投资集团、开发投资公司、水利投资有限公司和水务控股集团。通过基础设施存量资产划转、授权、专项资金注入和资产运作等方式，使原来由政府以财政担保、直接举债为主的投资方式，转变为以建设性投资集团作为企业向社会融资为主的方式。这一制度创新从根本上改变重庆原有的投融资体制，最终形成政府主导、市场运作、社会参与的多元化的投资格局。[2]

3）引入先进的政府工程管理模式

对于政府投资的基础设施项目，可引入先进的政府工程管理模式。发达国家的政府工程管理经验表明，通过引入专业的中介咨询机构进行项目管理，从项目前期到竣工验收的所有重要技术环节均由专业人士把关，政府部门同步实施监督，可以预防越位管理、渎职腐败等道德风险的发生和降低工程招投标过程中逆向选择发生的可能性，更重要的是对项目的投资、质量、进度具有良好的控制和管理，提高了政府投资的效率。目前，CM模式、“代建制”等管理模式在我国政府工程尤其是一些基础设施建设中已逐步推广应用，并不断地发展创新[3]。

1　袁野，《城市、城市化与中国城市化进程的研究》，重庆大学硕士学位论文，2001年11月。

2　谢世清，城市基础设施的投融资体制创新：重庆模式，国际经济评论，2009年第4期。

3　周冰、陆彦，国际工程项目管理模式比较，中外建筑，2003第3期。

6.3.2 加强政府对基础设施投资的规划

基础设施规划是指根据国家或地区经济的发展需要，在充分考虑与权衡效率、公平和环保目标的基础上，对基础设施的发展进行数量、结构和项目选择上的设计和计划[1]。

由于投融资体制改革的进行，筹资渠道和投资方向多元化趋势日益明显，加强政府对基础设施投资的规划就显得尤为重要。一是为基础设施的发展（筹资、建设及运营）提供科学的指导和约束，减少或消除基础设施发展中的盲目性，使基础设施的发展既不因供给不足而导致需求受限，又不因发展快速而造成资源浪费，既保证了效率，又体现了公平，且不会对环境造成较大损害；二是由于基础设施一般而言投资巨大，如果没有在科学论证基础上的规划做指导，一旦决策失误，将造成巨大的资源浪费。正因如此，基础设施的健康、持续发展首先应取决于是否有统筹兼顾、切实可行的科学规划。

基础设施规划所依据的参数变量一般都是宏观和中观的，在获得宏观和中观信息方面，政府比微观经济主体更有优势。而且，制定出来的规划必须确保执行和落实，任何个体或民间组织都无力或不愿意承担这一职责，因为这样做的交易成本太大，而收益却很小（根据科斯的“交易费用理论”）。只有政府具有公众赋予的超越任何个体的权利，才能强制地将规划付诸实践。

1. 基础设施规划的原则

政府在进行基础设施投资规划时，应注意以下的两个方面：

1）规划优先

规划是城市建设和发展的蓝图，是经营和管理城市的基本依据。在基础设施建设中应严格遵守规划在前、建设在后的原则，要突出规划的龙头作用，遵循“领先、科学、超前、权威”的基本要求。实践中应重视基础设施的合理布局，完善各类基础设施的体系规划，提高基础设施规划设计水平。

2）规划与计划相结合

在我国，规划与计划脱节是一个长期没有解决的问题。基础设施投资计划是在社会经济的发展目标和发展战略基础上制定的，基础设施规划则是为满足社会经济发展和完善城市功能的需要而制定的。因此，基础设施的规划应与其计划相符合，并且作为计划的一个重要组成部分为其提供依据和技术支持。所以，加快城市化进程必须正确处理基础设施规划与计划之间的相互关系，力求使两者达到协调一致、共同为城市的建设和发展服务。

2. 基础设施规划的制定

基础设施规划从不同的层次、不同的角度有不同的内容，其发挥的作用也是各不相同的，就总体而言，基础设施规划主要有以下几方面。

---

1 邓淑莲，中国基础设施的公共政策，上海财经大学出版社，2003 年。

1）全国范围或局部地区的基础设施投资战略规划

基础设施投资的战略性规划是将全国或部分地区看成一个大系统，研究这一范围内基础设施现状与社会经济或城市化目标的差距，并根据资源最佳利用原则制定出基础设施投资在空间上、产业间及时间段内的分配计划。

制定基础设施投资战略规划，有利于在宏观上对全国或局部地区的基础设施投资进行总体（总量和结构）的安排，明确哪些地区、行业（类型）应该重点加强，哪些地区、行业（类型）应该减少或避免重复建设等，把有限的资金运用到最能带动和影响社会经济及城市化发展的基础设施行业及地区。

2）城市基础设施投资规划

基础设施是城市硬件的重要组成部分，正如前文分析研究所指出的，基础设施投资与城市化进程紧密相关。因此，有必要对基础设施投资进行综合全面、专项细致的规划。一般而言，城市基础设施规划包括5个领域26个专业：一是城市交通建设，具体包括轨道交通、公路建设、城市道路、公交枢纽场站、停车场、交通管理设施等；二是能源建设，具体包括供气、供热、供电、新能源、节能及成品油等；三是水资源保护、利用，具体包括水资源涵养及保护、引水调水、供水、再生水以及防洪设施建设等；四是城市环境建设，具体包括截污治污、河湖水环境治理、城市园林建设、环境卫生设施等；五是地质、邮政、通信、地震、气象等其他市政基础设施建设。

因而在制定基础设施投资规划时要以各专项规划为基础，注重各行业之间的协调、有序、全面发展，使其形成一个有机整体。此外，应结合基础设施投融资体制改革，分析预测公共财政及社会资本对基础设施投入的可能和力度，科学的制定出各类基础设施建设的总体目标和阶段性目标，合理的安排重点基础设施建设项目的空间布局和建设时序。同时，研究制定出保障基础设施投资规划顺利实施的主要政策和措施。

6.3.3 协调基础设施投资与城市化进程的关系

加快城市化进程是我国城市发展的战略目标。为达成这一目标，一方面必须加大基础设施投资力度，但同时要坚持“总体布局、统一规划、分步实施、量力而行、尽力而为”的方针，根据当地社会经济发展的水平和客观需要，结合当前我国固定资产投资成为宏观调控的主要目标，有序推进，逐步实施。另一方面对城市化发展既要有紧迫感，又要有科学的态度，要树立城市化是一个长期过程的观念。因此，协调基础设施投资与城市化进程的关系应注意以下几点。

1. 对基础设施投资加强调控

1）调控基础设施的投资规模

从总量上看，基础设施的发展既不能落后于社会经济和城市发展的需要，又不能过度的超前。基础设施不足将给经济和城市发展过程造成瓶颈和阻碍，而基础设施过多则会造成资源的大量闲置和浪费。

2）调控基础设施投资的结构

基础设施能否对城市发展发挥先行资本的基础性作用，不仅在于基础设施投资的规模大小，而且在于基础设施投资的结构及其作用大小。

根据前面的论述，就总体而言，基础设施对城市化具有很大的促进作用。但是基础设施是一个外延较大的概念，包括的种类较多，不同类型基础设施在经济和城市发展的不同阶段所起的作用是不同的。因此，协调好水利、能源、交通、城市和教育、卫生等基础设施的投资结构及比例，充分发挥各类基础设施的效用，做到统筹规划、系统整合，对全面、有序地推进城市化的进程和促进基础设施投资与城市化进程的协调发展是非常重要的。

3）统筹基础设施投资的空间布局和建设时序

基础设施作为一种公共产品，具有典型的外溢性。同时，基础设施还具有投资额巨大、沉淀资本多、对生态环境的影响力强等特点。随着民营企业、私人资本、外来投资等进入基础设施投资领域，基础设施投资的主体开始走向多元化，国家必须站在规划的高度统筹基础设施投资，避免重复和无序建设造成的资源浪费和环境破坏。同时，对构成城市空间和城市功能载体的基础设施投资，在空间布局上应遵循“先地下、后地上”的原则，在建设时序上应体现“有重点、有先后”的原则，确保基础设施的综合开发和使用，以及建设资金的有效利用。

2. 对基础设施投资的阶段性进行把握

政府在进行基础设施投资规划时，首先必须认识基础设施发展的阶段性，因为不同的经济和城市发展阶段对基础设施的需求也不同。在经济和城市发展初期，分散的手工业经济和简单的防御性城市对基础设施的需求不大，而且这一时期也不可能产生发展基础设施所需的资本。政府在这一时期对基础设施的发展基本上是放任自流，至多对私人资本投资基础设施提供必要的扶持，谈不上规划。但随着经济的发展、工业化时代的到来，日益集中在城市里的大工业生产以前所未有的规模和速度推动经济更快地发展。工业化带动了城市化，从这一时期起，政府对基础设施投资的规划和计划的制订就越发显得重要。

我国目前仍处于基础设施投资规模大、增长快的发展时期，由于受宏观调控的影响，基础设施建设资金相对紧缺。因此，在投资决策时，应尽可能将有限的资金投入到能产生较好效益，能较大程度地促进经济发展，提高城市化水平的基础设施类别上。且政府在制定基础设施投资计划和规划时，也应充分体现这一点。

3. 对不同类型基础设施投资的影响进行识别

基础设施投资的种类虽多，但其对城市化的影响方式和程度却是不同的。例如，交通运输类基础设施的投入（特别是城市对外交通的投入），能够增强城市对周边的辐射功能，使城市的集聚效应更加明显，这样就能吸引更多的农业人口进城，从而促进城市化的发展；而社会服务类基础设施则是从“软件”的角度，吸纳大量的进城务工人员，为他们提供就业岗位，从而保证了非农人口在城市的谋生问题。

然而，在城市化发展的过程中，人口不断集聚、城市规模迅速扩大，要求基础设施的种类和功能必须能够满足各方面的需要，如果出现供水不足、排水不畅、能源电力短缺、交通堵塞等情况，则会使城市集聚而产生的高效率不能得以有效的发挥。因此，一方面要对基础设施投资的构成进行分析以促进其综合效用的最大发挥；另一方面应识别不同类型基础设施投资对城市化的作用，以便将其不利影响降至最小。

6.4 本章小结

本章在对我国基础设施的规制现状、基础设施和城市化存在问题进行剖析的基础上，从政府宏观调控的角度出发，以促进基础设施和城市化共同发展为目的，提出了基础设施投资与城市化进城的规制及建议，包括改革投融资体制、开创多元的融资渠道；加强政府对基础设施投资的规划；协调基础设施投资与城市化进程的关系等。其中，针对不同性质特征的基础设施运用并创新不同的投融资模式，以拓宽融资渠道；制定不同区域范围的基础设施投资规划，以指导基础设施投资的规模和结构；加强对基础设施的投资调控、阶段把握及影响识别，以促进城市化发展等是本章的重点。

7 结　论

7.1 研究的主要结论

7.1.1 主要结论

本书依据基础设施投资推动城市化发展、城市化进程拉动基础设施投资需求的互动原理，对基础设施和城市化的内涵、发展历程、相关理论，以及基础设施的作用、城市化的动力机制等作了深入研究，并从基础设施投资和城市化水平的基础研究、基础设施投资与城市化进程关系的计量模型与实证分析、基础设施投资与城市化进程的规制建议三个方面，对我国基础设施投资与城市化进程关系进行了全面剖析，并用重庆市的相关数据进行了验证。

1. 基础设施是指在国民经济各行业中，为了满足生产、生活的需要而必须具备的一般条件的基础结构和公共设施。本书对其内涵的理解主要包括交通运输设施、邮电通信设施、能源供给设施、学校教育设施、卫生保健设施、社会福利设施六大类。改革开放以来，虽然我国基础设施建设取得了较大成就，但与城市的迅速发展和城市化的快速推进对基础设施的需求相比仍有较大差距，存在投资规模偏低、结构不合理、管理运营效率低下等问题，正成为制约当前社会经济发展的“瓶颈”。此外，虽然东部基础设施投资高于西部，但近几年随着国家宏观调控的加强，基础设施投资有向中西部倾斜的趋势，且交通运输和水电煤热等行业正逐步成为基础设施投资的重点。

2. 城市化进程是一个复杂的空间形态变化和社会、经济的发展过程，它不仅体现为农业人口转化为城市人口，还表现出多方面的变化过程和特征，例如人口、经济、社会的变动，以及城市的集聚效应和中心作用、城市的现代化和城市经济的增长等。对城市化的理解至少应包括三个层次：人口城市化、城市现代化、城市意识现代化。我国的城市化进程漫长而曲折，新中国成立以来主要经历了剧烈震荡期和平稳发展期（共分为六个阶段）。由于历史和地域的原因，城市化总体水平低、区域发展不平衡、基础设施投入滞后城市化进程等现象较为突出。改革开放以来，随着我国经济“持续、快速、健康”的增长，综合国力日益增强，城市发展也开始加速，基础设施对城市化的助推作用日益明显。

3. 基础设施和城市化的相关理论是本书研究的关键。由于基础设施与经济增长、经济增长与城市化之间具有相关性，而基础设施对城市化具有一定的作用和影响，且基础设施是城市化动力机制的重要因素之一。这些都为基础设施投资与城市化进程的关系研究提供了理论源泉和重要佐证。此外，本书还对基础设施投资和城市化水平作了基础性分析，包括基础设施投资的规模和结构（地区和行业）、城市化的指标体系和水平测度等，从统计口径和数据处理方面为实证分析提供了有力的支持。

4. 在基础设施投资与城市化进程关系研究的计量模型与实证分析中，通过基础设施投资对城市化进程的相关性分析可以得出以下结论：①城市化水平与基础设施投资额显著相关，且用各个地区的数据进行比较，均具有类似的关系；②短期内基础设施的投资并不会带来确定的城市化水平的提高；③基础设施对城市化的影响是长期的，对应一定量的基础设施投资额，城市化水平的增加幅度有下降趋势。

通过城市化进程对基础设施投资的需求量分析可以得出以下结论：①1988年至今，全国范围内的基础设施需求呈不断增长的趋势；②随着城市化进程地不断推进，等量的城市化水平提高将会需要更多的基础设施投资；③在未来一定时期，基础设施如想满足预期的需求，年投资增长速度约在10%左右。

通过各类基础设施对城市化进程的相关性分析可以得出以下结论：①一些传统的和生产性的基础设施产业对城市化的影响正逐渐衰退，如水煤电热供应业对城市化的贡献率变得非常小，而交通运输及邮电通讯类的贡献率也在不断的下降。说明随着基础设施投资规模的扩大，对城市化的贡献具有边际递减的趋势；②文化教育类基础设施投资对城市化率的贡献程度最大，社会服务业其次；③基础设施投资的影响是长期的、持续的。当基础设施投资不足或相对落后时其负面影响较大，将会严重阻碍经济的发展和城市化水平的持续提高，且在短期内难以改变。

5. 在对我国基础设施的管制现状及基础设施投资和城市化进程存在的问题分析的基础上，运用基础设施投资与城市化进程关系的研究结论，从改革投融资体制、开创多元的融资渠道，加强政府对基础设施投资的规划，协调基础设施投资与城市化进程的关系等方面提出规制及建议以促进基础设施投资与城市化进程的平衡发展。

7.1.2 主要创新观点

本书主要在以下几个方面进行了理论和研究创新。

1. 在较为详尽地分析评述了基础设施和城市化的内涵及相关理论的基础上，围绕基础设施投资推动城市化发展、城市化进程拉动基础设施投资需求这一逻辑主线，揭示了基础设施投资和城市化进程之间的内在联系。

2. 通过对统计数据处理和建立计量模型，提出并验证了三个实证分析，即基础设施投资对城市化进程的相关性分析；城市化进程对基础设施投资的需求量分析；基础设施各子系统对城市化进程的相关性分析。

1）通过对基础设施与经济增长、经济增长与城市化的关系进行深入地分析研究，并利用生产函数等基本模型建立了修正模型，经计算推导出累积的基础设施投资对城市化进程的影响成对数线性关系以及城市化水平与基础设施投资额显著相关。

2）在分析基础设施投资需求构成（总需求等于短缺需求与附加需求之和，即 $I_u = I_{dd} + I_{ad}$）的基础上，建立了相应的矩阵模型。经计算推导出在未来一定时期，基础设施如想满足预期的需求，年投资增长速度约在10%左右。且随着城市化进程不断推进，等量的城市化水平提高将会需要更多的基础设施投资。

3）根据对基础设施的分类，利用多元对数线性回归模型、最小二乘法、LINEST函数（Excel软件）等进行参数估计和线性拟合，并分别求偏导得出各类基础设施的投资额对城市化率的相关性因素，以判别各类基础设施对城市化的贡献率大小（或重要性）。

3. 运用基础设施投资与城市化进程关系的研究结论，从改革投融资体制、开创多元的融资渠道；加强政府对基础设施投资的规划；协调基础设施投资与城市化进程的关系等方面提出规制及建议以促进基础设施投资与城市化进程的平衡发展。

7.2 进一步的研究与展望

基础设施投资与城市化进程的关系是一个互动的逻辑过程。本书虽然就其动力机制、计量模型和实证分析、规制等进行了较为系统的研究，取得了一定的研究成果，但由于水平及篇幅的限制，还有许多问题有待进一步解决。

1. 研究对象方面。一是基础设施投资的规模和结构受宏观调控的影响在不断的发生变化，实证分析中的统计数据、计量模型及推论难免会随之有所变化；二是基础设施投资的计划和控制受投融资体制改革和规划制定的影响会有较大的改变，其对城市化进程的影响程度（贡献率）也将不同；三是城市化指标体系构建的侧重点不同对其动力的来源、作用大小有着不确定的影响，而城市化水平测度方法的不同将影响对基础设施需求量的判断。

2. 研究意义方面。理论上，基础设施投资与城市化进程的关系不仅仅是相互促进而且还有相互制约，无论基础设施投资和城市化进程中的任何一方超前或滞后都将使另一方受到严重的、长期的影响和损害，因此，如何在两者之间找到一个平衡点或“度”是本书研究的重点；然而现实中，基础设施投资和城市化水平（率）的确定往往带有决策者的主观意志，加之各地区不平衡的社会经济发展水平、基础设施现状、城市发展战略等因素，本书的推论并不一定完全符合每个地区的实际，研究仅供参考。

3. 研究方法方面。本书综合运用了经济学、城市学、统计学等基本原理，将建筑经济学、城市经济学、公共经济学、区域经济学、计量经济学、制度经济学、政府管制经济学等学科及经济增长、基础设施投融资、城市发展战略等相关理论知识，以定量分析为主、定性分析为辅，将基础设施和城市化的理论和实际有机地结合起来，并对二者的关系进行了一定的研究。鉴于对统计学和计量经济学的肤浅了解，在数据处理、模型的建立和修正、计算流程、指标解释及相关软件的运用方面还存在一些不足，疏漏在所难免。

4. 研究成果方面。本书一方面对国内外有关基础设施和城市化方面的理论和研究成果广征博引、分析借鉴，从中获取了基础设施投资推动城市化发展、城市化进程拉动基础设施投资需求的逻辑主线，进而奠定了基础设施投资与城市化进程关系的理论基础；另一方面收集、整理了大量基础设施投资和城市化方面的统计资料，经过科学、严谨的数据筛选和修正，并运用成熟的计量模型（经过修正）、系统的计算流程、科学的计算方法，成功的导出与实际基本相符的合理推论。但由于作者本人阅历、知识面、理论深度以及论文写作时间等比较有限，许多研究结果未能逐一推敲和反复验证，理论的综述和剖析也浅尝辄止，尤其觉得城市化的动力机制研究、基础设施投资与城市化进程的规制以及建议等研究仍缺乏理论深度和说服力，希望未来的研究中能有所突破。

参考文献

[1] 亚当·斯密．国民财富的性质和原因的研究（下）．北京：商务印书馆，1974

[2] 林森木．城市基础设施管理．北京：经济管理出版社，1998

[3]（英）阿瑟刘易斯．经济增长理论．北京：商务印书馆，1996

[4]（英）凯恩斯．就业、利息和货币通论．北京：商务印书馆，1998

[5]（美）H·钱纳里等．工业化与经济增长的比较研究．上海：上海三联书店，1989

[6]（美）W·W·罗斯托．从起飞进入经济增长的经济学．成都：四川人民出版社，1988

[7] 西蒙·库兹涅茨．现代经济增长．北京：北京经济学院出版社，1989

[8] 赫茨勒．世界人口的危机．北京：商务印书馆，1963

[9] 托达罗．第三世界的经济发展．北京：中国人民大学出版社，1988

[10] H·孟德拉斯．农民的终结．北京：中国社会科学出版社，1991

[11] 赵伟．城市经济理论与中国城市发展．武汉：武汉大学出版社，2005

[12] 杨军．基础设施投资论．北京：中国经济出版社，2003

[13] 王延中．基础设施与制造业关系研究．北京：社会科学出版社，1998

[14] 邓淑莲．中国基础设施的公共政策，上海：上海财经大学出版社，2001

[15] 李梦白．城市建设经济学．北京：中国经济出版社，1997

[16] 王辰．基础产业融资论．北京：中国人民大学出版社，1998

[17] 严正．21 世纪中国城市发展问题报告．北京：中国发展出版社，2004

[18] 魁奈．魁奈经济著作选集，北京：商务印书馆，1979

[19] 马光．环境与可持续发展导论．北京：科学出版社，2000

[20] 王放．中国城市化与可持续发展．北京：科学出版社，2000

[21] 王旭，黄柯可．城市社会的变迁．北京：中国社会科学出版社，1998 年版

[22] 保罗·贝洛克．城市与经济发展．南昌：江西人民出版社，1991

[23] 廖进中．现代经济发展要有基于城市化推进的“五年战略”．北京：中国发展出版社，2007

[24] 薛澜等．中国基础设施建设制度的构建原则．中国软科学，2001 年 12 期

[25] 宋书伟．中国科技兴市大趋势．北京：中国物价出版社，1992

[26] 钱家骏，毛立本．要重视国民经济基础结构的研究和改善．经济管理．1981 年第 3 期

[27] 刘景林．论基础结构．中国社会科学，1983 年第 1 期

[28] 俞孔坚，李迪华．城乡生态基础设施建设．中华人民共和国建设部．建设事业技术政策纲要．2004，115－124

[29] 辜胜阻．中国城镇化发展研究．中国社会科学，1993 年第 5 期

[30] 姜爱林．21 世纪初我国城镇化发展的战略思考．经济纵横，2001 年第 6 期

[31] 刘立峰．基础产业与加工工业投资比例关系研究．财经问题研究，1995
[32] 樊纲．论基础瓶颈．财经科学，1990 年第 5 期
[33] 刘德顺．我国基础设施水平与经济增长的区域比较分析．开发研究，1994 年第 5 期
[34] 姜轶嵩，朱喜．中国的经济增长与基础设施建设．管理评论，2004 年第 9 期
[35] 范九利，白暴利．基础设施投资与中国经济增长的地区差异研究．人文地理，2004 年第 2 期
[36] 刘伦武．基础设施投资对经济增长推动作用的动态计量模型与分析．数理统计与管理，2005 年第 3 期
[37] 费孝通．我看到的中国农村工业化和城市化道路．浙江社会科学，1998 年第 7 期
[38] 杨军．基础设施对经济增长的理论演进．经济评论，2000 年 3 月
[39] 柳杰，李治国．基础设施投资与经济增长关系实证研究．商业时代，2007 年第 30 期
[40] 乔宁宁．中国各地区基础设施投资效果的研究分析．统计教育，2009 年第 9 期
[41] 金凤君．基础设施与人类生存环境关系之研究．地理科学进展，2001 年第 3 期
[42] 许江萍．韩国基础产业建设资金的筹措及启示．管理世界，1994 年第 1 期
[43] 王家诚，李金峰．我国基础产业现状与发展对策．中国工业经济，1999 年第 8 期
[44] 卢其源．试论加强城市基础设施建设的必要性．长江建设，1994 年 3 期
[45] 夏代川等．四川基础设施现状及对经济发展的影响．中国软科学，1997 年第 4 期
[46] 王国定等．论基础设施部门所处的地位与其他部门之关系．经济问题，2001 年第 4 期
[47] 汪海．谈基础设施建设投资拉动．江苏经济探索，1998 年第 10 期
[48] 唐建新．基础设施与经济增长——兼论我国基础设施瓶颈约束产生的原因与对策．经济评论，1998 年第 2 期
[49] 孙桂芳．加快基础设施建设，促进社会经济发展．立信会计高等专科学校学报，2000 年第 2 期
[50] 徐曙娜．政府与基础设施、基础产业．财经研究，2000 年第 3 期
[51] 夏波．加大基础设施投资，促进国民经济腾飞．基建管理现代化，1999 年第 2 期
[52] 周一星，于海波等．对我国第五次人口普查城镇化水平的初步分析．管理世界，2001 年第 5 期
[53] 蔡宇平．论我国城市化的道路选择．经济问题，2000，(4)
[54] 于江平．我国城市化道路的再探讨．未来与发展，2002，(6)
[55] 郑静．论大城市小城镇与可持续发展的城市化道路．规划师，2000 年第 5 期
[56] 张正河．小城镇难当城市化主角．中国软科学，1998 年第 8 期
[57] 陈兴渝．乡村城市化道路问题与对策．城市问题，1999 年第 2 期
[58] 孔祥智．中国农村小城镇建设现状问题和对策．农业经济问题，2000 年第 3 期
[59] 邓卫．探索适合国情的城市化道路——城市规模问题的再认识．城市规划，2000 年第 3 期
[60] 汪丁丁．制度创新的一般理论．经济研究，1992 年第 5 期
[61] 刘传江．世界城市化发展进程及机制．世界经济，1999 年第 12 期

[62] 邢佳佳. 城市化与美国市政体制改革. 山东师大学报（社会科学版），1998 年第 3 期
[63] 马侠. 工业人口、国民生产总值与城市发展. 中国社会科学，1987 第 5 期
[64] 陈晓峰. 小城镇主导型的农村城市化模式. 城市发展研究，2000 年第 3 期
[65] 王远征. 中国城市化道路的选择与障碍. 战略与管理，2001 年第 1 期
[66] 吴林海，刘韶龄. 论城市化的形成机制、发展模式与我国城市化的道路选择. 兰州学刊，2001 年第 5 期
[67] 王红杨. 对新时代背景下中国城市化研究的方法论思考. 城市规划，2000 年第 6 期
[68] 叶常林. 城市化的关键——要素结构的整合. 财经科学，2001 年第 3 期
[69] 国家计委宏观经济研究院本书组. 关于'十五'时期实施城市化战略的几个问题. 宏观经济管理，2000 年第 4 期
[70] 于晓明. 对中国城市化道路几个问题的思索. 城市问题，1999 年第 5 期
[71] 齐红倩. 城市化——解决我国有效需求不足的关键. 管理世界，2000 年第 2 期
[72] 朱林兴 、林桥. 论中国小城镇的建设. 财经研究，1999 年第 3 期
[73] 余波. 我国城市化问题讨论综述. 经济纵横，2002 年第 1 期
[74] 冀延卿. 发展小城镇是推进我国城市化的必由之路. 经济经纬，2002 年第 2 期
[75] 马庚存. 略论中等城市的城市化道路. 理论学刊，2001 年第 6 期
[76] 江观伙. 农村城市化与乡镇企业. 攀登，2001 年第 2 期
[77] 闫振云. 城市化——中国走向现代化的必由之路. 经济师，2002 年第 3 期
[78] 刘福垣. 推进城市化战略的主要切入点. 光明日报，2000-12-5
[79] 朱铁臻. 城市化是新世纪中国经济高增长的强大动力. 经济观察，2000 年第 1 期
[80] 戴均良. 城镇化发展战略与城市体制创新. 城市发展研究，2002 年第 1 期
[81] 杨学成. 我国不同规模城市的经济效率和经济成长力的实证研究. 管理世界，2002 年第 3 期
[82] 孟晓晨. 中国城市化的双轨归一道路. 城市问题，1990 年第 1 期
[83] 俞燕山. 我国小城镇改革与发展政策研究. 改革，2000 年第 1 期
[84] 王思斌. 我国小城镇发展的制度分析. 社会学研究，1997 年第 5 期
[85] 郑静. 论大城市、小城镇与可持续发展的城市化道路. 规划师，2000 年第 5 期
[86] 李强. 影响中国城乡流动人口的推力与拉力因素分析. 中国社会科学，2003 年第 1 期
[87] 孙良. 中国制度变迁理论研究述评. 经济学动态，2002 年第 2 期
[88] 柳新元. 制度安排的实施机制与制度安排的绩效. 经济评论，2002 年第 4 期
[89] 许庆明. 加快城市化进程的动力结构分析. 中国农村经济，2001 年第 11 期
[90] 傅琼. 浅析中国城市化进程中的城市政府管理. 行政与法，2003 年第 5 期
[91] 崔功豪，马润潮. 中国自下而上城市化的发展及其动力机制. 地理学报，1999，54（2）：106~115
[92] 陈柳钦. 论城市化发展的动力机制——从产业结构转移与发展的视角来研究. 现代经济探讨，2005 年第 1 期
[93] 林国蛟. 中国城市化的动力机制研究. 浙江大学博士论文，2005 年 9 月

[94] 任军号等．城市化动力机制及其作用机理研究．西安电子科技大学学报（社科版），2004 年第 4 期
[95] 陈先枢．试论中国城市发展的动力与机制．现代城市研究，2002 年第 2 期
[96] 张爱珠．中国城市现代化动力分析．城市发展研究，1997 年第 6 期
[97] 袁海．包含制度因素的我国城市化动力机制的实证分析．首都经济贸易大学学报，2004 年第 2 期
[98] 高云虹．中国城市化动力机制分析．广东商学院学报，2003 年第 3 期
[99] 王小侠，刘杰．中国城市化的动力机制初探．沈阳师范大学学报（社科版），2005 年第 3 期
[100] 段杰，李江．中国城市化进程的特点、动力机制及发展前景．经济地理，1999 年第 6 期
[101] 孙中和．中国城市化基本内涵与动力机制研究．财经问题研究，2001 年 11 期
[102] 李随成等．城市发展动力评价指标体系设计．科学学与科学技术管理，2003 年 11 期
[103] 孙宏霞，韩同欣．中国城市化动力机制演变的对策研究．青岛大学师范学院学报，2003 年第 2 期
[104] 张永丽、柳建平．试论我国西部地区城市化的动力机制．生产力研究，2004 年第 1 期
[105] 王明浩等．城市可持续发展的动力与保障．现代经济探讨，2004 年第 8 期
[106] 钱敏泽．非农就业比率与城市化水平关系的比较研究．经济理论与经济管理，2001 年第 8 期
[107] 汪光焘．关于当代中国城镇化发展战略的思考．中国软科学，2002 年第 11 期
[108] 林国先．论城镇化的道路选择与制度供给．中国农村经济，2002 年第 8 期
[109] 张正和．论农村生产要素准城市化．经济学家，2001 年第 4 期
[110] 龚唯平．马克思城市化理论探微．经济前沿，2001 年第 6 期
[111] 陈甬军．中国城市化道路的新探索“城市化——中国新世纪发展的挑战与对策”国际研讨会综述．中国经济问题，2001 年第 6 期
[112] 冯长春等．中国大陆城市基础设施建设与发展．重庆建筑大学学报，2001 年增刊
[113] 凯宁．世界基础设施数据表．世界经济回顾，1998 年版，第十二卷、第三册
[114] 范春永．我国城市化进程和对策．城乡建设，1997 年第 9 期
[115] 沈立人．全面理解和整体推进城市化．财经问题研究，2001 年第 3 期
[116] 李明，张文和．城市化定义再研究．重庆建筑，2003 年第 8 期
[117] 余其刚，夏永祥．城市化进程理论的一般探讨．经济学动态，2001 年 9 月
[118] 张耕田．关于建立城市化水平指标体系的探讨．城市问题，1998，（1）
[119] 李振福．城市化水平综合测度模型研究．北方交通大学学报，2003，（1）
[120] 欧名豪，李武艳．区域城市化水平的综合测度研究．长江流域资源与环境，2004，（5）
[121] 汪冬梅．中国城市化问题研究．山东农业大学博士论文，2003，（5）：22
[122] 刘克利，祝树金．城市化水平评价及长沙市城市化发展策略．财经理论与实践，

2003，(124)

[123] 台冰，李怀祖．综合城市化水平测度研究．学术界，2006，(5)

[124] 夏永祥，余其刚．世界城市化进程的一般规律和中国的实践．中国城市化：实证分析与对策研究论文集，2002

[125] 李文博，陈永杰．中国城市化：水平与结构偏差．中国城市化：实证分析与对策研究论文集，2002

[126] 张宏霖．中国城市化与经济发展．中国城市化：实证分析与对策研究论文集，2002

[127] 陈其林等．中国城市化道路选择的实证分析．中国城市化：实证分析与对策研究论文集，2002

[128] 陈爱民，爱德华冠森．影响中国人口城市化的因素分析．中国城市化：实证分析与对策研究论文集，2002

[129] 德怀特·H·珀金斯．中国经济对中国经济学家提出的挑战．中国经济问题，2001年第5期

[130] 黄聪等．中国建设推动力的计量模型与分析研究．东南大学学报（自然科学版），2000年7月

[131] 马树才等．基础设施投资拉动经济增长测算研究．统计研究，2001年10月

[132] 踪家峰，李静．中国的基础设施发展与经济增长的实证分析．统计研究，2006，(7)：18－22

[133] 郭小东，武少芩．中国公共投资与经济增长关系的PVAR分析——以中国31个省级单位的公路建设为实证研究案例．学术研究，2007，(3)：40－49

[134] 张学良．中国交通基础设施与经济增长的区域比较分析．财经研究，2007，(8)：51－64

[135] 马文田．我国基础设施建设对经济增长的影响研究——以公路工程为例．中南财经政法大学学报，2008，(3)：26－27

[136] 朱亚敏．经济基础设施对我国经济增长贡献研究．硕士论文，2004年4月

[137] 刘伦武．经济基础设施对经济增长推动作用的动态计量模型与分析．数理统计与管理，2005年3月

[138] 范九力等．基础设施资本对经济增长贡献的研究进展．当代经济科学，2004年第2期

[139] 周一星．城市化与国民生产总值关系的规律性探讨．人口与经济，1982年1期

[140] 徐雪梅等．城市化对推动经济增长的经济学分析．城镇化，2004年第2期

[141] 吴云龙．中国人口城市化与经济增长的相关分析．吉林大学硕士论文，2005年8月

[142] 阳立高，廖进中．城市化拉动中国经济增长实证研究．经济问题，2009年第1期

[143] 李金昌，程开明．中国城市化与经济增长的动态计量分析．财经研究，2006，(10)：19 － 301

[144] 张宪平，刘靖宇．城镇化发展与县域经济增长关系的实证分析．生产力研究，2008，(2)：49 － 501

[145] 杨慧．北京城市化与经济增长研究．经济与管理，2004 年第 4 期
[146] 戴猛．关于我国自然垄断产业的规制与改革．经济问题探索，1996 年第 10 期
[147] 门建辉．自然垄断行业政府管制与放松管制．经济评论，1999 年第 1 期
[148] 王宏．对我国基础产业放松管制的再思考．经济问题探索，2000 年第 9 期
[149] 王俊豪．浙江省基础设施产业政府管制体制改革的基本思路．浙江社会科学，2000 年第 2 期
[150] 赵西亮．自然垄断行业：竞争与管制的选择．理论学刊，2000 年第 6 期
[151] 刘新梅、梁莹．基础设施产业政府规制的效率性分析．控制与决策．第 17 卷增刊，2002 年 11 月
[152] 肖兴志．基础设施产业规制体制改革的基本框架．中国铁路，2002 年 08 期
[153] 罗丽萍．基础设施产业规制激励方案研究．技术管理与创新，2004 年 05 期
[154] 吴绪亮．中国基础设施产业的亲贫规制体系设计．改革，2004 年 04 期
[155] 唐文玉．基础设施民营化改革与良好的政府规制．中共云南省委党校学报，2004 年第 6 期
[156] 任志涛，张世英．基础设施领域市场化的价格规制研究．价格理论与实践，2004 年 11 期
[157] 唐诗林．基础设施产业规制机构设置模式研究．东北财经大学硕士论文，2005 年 7 月
[158] 陶然．制度创新与城市化——兼论我国城市基础设施和公共服务业建设．城市问题，1996 年第 4 期
[159] 温彦平．简论政府在基础设施建设中的作用．“政府管理与国有企业改革和发展”理论研讨会论文集，1999
[160] 刘新梅、万威武．对基础设施产业经济属性的再认识．西安交通大学学报（社科版）第 20 卷第 1 期，2000 年 3 月
[161] 刘新梅，万威武．基础设施产业制度创新及模式研究．铁道经济研究，2000 年第 1 期
[162] 王大生．关于基础设施建设引入私人资本的思考．贵州财经学院学报，2000 年第 4 期
[163] 李新永等．关于我国基础设施建设中引入民间资本的问题与方法．北方经贸，2000 年第 5 期
[164] 戴英姿．中国基础设施产业未来发展的若干对策．辽宁大学学报（哲学社科版）第 28 卷第 4 期，2000 年 7 月
[165] 胥春雷，刘新梅．基础设施产业改革中政府有序退出模式研究．中国软科学，2000 年 11 期
[166] 李春来．民间资本与我国的基础设施建设．华东经济管理．第 14 卷第 6 期，2000 年 12 月
[167] 张山林．城市基础设施建设公共物品投资主体的异化．中南财经大学学报，2001 年第 6 期
[168] 朱农．发展中国家的城市化问题研究．经济评论，2000 年第 5 期
[169] 林汉达．关于城市化与第三产业协调发展的思考．岭南学刊，1998 年第 6 期

[170] 薛凤旋．外资发展中国家城市化的新动力——珠江三角洲个案研究．地理学报，1997 年第 3 期
[171] 高佩义．城市引力场论．城市经济，1998 年第 8 期
[172] 吴泽波．城市基础设施投资体制改革对策．中国投资，1999 年第 9 期
[173] 吴庆．政府在基础设施投资中应该发挥的作用．财政研究，2001 年第 2 期
[174] 王元京．如何改革我国基础设施投资体制．中国投资，1999 年第 10 期
[175] 王燕梅．投资与地区经济增长的相关分析．经济评论，2002 年第 3 期
[176] 杨兴华．我国城市化发展的十大趋势．http：//gtob. ningbo. gov. cn，2003. 3
[177] 郑思齐，刘洪玉．Interaction Among Construction Investment，Other Investment and GDP in China，Tsinghua Science and Technology，2004 年第 2 期
[178] Ashuer，David，Is Public Expenditure Productive? Journal of Monetary Economics，23，pp. 177 －200，1989.
[179] Canning，David，Marianne Fay，Roberto Perotti，Infrastucture and Growth，in Mario Baldassarri，Luigi Paganetto，Edmund Phelps （eds），International differences in Growth rates，New York，Mavmillan Press，pp. 113 －417，1994.
[180] Esterly，W.，S. rebelo，Fiscal Policy and economic growth：an empirical investigation，Journal of Monetary Economics，32，pp. 417 －460，1993.
[181] World Bank Development Report 1994：Infrastructure For Development，N. Y，Oxford Press，1994.
[182] Hashiya，H.，"Urbanization in the Republic of Korea and Taiwan：an NEWS pattern"，The Developing Economies，XXXIV －4 （December 1996）.
[183] CHRISTOPHER WILSON. The Dictionary of Demography ［M］. Oxford：Basil Blackwell Ltd，1986.
[184] Kojima R.，"Introduction：Population Migration and Urbanization in Developing countries"，The Developing Economies，XXXIV －4 （December 1996）.
[185] Ma，Z，Liaw，K-L and Zeng，Y，"Migrations in the Urban-rural Hierarchy of China：Insights from The Microdata of the 1 987 National Survey"，Environment and Planning 1997，volume e29，pp. 707 730.
[186] WIRTIH，LOUIS. Urbanism as a Way of life ［J］. American Journal of Sociology，1989 （29）：46 －63.
[187] Mazumdar，D，"Rural-Urban Migration in Developing Countries"，Handbook of Regional and Urban Economics，Volume II，Edited by E. S. Mills 1987，Elsevier Science Publisher B. V.
[188] Nakanishi，T.，"Comparative Study of Informal Labor Markets in the Urbanization Process：Philippines and Thailand"，The Developing Economies，XXXIV －4 （December 1996）.
[189] Oberai，A. S.，"Migration，Urbanization et Development"，BIT. Paris，1989.
[190] Rondinelli，D. A，"Population Distribution and Economic Development in Africa：The Need for Urbanization Policies"，Population Research and Policy Review，4 （1995）.

[191] United Nations, "World Urbanization Prospects 1990: Estimates and Projections of Urban and Rural Population and of Urban Agglomerations", United Nations, New York, 1991.

[192] Williamson, J. G., "Migration and Urbanization", Handbook of Development Economics, Volume I, Edited by H. Chenery and T. N. Srinivasan, Elsevier Science Publisher B. V. 1988.

[193] Williamson, J. G. (1988a), "Migrant Selectivity, Urbanization, and Industrial Revolution", Population and Development Review 14, No. 2 (June, 1988).

[194] World Bank, "World Development Report", Oxford University Press, Inc, 1992.

[195] Goldstein, S., "Urbanization in China, 1982 - 87: Effects of Migration and Reclassification", Population and Development Review, Vol. 16, No. 4 (1990).

[196] Bell, Daniel. "The Coming of Post-Industrial Society: A Venture in Social Forecasting", London: Heinemann Educational Book Ltd, 1974.

[197] Carter, Harold. "The Study of Urban Geography", London: Arnold, Fourth edition, 1995.

[198] Dicken, Peter. "Global shift: industrial change in a turbulent world", London: Harper & Row, Publishers, 1986.

[199] Harvey, David. "Explanation in Geography", London: Edward Arnold (Publishers) Ltd, 1969, Reprinted in 1976.

[200] Lin, G. Chu-sheng. "Changing Theoretical Perspectives on Urbanization in Asian and Developing Countries", Third World planning review 16 (1), 1994.

[201] Sit, F. S. "Introduction: Urbanization and City Development in the People's Republic of China", In, Sit, F. S. (ed.), Chinese Cities. Hong Kong: Oxford University Press, 1985.

[202] Friedmann J. "Urbanization, Planning and National Development", London, Sage Publications, 1973.

[203] Xu Xueqiang, "Characteristics of Urbanization of China", Asian Geographer, vol. 3, No. 1, 1984.

[204] Davis, K, "The Urbanization of Human Population", Scientific American, 213, 1965.

[205] Harvey, D., "The Urban Process under Capitalism", International Journal of Urban and Regional Research, No. 2, 1978.

[206] Brown, L. A. and Moore, E. G., "The Intra-urban Migration Process, a Perspective", Geographical Annals B, vol. 52, 1970.

[207] Richancl B. Andrews, "Elements in the Urban Fringe Pattern, Journal of Land and Public Utilities, Economics", Vol. 18 (1942).

附录（计算过程）

计算过程1：用EXCEL软件计算人口矩阵逆矩阵

第一步：用统计数据构造非农人口矩阵，并选择函数中的其他函数。

表5.10 非农人口矩阵

Table 5.10 Matrix of non-agriculture population nationwide

A	B	C	D	E	F	G	H	I	J	K	L	M
20406	0	0	0	0	0	0	0	0	0	0	0	0
764	21170	0	0	0	0	0	0	0	0	0	0	0
564	564	21734	0	0	0	0	0	0	0	0	0	0
558	558	558	22292	0	0	0	0	0	0	0	0	0
1120	1120	1120	1120	23412	0	0	0	0	0	0	0	0
1200	1200	1200	1200	1200	24612	0	0	0	0	0	0	0
1328	1328	1328	1328	1328	1328	25940	0	0	0	0	0	0
1326	1326	1326	1326	1326	1326	1326	27266	0	0	0	0	0
672	672	672	672	672	672	672	672	27938	0	0	0	0
797	797	797	797	797	797	797	797	797	28735	0	0	0
585	585	585	585	585	585	585	585	585	585	29320	0	0
779	779	779	779	779	779	779	779	779	779	779	30099	0
1022	1022	1022	1022	1022	1022	1022	1022	1022	1022	1022	1022	31121

第二步：插入数学与三角函数中的“MINIVERSE”函数，该函数的作用是返回一数组所代表矩阵的逆。

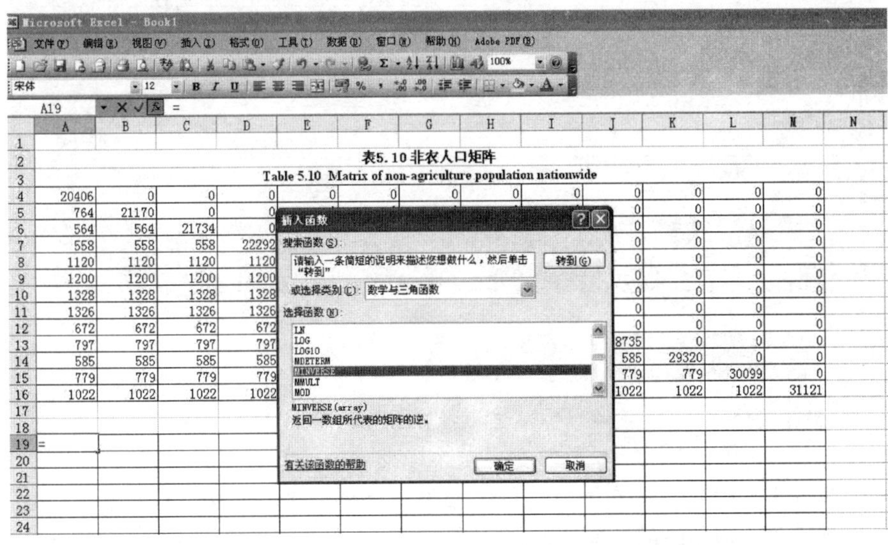

第三步：选择数组 A4：M16 进入对话框，并且复制公示栏中的公式

第四步：选取与计算矩阵相同的区域（如该人口矩阵为 13 ∗ 13，则选择区域也应为 13 ∗ 13），在公示栏粘贴公式，此时页面右下角显示“编辑字样。”

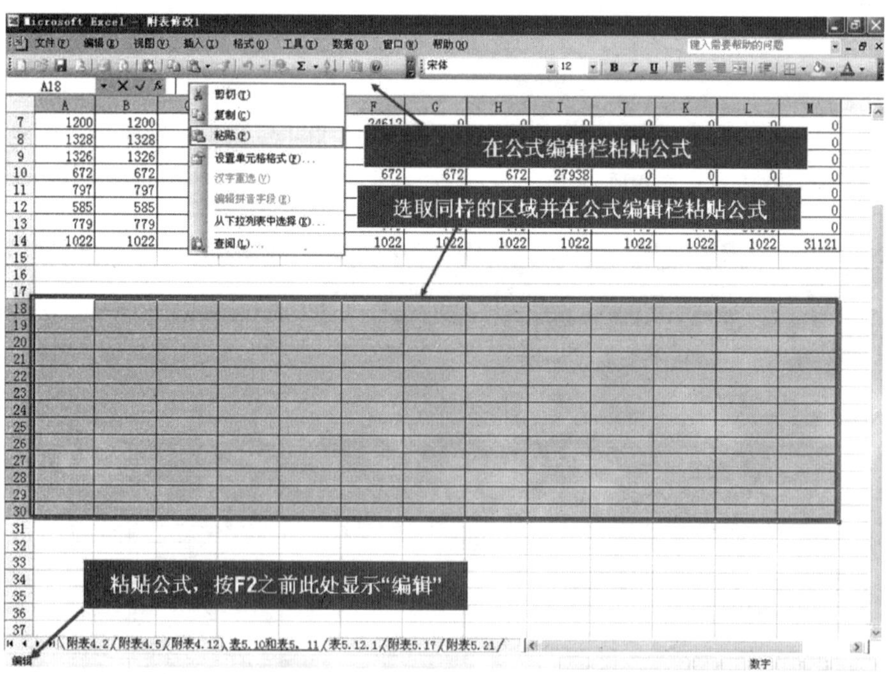

第五步：按 F2，则右下角显示“输出”字样，再同时按 Ctrl + Shift + Enter，即可得到逆矩阵的计算结果。

Microsoft Excel - 附表修改1

A18 {=MINVERSE(A2:M14)}

	A	B	C	D	E	F	G	H	I
6	1120	1120	1120	1120	23412	0	0	0	0
7	1200	1200	1200	1200	1200	24612	0	0	0
8	1328	1328	1328	1328	1328	1328	25940	0	0
9	1326	1326	1326	1326	1326	1326	1326	27266	0
10	672	672	[illegible]	[illegible]	[illegible]	[illegible]	[illegible]	[illegible]	27938
11	797	797	[illegible]	[illegible]	[illegible]	[illegible]	[illegible]	[illegible]	797
12	585	585	[illegible]	[illegible]	[illegible]	[illegible]	[illegible]	[illegible]	585
13	779	779	779	779	779	779	779	779	779
14	1022	1022	1022	1022	1022	1022	1022	1022	1022
15									
16									
17									
18	4.90052E-05	0	0	0	0	0	0	0	0
19	-1.76854E-06	4.72367E-05	0	0	0	0	0	0	0
20	-1.2258E-06	-1.2258E-06	4.60109E-05	0	0	0	0	0	0
21	-1.15172E-06	-1.15172E-06	-1.15172E-06	4.48591E-05	0	0	0	0	0
22	-2.146E-06	-2.146E-06	-2.146E-06	-2.146E-06	4.27131E-05	0	0	0	0
23	-2.08255E-06	-2.08255E-06	-2.08255E-06	-2.08255E-06	-2.08255E-06	4.06306E-05	0	0	0
24	-2.08009E-06	-2.08009E-06	-2.08009E-06	-2.08009E-06	-2.08009E-06	-2.08009E-06	3.85505E-05	0	0
25	-1.87479E-06	-1.87479E-06	-1.87479E-06	-1.87479E-06	-1.87479E-06	-1.87479E-06	-1.87479E-06	3.66757E-05	0
26	-8.8217E-07	-8.8217E-07	-8.8217E-07	-8.8217E-07	-8.8217E-07	-8.8217E-07	-8.8217E-07	-8.8217E-07	3.57935E-05
27	-9.92777E-07	-9.92777E-07	-9.92777E-07	-9.92777E-07	-9.92777E-07	-9.92777E-07	-9.92777E-07	-9.92777E-07	-9.92777E-07
28	-6.94354E-07	-6.94354E-07	-6.94354E-07	-6.94354E-07	-6.94354E-07	-6.94354E-07	-6.94354E-07	-6.94354E-07	-6.94354E-07
29	-8.82717E-07	-8.82717E-07	-8.82717E-07	-8.82717E-07	-8.82717E-07	-8.82717E-07	-8.82717E-07	-8.82717E-07	-8.82717E-07
30	-1.09105E-06	-1.09105E-06	-1.09105E-06	-1.09105E-06	-1.09105E-06	-1.09105E-06	-1.09105E-06	-1.09105E-06	-1.09105E-06

按F2后，按ctrl+shift+center，得到人口矩阵的逆矩阵

此处显示"就绪"

就绪　求和=0.000417724　数字

计算过程 2：用 EXCEL 软件计算新增基础设施需求序列

第一步：在软件中输入人口矩阵的逆矩阵以及基础设施投资数据列。选择函数中求两个函数乘积的"MMULT"函数。

第二步：在ARRY1和ARRY2输入框中分别框选人口逆矩阵和基础设施投资序列矩阵。输入完成后按“确定”按钮。

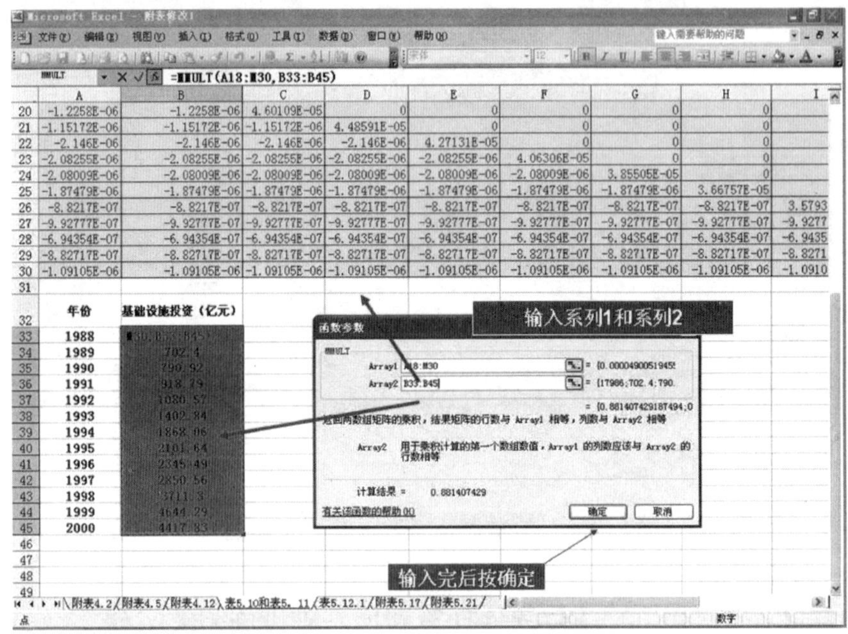

第三步：复制公示栏中的公式，并选择与基础设施同等长度的列区域（因为矩阵和列向量乘积的结果和列向量同等长度），在公示栏中“粘贴”公式。至此，编辑工作完成，但页面右下角仍然“编辑”字样。

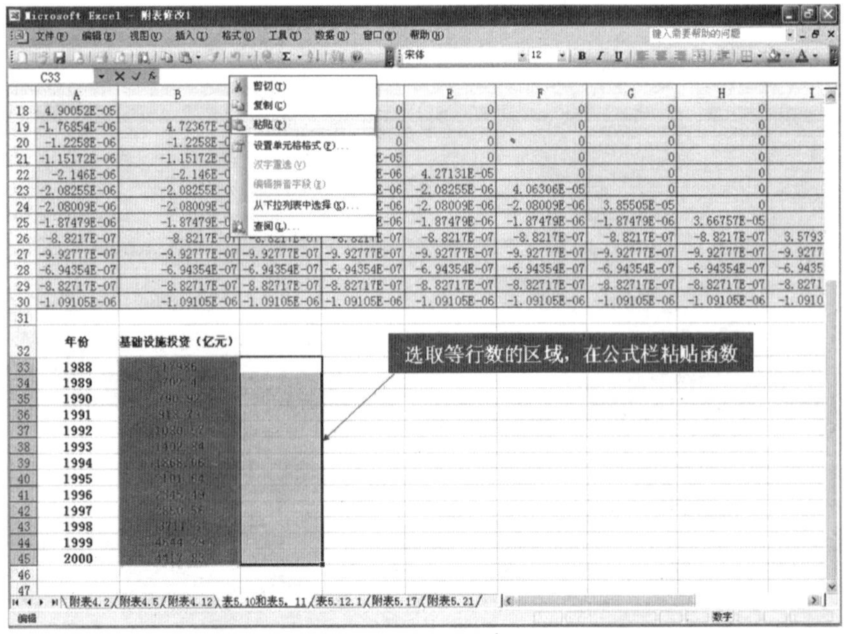

第四步：按 F2 后，页面右下角显示输入状态，此时再按 ctrl + shift + enter，则可以得到相应的计算结果。

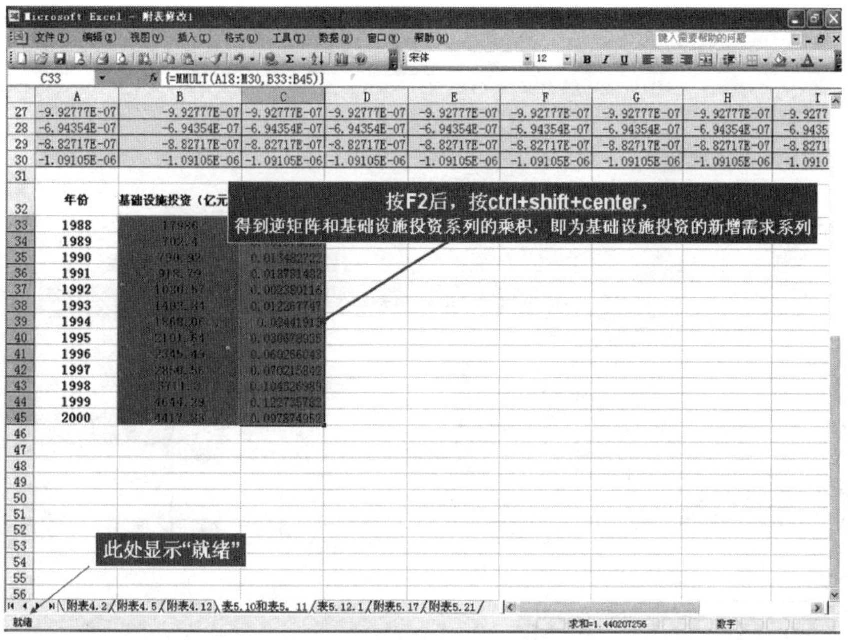

计算过程 3：用 EXCEL 软件计算多元回归方程的结果

第一步：输入数据，选择函数。

	交通运输及邮电通讯业	社	业	文化教育业	水电煤热业	城市化率
年	X_1			X_4	X_5	Y
1988	259.9	111.6	35.02	103.76	312.88	25.81
1989	230.88	148.43	31.13	104.64	528.97	26.21
1990	291.23	94.33	38.44	107.17	422.2	26.41
1991	442.87	128.64	36.05	125.01	477.58	26.94
1992	648.59	206.93	49.78	157.42	621.73	27.46
1993	1262.71	380.41	72.27	213.82	867.92	27.99
1994	1949.89	537.48	98.13	266.55	1301.78	28.51
1995	2336.49	638.94	116.765	355.11	1553.91	29.04
1996	2723.09	740.4	135.4	443.67	1806.04	30.48
1997	3247.58	971.83	159.28	547.16	2214.02	31.91
1998	4794.44	1313.35	196.18	635.97	2489.07	33.35
1999	4849.95	1583.85	214.01	738.42	3893.14	34.78
2000	5195.54	1836.65	238.03	857.04	2961.47	36.22
2001	5941.75	2164.31	289.66	995.1	2679.45	37.66
2002	5924.23	2813.45	374.55	1209.78	3041.09	39.09

第二步：选择统计函数中的LINEST函数，并将X系列和Y系列框选如对应的对话框，逻辑变量均选择TRUE，注意公式栏中的函数。

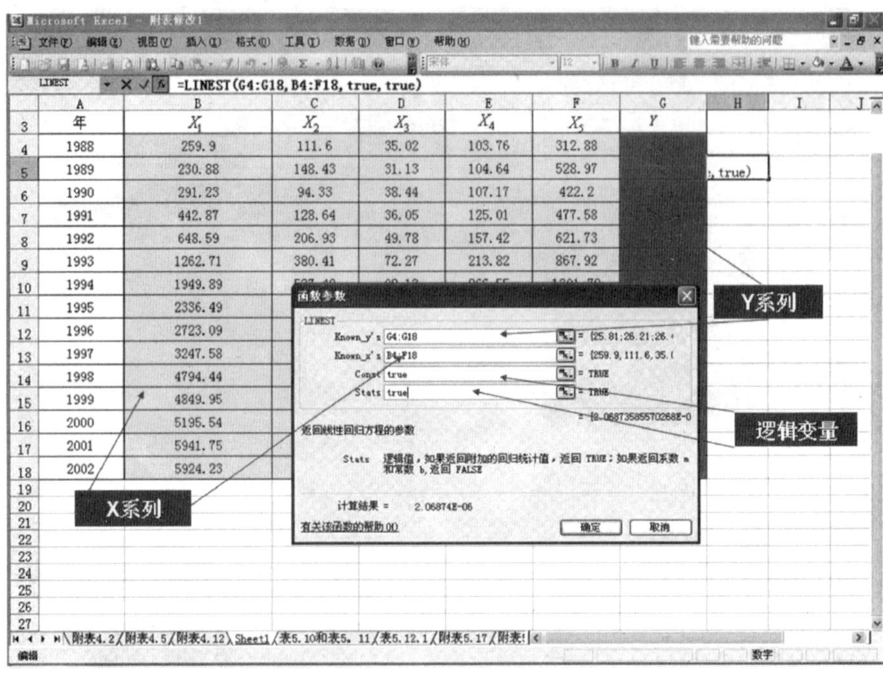

第三步：复制公式栏中的公式。

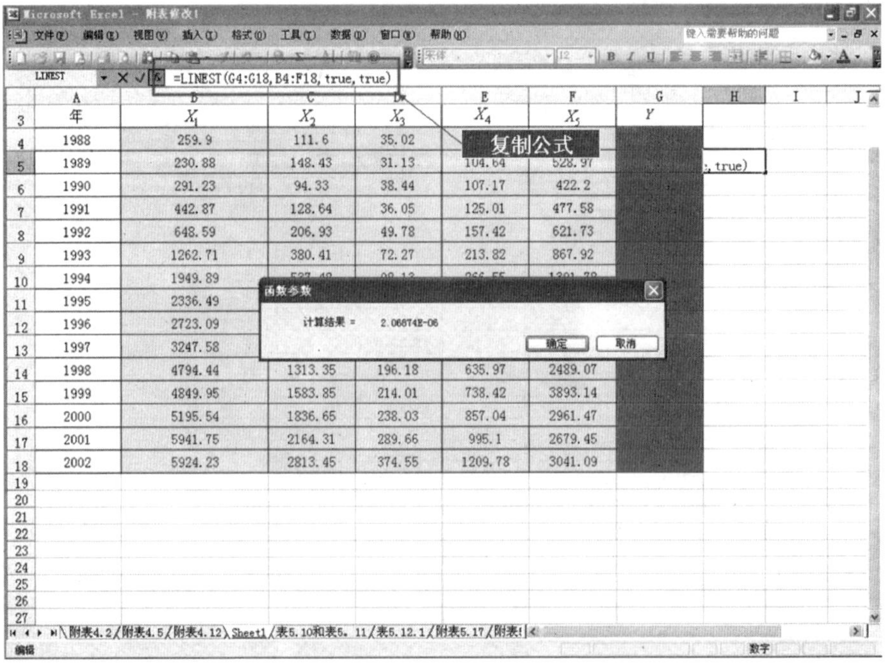

=LINEST(G4:G18, B4:F18, true, true)

复制公式

	A	B	C	D	E	F	G
3	年	X_1	X_2	X_3	X_4	X_5	Y
4	1988	259.9	111.6	35.02			
5	1989	230.88	148.43	31.13	104.64	528.97	
6	1990	291.23	94.33	38.44	107.17	422.2	
7	1991	442.87	128.64	36.05	125.01	477.58	
8	1992	648.59	206.93	49.78	157.42	621.73	
9	1993	1262.71	380.41	72.27	213.82	867.92	
10	1994	1949.89					
11	1995	2336.49					
12	1996	2723.09					
13	1997	3247.58					
14	1998	4794.44	1313.35	196.18	635.97	2489.07	
15	1999	4849.95	1583.85	214.01	738.42	3893.14	
16	2000	5195.54	1836.65	238.03	857.04	2961.47	
17	2001	5941.75	2164.31	289.66	995.1	2679.45	
18	2002	5924.23	2813.45	374.55	1209.78	3041.09	

函数参数

计算结果 = 2.06874E-06

确定 取消

第四步：选择 5＊6 的单元格区域（因为返回的结果是 5＊6 的），按 F2。在按 F 之前，右下角显示编辑字样。

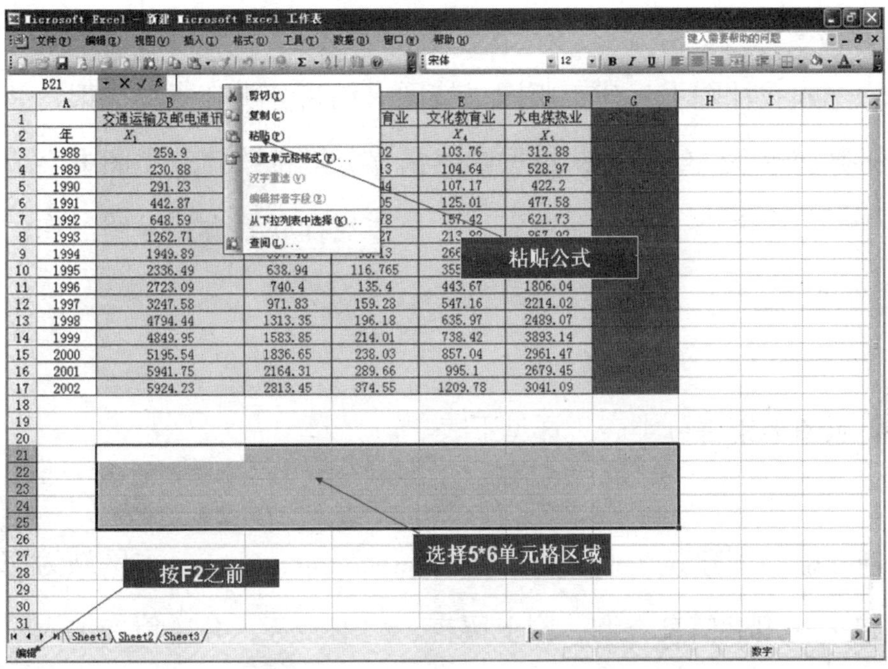

第五步：同时按 ctrl + shift + enter，则可以得到相应的计算结果。

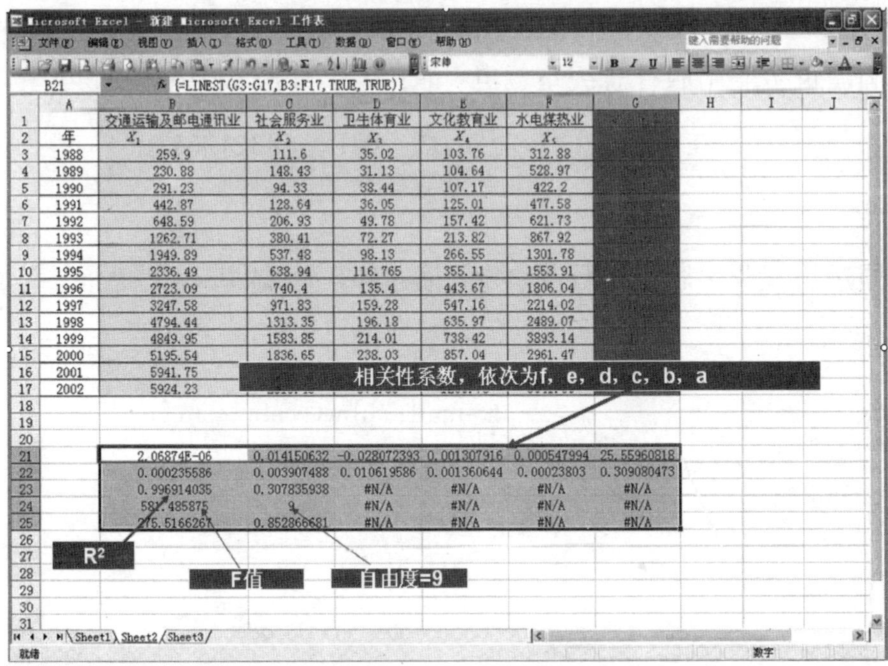

尊敬的读者：

感谢您选购我社图书！建工版图书按图书销售分类在卖场上架，共设22个一级分类及43个二级分类，根据图书销售分类选购建筑类图书会节省您的大量时间。现将建工版图书销售分类及与我社联系方式介绍给您，欢迎随时与我们联系。

★建工版图书销售分类表（详见下表）。

★欢迎登陆中国建筑工业出版社网站www.cabp.com.cn，本网站为您提供建工版图书信息查询，网上留言、购书服务，并邀请您加入网上读者俱乐部。

★中国建筑工业出版社总编室　电　话：010—58337016

传　真：010—68321361

★中国建筑工业出版社发行部　电　话：010—58337346

传　真：010—68325420

E-mail：hbw@cabp.com.cn

建工版图书销售分类表

一级分类名称（代码）	二级分类名称（代码）	一级分类名称（代码）	二级分类名称（代码）
建筑学（A）	建筑历史与理论（A10）	园林景观（G）	园林史与园林景观理论（G10）
	建筑设计（A20）		园林景观规划与设计（G20）
	建筑技术（A30）		环境艺术设计（G30）
	建筑表现·建筑制图（A40）		园林景观施工（G40）
	建筑艺术（A50）		园林植物与应用（G50）
建筑设备·建筑材料（F）	暖通空调（F10）	城乡建设·市政工程·环境工程（B）	城镇与乡（村）建设（B10）
	建筑给水排水（F20）		道路桥梁工程（B20）
	建筑电气与建筑智能化技术（F30）		市政给水排水工程（B30）
	建筑节能·建筑防火（F40）		市政供热、供燃气工程（B40）
	建筑材料（F50）		环境工程（B50）
城市规划·城市设计（P）	城市史与城市规划理论（P10）	建筑结构与岩土工程（S）	建筑结构（S10）
	城市规划与城市设计（P20）		岩土工程（S20）
室内设计·装饰装修（D）	室内设计与表现（D10）	建筑施工·设备安装技术（C）	施工技术（C10）
	家具与装饰（D20）		设备安装技术（C20）
	装修材料与施工（D30）		工程质量与安全（C30）
建筑工程经济与管理（M）	施工管理（M10）	房地产开发管理（E）	房地产开发与经营（E10）
	工程管理（M20）		物业管理（E20）
	工程监理（M30）	辞典·连续出版物（Z）	辞典（Z10）
	工程经济与造价（M40）		连续出版物（Z20）
艺术·设计（K）	艺术（K10）	旅游·其他（Q）	旅游（Q10）
	工业设计（K20）		其他（Q20）
	平面设计（K30）	土木建筑计算机应用系列（J）	
执业资格考试用书（R）		法律法规与标准规范单行本（T）	
高校教材（V）		法律法规与标准规范汇编/大全（U）	
高职高专教材（X）		培训教材（Y）	
中职中专教材（W）		电子出版物（H）	

注：建工版图书销售分类已标注于图书封底。